CATALOGUE

DES

PLANTES VASCULAIRES

DU

DÉPARTEMENT DE L'ARDÈCHE

Par J. REVOL

Introduction de M. le Prof^r Flahault

Librairie des Sciences naturelles
Paul KLINCKSIECK
Léon LHOMME, Successeur
3, RUE CORNEILLE (à côté de l'Odéon)
(au premier étage)
PARIS
1910

FLORE DESCRIPTIVE ET ILLUSTRÉE
DE LA FRANCE
DE LA CORSE ET DES CONTRÉES LIMITROPHES
Par l'Abbé **H. COSTE**
Membre honoraire de la Société Botanique de France.

AVEC UNE INTRODUCTION SUR LA FLORE ET LA VÉGÉTATION DE LA FRANCE
ACCOMPAGNÉE D'UNE CARTE COLORIÉE
Par Ch. FLAHAULT
Professeur à l'Université de Montpellier.

Vesicaria utriculata.

Cet ouvrage, absolument nouveau comme fond et comme forme, s'adresse à tous ceux qui s'intéressent aux plantes : botanistes de profession et simples amateurs. Ces derniers y trouveront un vocabulaire illustré de 450 figures et de nombreux tableaux analytiques aussi simples que clairs. En dehors des noms latins des espèces, l'auteur indique les noms français, quand il en existe, et succinctement les propriétés ou usages. Mais ce qui constitue le principal charme de la **Flore COSTE**, ce sont les figures — toutes placées en marge en regard de leur description — des 4.354 espèces de nos plantes indigènes. Ces figures, semblables à celles dont nous donnons ici une reproduction, sont toutes originales et spécialement dessinées pour la **Flore COSTE**.

3 volumes grand in-8° de 1.950 pages, avec 4.807 figures dans le texte. Prix : **70** francs.

Le même, relié demi-chagrin : **80** francs.

Demander un prospectus détaillé.
Aucune partie n'est vendue séparément.

Librairie PAUL KLINCKSIECK, Rue Corneille, 3, Paris.
LÉON LHOMME, Successeur.

CATALOGUE

DES

PLANTES VASCULAIRES

DU

DÉPARTEMENT DE L'ARDÈCHE

CATALOGUE

DES

PLANTES VASCULAIRES

DU

DÉPARTEMENT DE L'ARDÈCHE

Par J. REVOL

Introduction de M. le Prof^r Flahault

Extrait des
Annales de la Société Botanique de Lyon
t. XXXIV (1909).

Librairie des Sciences naturelles
Paul KLINCKSIECK
LÉON LHOMME, Successeur
3, RUE CORNEILLE (à côté de l'Odéon)
(au premier étage)
PARIS

1910

INTRODUCTION

AU SUJET DE LA GÉOGRAPHIE BOTANIQUE

DE L'ARDÈCHE ET DU VIVARAIS

Catalogue des plantes vasculaires du Département de l'Ardèche, par M. J. Revol (*Annales Soc. Bot. de Lyon*, t. XXXIV (1909). Introduction par Ch. Flahault.

AU SUJET

DE LA

GÉOGRAPHIE BOTANIQUE

DE L'ARDÈCHE ET DU VIVARAIS

J'étais jeune étudiant à la Sorbonne, il y aura tantôt quarante ans, lorsque notre savant maître Hébert nous révéla le nom de Soulavie. C'était la leçon d'ouverture ; nous nous pressions nombreux sur les bancs, avides d'apprendre les principes de la géologie. Hébert nous parlait des débuts, tout récents, de la science de la terre. Nous le vîmes tout à coup s'animer au nom de l'abbé Soulavie. « Voici un ouvrage digne de tout respect, nous dit-il, en nous montrant les huit volumes de l'*Histoire naturelle de la France méridionale*. Cet ouvrage a été écrit il y a un siècle par un observateur de premier ordre, de beaucoup en avance sur son temps. On y trouve beaucoup de faits essentiels et des découvertes fondamentales clairement démontrées quant au passé de la terre. » Il s'indignait en livrant à notre mépris le nom des hommes qui ont pillé Soulavie, qui, parés de ses plumes, ont tout fait pour qu'on ignorât et qu'on oubliât le vicaire vivarais ; il fustigeait comme il convient ces bandits de la science, nous donnant à la fois une double leçon d'histoire et de morale. Le lendemain, au laboratoire, où nous étions libres de travailler tout le jour, nous pûmes feuilleter et lire les précieux volumes.

Venu vers cette France méridionale, l'un de mes premiers pélerinages scientifiques me conduisit à Largentière où est né Soulavie, à Antraigues où il exerça son ministère et travailla. Je n'y rencontrai personne qui pût me parler de lui.

J'ai beaucoup consulté l'ouvrage consacré par Soulavie à l'Histoire naturelle de la France méridionale. A la suite de chacune de mes excursions dans le Vivarais, j'y ai trouvé quelque chose de nouveau, des idées très neuves pour l'époque, pour la plupart confirmées aujourd'hui, mais qui devaient paraître alors bien hardies, sur la plupart des faits qui forment maintenant le domaine de la Géographie physique. Observateur attentif de la nature, Soulavie partait d'un détail exactement observé, mais cherchait toujours à généraliser. Ayant beaucoup voyagé, surtout à pied, dans les provinces méridionales, il avait à sa disposition de nombreux termes de comparaison. Comme le fameux « Potier de terre » de la Renaissance, il tient une place des plus honorables parmi les maîtres des sciences de la nature.

En dépit d'un modèle aussi recommandable, en dépit des innombrables problèmes qui s'offrent à la sagacité des chercheurs, le Vivarais est l'un des pays de France dont on a le moins étudié la végétation. J'ai cherché jadis à y trouver un botaniste, désireux d'encourager ses efforts ; je n'ai pas le mérite d'avoir découvert M. Revol. Bien des notes ont été publiées sur la flore du Vivarais depuis 1839 ; quelques savants auteurs ont même consigné dans d'importants ouvrages ce qu'on en savait de leur temps ; mais nous n'avions pas réussi jusqu'ici à en obtenir une étude spéciale approfondie. M. Revol nous offre aujourd'hui les résultats de longues et patientes explorations au cours desquelles il a recueilli avec un soin minutieux des données attentives sur la flore des végétaux vasculaires. Le reste viendra à son heure, espérons-le.

M. Revol m'a fait l'honneur de me demander de formuler

quelques idées générales à l'occasion de sa publication. Je le fais d'autant plus volontiers que ce m'est une occasion de le féliciter, au nom des botanistes, du grand effort qu'il a donné et du succès qui le récompense. Il était seul, en un pays où les intérêts scientifiques ne semblent pas préoccuper un grand nombre de personnes. Il faut le louer d'avoir commencé sans appui, et, ce qui est plus méritoire, d'avoir persévéré. Que ne l'ai-je rencontré lorsque je cherchais un botaniste par les montagnes du Vivarais !

Ce devoir rempli envers le courageux auteur du *Catalogue*, ma tâche n'est-elle pas terminée ? Soulavie a révélé tant de vérités sur son Vivarais qu'on pourrait peut-être se contenter de les exprimer en termes plus corrects. Sa langue est bien barbare, en effet ; on pourrait croire que, de son temps déjà, les langues classiques étaient exclues des programmes. Quoi qu'il en soit, n'est-ce pas un devoir de tirer de l'oubli l'œuvre de Soulavie et de la faire connaître à ceux qui n'ont pas entendu les accents courroucés d'Hébert ?

Je m'y suis décidé ; nous nous contenterons d'ailleurs de le suivre sur le terrain de la Géographie botanique, à laquelle il a consacré le tome premier de la Seconde partie de son *Histoire naturelle de la France méridionale*. Ce tome premier, publié en 1783, fut le dernier de l'ouvrage. Soulavie fut ensuite détourné de l'étude de la nature et n'y revint plus ; on doit le regretter.

La science a fait d'ailleurs de grands progrès depuis ; il convient d'en tenir compte. Nous essaierons de donner, à cette occasion, quelques idées précises sur le beau pays qu'est le Vivarais.

« Les hommes, dit Soulavie, ont divisé ce territoire en dio-
« cèses et en provinces, en généralités et en paroisses ; mais la
« nature a posé ses divisions d'une manière constante et inalté-
« rable ; elle a assigné aux plantes leur climat... » Les diocèses

et les provinces, les généralités et les paroisses ont changé de noms ; mais la nature n'a pas cessé de « diviser le pays d'une manière constante et inaltérable ». Comme il y a un siècle, « la Géographie des plantes permet de dresser des cartes bota-« niques d'après les climats des végétaux » *(Hist. nat. de la Fr. mérid.*, 2ᵉ part., I, p. 37).

Qu'on me permette, à cette occasion, une petite anecdote.

Nous fêtions, dans un bourg du Midi, le jubilé d'un de nos maîtres les plus respectés. D'anciens élèves venus de France et de l'Etranger rendaient un hommage intime d'affection et de gratitude à l'une de nos gloires nationales. Quelques anciens camarades d'école venaient, tout émus, se féliciter d'avoir vécu leur jeunesse à côté du maître universellement honoré. Il répondait avec une aménité charmante, rappelait les jeux et les horions, les escapades et les punitions. Un Monsieur bedonnant, au visage glabre, venu du Chef-lieu, se présenta tout à coup, avec un sourire étudié qui lui creusait au bas des joues deux fossettes, souvenir très lointain des charmes de l'enfance, et il penchait la tête de droite et de gauche en faisant des grâces. Il tira de sa poche un papier et lut quelques banalités, traduisant surtout son intention d'être, le samedi suivant, imprimé tout au long dans la feuille du pays. X... le remercia poliment et le reprit doucement de ses louanges exagérées. — « Oh ! Monsieur le professeur, reprit notre homme, je vous assure que je vous parle sans flatterie ; vous êtes sûrement l'un des plus grands savants du département ! » ; et le maître de lui répondre : « Oh ! non, Monsieur, tout au plus de l'arrondissement ! Je ne crois même pas avoir l'honneur d'être connu du sous-préfet ! » Ce fonctionnaire modèle croyait à la science départementale.

Pas plus qu'au temps de Soulavie, la science n'est provinciale, diocésaine ou paroissiale, quelque nom que l'usage ou la mode aient adopté. La science est universelle et n'a nul souci des paroisses, des diocèses, des généralités et des provinces. « La limite indécise qui les sépare arrête-t-elle l'oiseau dans son vol, l'eau dans sa course rapide, le vent et l'ouragan dans leur élan impétueux ? Et quand la nature, il y a des milliers de siècles, déposait au fond des mers ces assises sédimentaires sur lesquelles nous sommes solidement établis, prévoyait-elle que la Convention établirait les divisions de nos départements d'après des principes qui n'empruntent rien à ceux de nos classifications naturelles ? » (Gaston Darboux, 1907.)

Ce n'est pas cependant que nous manquions de modèles. Soulavie se plaignait déjà qu'on eût oublié ou méconnu les principes posés à cet égard par notre compatriote Tournefort, par le grand Suédois Linné, par le Suisse Haller. Comment a-t-on oublié l'application qu'en fit Soulavie lui-même au Vivarais ? Il a distingué et clairement décrit les divers climats du pays, les différentes zones de végétation qui se succèdent des rives du Rhône aux escarpements du Mézenc. Pourquoi faut-il y revenir pour rappeler le programme qu'il a tracé ? Il a donné, si je ne me trompe, la première carte phytogéographique qui ait été dressée. Elle comprend le bassin du Volant, celui de l'Ardèche et des affluents de son cours inférieur ; il en a donné aussi une coupe schématique verticale. Pourquoi tout cela est-il demeuré lettre morte, et pourquoi des étrangers ont-ils eu, trente ans plus tard, l'honneur des découvertes du vicaire d'Antraigues ?

Les progrès de la science n'ont rien changé aux résultats formulés par Soulavie. La température varie et diminue de la base vers le sommet des montagnes. A défaut d'observations précises sur les températures à toutes les altitudes, « *les plantes sont nos thermomètres* », dit Soulavie, et les plantes s'étagent en *zones parallèles* et plus ou moins horizontales. Six zones principales de végétation, correspondant à six climats principaux, s'étendent de la Basse Provence aux sommets du Vivarais ; elles peuvent être caractérisées par les arbres qui y tiennent la première place ou par la végétation dominante ; par l'Oranger, l'Olivier, la Vigne, le Châtaignier, le Sapin et les plantes alpines. La diminution de la température, à mesure qu'on s'élève, impose à chaque plante la zone où elle peut vivre, se développer et se reproduire. Le grand Alexandre de Humboldt, revenant du Chimborazo, a-t-il mieux parlé en 1807, vingt-sept ans après notre montagnard vivarais ? *(Histoire natur.*, I, 1780, p. 40 et suiv.).

Le Vivarais est le pays compris entre le bassin supérieur de la Loire et le Rhône. Il s'élève brusquement des rives du Rhône au Mézenc (1754 m.). C'est un pays haché, tout de contrastes et de surprises. De la surface ondulée de la pénéplaine hercynienne usée jusqu'à ses racines, surgissent brusquement des cratères et des dômes ; les vallées sont coupées par des épanchements basaltiques. Le relief a été récemment rajeuni et le travail nouveau d'érosion est à peine commencé. Il en résulte une topographie qui déconcerte.

Du côté du Nord et de l'Ouest, le niveau de base étant très éloigné, les pentes sont douces et les vallées se creusent doucement. Du côté du Sud-Est, au Sud du Coiron, la montagne s'abaisse vite vers le Rhône et la Méditerranée. Soulavie l'a bien vu et l'a dit. Vers la plaine lumineuse du Languedoc, des torrents désordonnés burinent les roches crétacées blanches et y creusent leurs sillons où les chênes verts font des taches sombres.

En haut, à la montagne, les micaschistes usés traversés par des éruptions de granite et de granulite s'étendent en ondulations monotones jusqu'au mont Lozère et se continuent par la montagne du Bougès jusqu'au front méridional des Cévennes. Dès la période primaire, pourtant, des plis se manifestaient dans ce massif. On les suit à travers les ruines du massif ancien, orientés du N.E. au S.W. Une poussée venue du S.E. pendant la période houillère détermine une forte surrection des rides et se continue jusqu'au début des temps secondaires.

Alors intervient le puissant travail d'érosion du Trias ; l'érosion triasique entraîne aux rivages des masses énormes de débris des roches cristallines qui se transforment en assises de grès. Dès cette époque triasique, et pendant une partie des temps secondaires, le bord oriental du massif central s'élevait en falaise au-dessus des mers mésozoïques, comme il domine encore la vallée du Rhône. Bien tard seulement, la grande crise alpine a soulevé toute la région, repoussé vers le Sud mers et lagunes, et transformé le golfe du Rhône en vallée fluviale. Elle est de plus en plus comblée par les alluvions accumulées par les érosions qu'exagèrent de fréquentes oscillations du niveau de base. Les alluvions d'origine glaciaire descendues des Alpes de Savoie et du Dauphiné y ont joué sans doute le plus grand rôle.

Si du Mézenc on tourne les yeux vers ce sillon du Rhône, on voit les vallées se creuser tout de suite en profondes gouttières, les crêtes qui les séparent s'abaisser bien vite à l'approche du fleuve, s'entremêler aussi en un fouillis inextricable de *serres* aux arêtes dentelées que l'on retrouve jusque dans le bassin des Gardons. Toute cette zone de schistes anciens a été déchiquetée et morcelée ; les eaux dévalent en torrents le long de cette berge gigantesque.

Çà et là, comme dans les Cévennes méridionales, des *chams* ou témoins des plateaux triasiques couronnent encore les croupes entaillées par l'érosion dans le substratum hercynien.

Quel pouvait être le climat et quelle était la végétation des Cévennes lorsque émergea, au Sud du Plateau central soulevé, l'épais manteau de dépôts jurassiques dont la masse des Causses, les *Gras* du Bas-Vivarais et les lambeaux demeurés çà et là sur les hautes Cévennes nous offrent les témoins. Nous n'en savons absolument rien. Les mouvements alpins relevèrent encore l'axe des Cévennes, livrant la pénéplaine et son manteau jurassique à un nouveau travail d'érosion active. Les témoins qui nous restent, sur des compartiments abaissés par des failles, aux altitudes moyennes de 1.000 à 1.100 mètres, laissent penser que le relief a dépassé de plus de 1.000 mètres au moins, l'altitude des points actuellement les plus élevés des Cévennes.

Quoi qu'il en soit, cette série de mouvements de surrection et d'affaissement, en rajeunissant bien des fois le relief et en livrant des masses montagneuses à une érosion si souvent répétée et toujours intense, a dû exercer son influence sur la végétation. La végétation actuelle n'a pas supplanté lentement l'ensemble de la végétation antérieure. Des événements locaux se sont produits, très différents d'un point à un autre. On les saisit clairement à travers les phases des éruptions volcaniques. Les éruptions les plus anciennes du Vivarais sont miocènes (Mégal, Mézenc et Coiron) ; elles se sont continuées jusqu'au Pliocène moyen ; puis l'activité volcanique s'est transportée successivement vers l'Ouest pour persister jusqu'au voisinage de la période historique. Il est difficile de retrouver la topographie éruptive des volcans du Vivarais, alors que la sculpture des monts Dômes est à peine commencée.

L'abbé Soulavie s'illusionnait lorsqu'il croyait trouver dans les fossiles conservés sous les dépôts volcaniques une explication suffisante des changements survenus dans le climat du Vivarais (*Hist. natur.*, 2ᵉ part., I, 1783, p. 36). Cela ne peut être vrai que pour la période la plus rapprochée de la nôtre.

Quoi qu'il en soit, d'ailleurs, et nous limitant, pour l'instant, à l'examen de la végétation actuelle, notons encore que les montagnes du Diois, poussées vers le front du Plateau central, étranglent la vallée et repoussent le fleuve au plus près de la falaise vivaraise qu'il menace et qu'il ronge. C'est là que l'on passe du Nord au Midi. En amont, c'est le climat brumeux du

Bas-Dauphiné rhodanien ; en aval, c'est tout à coup le pays ensoleillé, desséché par le mistral, avec les mûriers et les oliviers, avec ses grands abris de cyprès et son ciel d'azur.

Le climat du Vivarais n'est pas connu. Il est humiliant pour un pays qui se prétend civilisé d'être privé encore des bases scientifiques les plus solides de l'économie agricole. Il n'est pas moins regrettable qu'en un pays périodiquement ravagé par ses torrents, on ne connaisse exactement le débit d'aucun cours d'eau ; on en est réduit à des hypothèses, à des approximations, à des comparaisons plus ou moins justifiées avec le climat de pays plus ou moins voisins. Ce n'est pas cependant que l'opportunité ne s'en fasse sentir bien souvent. Les inondations désastreuses ravagent et dépeuplent les vallées, sèment la terreur et provoquent une juste émotion. L'Etat assume chez nous toutes les responsabilités ; les populations implorent cette Providence ; mais les ruines et les deuils sont bientôt oubliés, et les choses demeurent au même point jusqu'aux prochains désastres.

Dans l'état actuel, c'est la végétation qui nous donne par comparaison, les indications les moins incertaines sur le climat du Vivarais. S'il est vrai que la végétation est « le miroir du climat », nous pouvons croire que le Bas-Vivarais est comparable, terme à terme, aux parties du Bas-Languedoc voisines du Rhône, où les études climatiques sont poursuivies depuis longtemps avec méthode. On en est réduit à ces expédients, par conséquent à de vagues approximations.

Le Haut-Vivarais prolonge, avec l'éperon du Coiron, le secteur botanique du Massif central jusque bien près du Rhône. Entre ces sommets et les collines d'aspect méridional et de végétation méditerranéenne, les Cévennes se prolongent, formées de roches éruptives anciennes ; elles participent par en bas aux avantages des pays ensoleillés, par le haut aux rigueurs des régions élevées. Pays de Châtaignier en bas ; pays de Hêtre et de Sapin en haut, malheureusement dépouillé presque partout de ses richesses et de sa beauté.

La zone inférieure, comprenant les Côtes du Rhône et les plateaux des Gras, est remarquable par la prédominance des bois de Chênes verts et des espèces qui forment le cortège habituel de cette remarquable espèce. On y trouve abondamment la plupart des plantes méditerranéennes capables de supporter, en France, les hivers assez rigoureux des zones du Chêne vert et du Chêne pubescent. Telles sont :

Cistus salvifolius.	Thymus vulgaris.
— albidus.	Teucrium Polium.
Rhamnus Alaternus.	Rosmarinus officinalis.
Pistacia Terebinthus.	Satureia montana.
Rhus Coriaria.	Plantago Cynops.
Helichrysum Stoechas.	Daphne Cnidium.
Cercis Siliquastrum.	Buxus sempervirens.
Arbutus Unedo.	Quercus coccifera.
Erica Scoparia.	Juniperus Oxycedrus.
— arborea.	Pinus halepensis.

On n'y rencontre aucune des plantes des districts les plus chauds du domaine méditerranéen français. Cette zone inférieure est caractérisée, en outre, par la place considérable qu'y occupent les Papilionacées et les Composées. Les genres *Vicia, Trifolium, Medicago, Lathyrus,* y sont représentés par un grand nombre d'espèces. C'est dans cette zone aussi que les espèces annuelles ou du moins monocarpiques sont le plus abondantes et que l'on rencontre le plus de plantes à réserves souterraines, parmi lesquelles les Liliacées, Amaryllidacées et Orchidées occupent le premier rang.

Quelques espèces se font remarquer aussi dans cette zone chaude comme survivant peut-être directement à la flore des périodes géologiques antérieures. Nous ne saurions dire dans quelle mesure certaines d'entre elles sont *actuellement* spontanées dans le Bas-Vivarais ; ce point mériterait d'être examiné avec soin pour chacune d'elles. Quoi qu'il en soit, quelques-unes offrent d'intéressants problèmes à la sagacité des chercheurs ; telles sont, en particulier : *Vitis vinifera, Coriaria myrtifolia, Osyris alba, Laurus nobilis, Buxus sempervirens, Ficus Carica, Punica Granatum.*

Je ne m'étendrai pas sur les plantes que M. Revol ne rencontre en Vivarais que sur les sols calcaires de la zone inférieure. La liste en est longue. Il faut se garder de croire pourtant que toutes les espèces qui la composent exigent ou même préfèrent un sol calcaire. Sans aucun doute, beaucoup d'espèces qui ne viennent que sur des sols plus ou moins riches en chaux des côtes du Rhône ou des collines voisines doivent cette répartition locale exclusive à d'autres circonstances. Il paraît très probable que la plupart de ces espèces ne trouvent un *climat local* favorable que sur des roches qui ne retiennent pas les eaux et qui s'échauffent facilement. Là seulement peuvent venir des plantes xérophiles, au voisinage des limites extrêmes du climat et de la végétation méditerranéens. En un mot, la plupart sont plus xérophiles que calcicoles. Il me paraît inutile de signaler aux recherches les nombreuses espèces qui sembleraient calcicoles exclusives si on se limitait à l'étude du seul département de l'Ardèche, et qui se montrent parfaitement indifférentes un peu plus au Sud. On a tant parlé et tant écrit sur ce sujet, on énonce encore tant d'affirmations imprudentes et enfantines, que je ne puis, à ce sujet, émettre qu'un vœu. Il faut souhaiter que l'étude des rapports des différentes espèces avec les conditions physiques et chimiques du sol soit faite par des hommes préparés à cette étude. M. Revol s'attachera, nous voulons l'espérer, à résoudre les problèmes qu'il soulève.

Signalons seulement, entre autres particularités des collines calcaires chaudes du Bas-Vivarais, les espèces suivantes, qui y sont presque toutes des raretés : *Hesperis laciniata, Alyssum macrocarpum, Coriaria myrtifolia, Rhus Cotinus, Pisum elatius, Coronilla glauca, Asperula galioides, Campanula speciosa* et *Globularia Alypum.*

La végétation hygrophile, qu'il s'agisse des eaux courantes ou non, est naturellement riche en un pays baigné par le Rhône sur une étendue de 130 kilomètres, comprenant en outre le bassin inférieur alluvial d'un certain nombre d'affluents. On remarque, en particulier sur les rives du Rhône ou dans leur voisinage, beaucoup d'espèces plus répandues dans les régions humides de l'Europe centrale qu'au voisinage de la Méditerranée. Il serait intéressant de discerner le long des vallées les espèces qui sont apportées par les cours d'eau supérieurs, celles dont la présence paraît en rapport avec le régime particulier de chaque cours d'eau, etc.

Les sols sans calcaire, en particulier les micaschistes et les autres roches anciennes, forment la plus grande partie des Cévennes dont le front est battu par les eaux du Rhône sur près de 70 kilomètres. C'est là, qu'à des altitudes très diverses, on observe la flore dite calcifuge. Parmi les espèces du Vivarais les mieux caractérisées comme telles, il convient de citer :

Cistus laurifolius.
Meconopsis cambrica.
Arabis cebennensis.
Cardamine resedifolia.
Roripa pyrenaica.
Reseda Jacquini.
Silene rupestris.
Ulex europœus.
Sarothamnus vulgaris.
Genista purgans.
Adenocarpus complicatus.
Potentilla rupestris.
Scleranthus uncinatus.

Senecio adonidifolius.
Tolpis barbata.
Andryala sinuata.
Calluna vulgaris.
Erica cinerea.
Antirrhinum Azarina.
Anarrhinum bellidifolium.
Plantago carinata.
Rumex Acetosella.
Deschampsia flexuosa.
Molinia cœrulea.
Briza maxima.
Asplenium septentrionale.

Mais il advient aussi que M. Revol a recueilli exclusivement sur des sols déporuvus de calcaire un certain nombre d'espèces que nous trouvons indifféremment sur tous les sols dans les Cévennes méridionales et les plaines méditerranéennes. Autre chose que le sol intervient dans ce cas, comme je l'ai fait remarquer au sujet des plantes dites calcicoles. On s'attachera à rechercher à quelles influences complexes sont dues ces différences.

La végétation des forêts et des bois donne lieu à bien des observations. On y rencontre un bon nombre d'espèces qui manquent à peu près complètement aux mêmes altitudes sous le climat déjà plus sec des Cévennes méridionales, comme *Anemone ranunculoides, Impatiens noli-tangere, Cytisus Laburnum, Cerasus Padus, Sorbus Chamœmespilus, Saxifraga rotundifolia, Sanicula europœ, Laserpitium pruthenicum, Lonicera nigra, cœrulea, alpigena, Mulgedium Plumieri Lysimachia nemorum, Glechoma hederacea, Asarum europœum, Salix grandifolia, Epipogon aphyllum.*

Quelques-unes, parmi elles, témoignent du voisinage du Jura et des Préalpes, entre autres *Cytisus Laburnum.*

La flore des zones élevées, quelles que soient les stations, marque également l'éloignement de la Méditerranée et le rapprochement des massifs élevés de l'Europe centrale. Citons seulement, à titre d'exemples :

Anemone vernalis.　　*Prunus insititia.*
Trollius europœus.　　*Alchemilla Hoppeana.*
Aconitum Napellus.　　*Sorbus Chamœmespilus.*
Silene rupestris.　　*Soldanella alpina.*
Sagina muscosa.　　*Scutellaria alpina.*
Hypericum Richeri.　　*Empetrum nigrum.*

On sait que, depuis de longs siècles, le régime pastoral règne sur les montagnes du massif central. Le Vivarais ne fait pas exception. Les forêts ont été détruites sur de grandes étendues, et la zone dite des pâturages a été successivement étendue bien au-dessous des limites de la végétation alpine ou subalpine. En réalité, le sommet du Mézenc seul appartient, peut-être, à la zone subalpine. Tous les autres pâturages de montagne du Vivarais représentent des prairies pseudo-alpines, où quelques espèces alpines, représentées presque toutes par un petit nombre d'individus étroitement localisés, se maintiennent au milieu d'une végétation dont les éléments dominants appartiennent à la zone des forêts à feuilles caduques ou à la zone des forêts subalpines. Parmi ces réfugiés de la zone alpine, il convient de citer :

Bupleurum ranunculoides.
Trifolium alpinum.
Potentilla aurea.
Astrantia major.
Senecio leucophyllus.
Leontodon pyrenaicus.
Swertia perennis.
Rumex arifolius.

Salix Myrsinites.
— *pentandra.*
Nigritella nigra.
Luzula spicata.
Botrychium matricarifolium.
Allosurus crispus.
Lycopodium alpinum.

Ces quelques faits généraux déduits de la statistique soigneusement élaborée par M. Revol sont loin de satisfaire notre curiosité. La science actuelle a des exigences nouvelles. Elle demande que nous connaissions, non seulement la flore (toute la flore, dont les végétaux vasculaires ne forment qu'une partie), mais que nous connaissions aussi la végétation. Et ce n'est pas chose simple ! La végétation actuelle, plus encore que la flore, a été profondément modifiée par l'homme. Il n'est encore arrivé dans aucun pays, et il est très loin chez nous, d'utiliser la végétation au mieux des intérêts économiques. On en est encore, dans les régions montagneuses de la France, à tirer de la terre tout ce qu'on peut lui enlever, sans rien lui donner en retour. C'est l'exploitation barbare des temps préhistoriques. L'économie destructive, irrationnelle au plus haut degré, jette un trouble profond dans l'économie normale de la nature, en détruit l'harmonie. Le botaniste a le devoir aujourd'hui de reconnaître et de préciser dans le milieu qu'il étudie la place normale des différents modes d'exploitation, des différents types de culture. Car il ne nous est plus permis de nous abstraire et de nous isoler dans une tour d'ivoire pour nous consacrer uniquement à des recherches de pure théorie. La Société réclame que nous nous occupions d'elle ; l'homme souffre, et surtout l'homme des champs. L'exode des populations montagnardes a des causes multiples ; mais il en est une dont nous sommes responsables ; les populations montagnardes constituent des minorités numériques qui sont sacrifiées aux majorités riches. Les terres de plaines sont relativement fertiles et faciles à cultiver ; les moyens de communication abondent, facilitant les échanges, ouvrant les débouchés. On a couru au plus pressé ; on s'est occupé d'abord des plaines et du plus grand nombre ; c'était justice. Mais il est grand temps que la montagne ait son tour. C'est à nous, botanistes, qu'il appartient d'établir la place de chaque chose, de reconnaître : 1° où la culture peut et doit être rémunératrice, à la condition d'être rationnelle ; 2° où la forêt seule peut fournir les produits de plus en plus nécessaires en un pays qui, en 1909, a importé pour tout près de 200 millions de francs de bois ; 3° où enfin l'exploitation pastorale est dans l'ordre des choses.

Ce n'est pas chose simple, ai-je dit. Comment y parvenir ? En déterminant de la manière la plus précise les zones naturelles de la végétation ! Il est bien commode d'en fixer les limites générales ; il l'est moins de suivre les variations que subissent ces limites suivant les expositions, suivant la nature du sol, suivant les nuances du climat et toutes les autres circonstances qui constituent le milieu physico-chimique. Il est plus difficile encore de tracer ces limites au milieu des bouleversements réalisés par l'homme. On sait aujourd'hui comment s'y prendre ; on connaît *les réactifs* des associations, qui permettent *la restitution* de paysages profondément modifiés.

Nous avons donc les moyens d'effectuer ce travail. Il doit être réalisé avec assez de précision pour permettre de dresser une carte détaillée des associations. Les efforts tentés en France pour provoquer la publication de cartes phytogéographiques détaillées n'ont pas abouti jusqu'ici. La Suisse nous a devancés et possède un certain nombre de ces cartes, infiniment précieuses pour les agronomes, pour les forestiers, pour tous ceux qui cherchent à y appliquer la plus sage économie à l'exploitation de la terre ; et ils sont légion.

Il me paraît étrange que nous soyons obligés d'insister sur la nécessité de dresser des cartes phytogéographiques, dans un pays où, il y a plus d'un siècle, A.-P. de Candolle a tracé tout un programme d'études de cette sorte, en un département où, un quart de siècle auparavant, Soulavie avait publié la première carte botanique qu'on ait vue. Et, pendant ce temps, nous disposons d'excellentes cartes géologiques, très appréciées dans le monde, qui rendent d'éminents services à de multiples industries ; il n'y est pas question des départements, qui n'ont rien à y voir.

Il est vrai que, pour donner à de pareils travaux phytogéographiques toute la précision désirable, il faudrait connaître mieux que nous ne la connaissons la climatologie du Vivarais, que nous possédions des cartes topographiques plus exactes et plus lisibles que nos cartes d'Etat-Major ; mais on utiliserait de son mieux les moyens dont nous disposons.

Pour donner à ces travaux toute l'ampleur désirable, il ne faut pas perdre de vue que la géographie botanique est la synthèse de l'histoire de la vie du monde végétal dans ses rapports avec les éléments multiples du milieu physico-chimique et biologique.

Ces travaux peuvent avoir un objet restreint. Ils porteraient, par exemple, sur la végétation des rives du Rhône, ou des Cévennes granitiques ou schisteuses, des massifs volcaniques ; ou plus étroit encore: la végétation des lacs, celle des rochers, celle des pâturages, pour discerner les stations naturelles de celles qui résultent de l'action de l'homme et des animaux. La condition primordiale, essentielle, c'est qu'ils embrassent des territoires naturels. Si elle fait défaut, ils sont toujours incomplets ; on se prive de ce qui fait l'intérêt majeur de ces sortes d'études, des moyens d'y trouver des éléments de comparaison et d'en tirer des conclusions positives.

On peut encore étudier une portion seulement de la végétation d'un territoire plus ou moins étendu, mais toujours naturel : la végétation humicole, la flore adventice, la végétation des Algues, des Champignons, des Lichens ou des Muscinées, comme celle des végétaux vasculaires, le plancton, etc. L'étude des adaptations spéciales au milieu physique, qui a produit des œuvres d'importance capitale depuis un quart de siècle, ne peut être entreprise que par des personnes spécialement préparées à ces sortes de recherches.

Je voudrais m'étendre sur ce programme de travaux phytogéographiques ; mon but n'est pas pourtant de dire tout ce que les botanistes locaux pourraient faire ; ce serait trop long. Je veux seulement montrer qu'il y a beaucoup à faire, qu'il y a place pour toutes les bonnes volontés. Je veux surtout mettre en garde les botanistes qui ont la bonne fortune d'habiter des régions aussi peu connues que le Vivarais contre ce sentiment que la moisson est faite et qu'il n'y a plus qu'à glaner. Combien de fois ai-je entendu cette phrase attristante : « Je ne m'occupe plus de botanique ; j'ai formé un herbier complet du pays ; je n'avais plus un aliment suffisant pour mon activité. » Non seulement la moisson n'est pas faite ; le champ est semé, mais la récolte sera d'autant plus abondante et plus riche que nous serons plus nombreux à la besogne.

Qu'on me permette encore, avant de finir, d'insister sur les problèmes délicats relatifs à l'origine des différents éléments des flores. En aucun pays, ces problèmes n'ont un intérêt plus captivant qu'autour de ce massif central où les phénomènes volcaniques marquent une série continue de dates remarquables. Des espèces du massif central, certaines paraissent avoir une origine alpine ; telles : *Rhus Cotinus, Meum Mutellina, Astragalus Onobrychis, Athamanta cretensis, Hieracium cymosum* et *aurantiacum, Carex pauciflora, Salix grandifolia.* D'autres sont d'origine pyrénéenne, à moins, ce qu'on ne saurait dire encore, que, venues du massif central, elles se soient étendues jusqu'aux Pyrénées. Parmi elles : *Alyssum macrocarpum, Cochlearia pyrenaica, Erysimum aurigeranum, Scleranthus uncinatus, Meconopsis cambrica, Silene ciliata, Selinum pyrenœum, Genista purgans, Senecio leucophyllus, Senecio adonidifolius, Crepis lampsanoides, Campanula speciosa, Jasione humilis, Antirrhinum Azarina, Anarrhinum bellidifolium, Luzula glabrata* et *Pinus montana* var. *uncinata.*

Quelques-unes paraissent bien venues au massif central des plaines occidentales voisines de l'Atlantique, comme *Helodes palustris, Hypericum linarifolium, Ulex nanus* et *europœus, Genista anglica, Adenocarpus complicatus, Wahlenbergia hederacea, Erica vagans, Narthecium ossifragum.*

Certaines mêmes paraissent avoir émigré du Nord boréal jusqu'au massif central. Ce sont surtout : *Geum rivale, Saxifraga stellaris* et *hieracifolia, Andromeda polifolia, Empetrum nigrum, Salix Lapponum* et *Mysinites, Ligularia sibirica, Carex vaginata, Epipogon aphyllum* et *Botrychium matricarifolium.* Faut-il ajouter que, si l'on se donnait la peine de mettre en ligne de compte les Muscinées et les Thallophytes, ces faits prendraient une importance plus grande encore par la multiplicité des exemples. Le Frère Héribaud (Muscinées d'Auvergne) a cité parmi les Mousses d'Auvergne plusieurs espèces boréales ou arctiques : *Bryum arcticum* Schimper, *Andrœa Blyttii* Schimp., *Timmia norvegica* Zett. et *megapolitana*

Hedwig, quelques autres encore. Cela démontre une fois de plus que nous ne devons pas nous contenter de tenir compte des végétaux vasculaires. Leur examen exclusif nous prive de données très importantes, restreint d'une façon très fâcheuse les témoignages sur lesquels nous nous appuyons et risque de nous inspirer des déductions mal fondées ou inexactes.

En un mot, le programme de la géographie botanique est très vaste. M. Revol a ouvert la voie aux botanistes du Vivarais; nous devons lui en savoir gré. Puisse-t-il entraîner de nombreux travailleurs et susciter une nombreuse série de recherches. Il restera longtemps beaucoup à récolter sur cette terre promise des naturalistes qu'est le Vivarais.

Ch. Flahault.

Laboratoire de l'Hort-de-Dieu à l'Aigoual (3 octobre 1910).

PRÉFACE

En 1783, Giraud-Soulavie, le savant naturaliste vivarois, publiait, avec l'approbation de l'Académie des Sciences, le VIIIe volume de son *Histoire naturelle de la France méridionale (Les Végétaux)*, dans lequel il expose les bases de la géographie botanique, telles qu'elles sont admises aujourd'hui, y donnant comme véritables causes de la dispersion et des associations des végétaux : la constitution chimique et physique du sol, la diversité des climats.

Pour la démonstration de ces théories, toutes nouvelles alors, il s'appuie sur les nombreuses observations qu'il a faites en Vivarais, dans les terrains primitifs, volcaniques et calcaires et dans les différents climats : de celui, tout méridional, de l'olivier, au climat alpin (nous disons aujourd'hui subalpin) de la région du Mézenc. Il fait remarquer les variations qu'apportent dans la végétation les deux facteurs : sol et climat.

A part les plantes cultivées qu'il mentionne pour caractériser chacune des zones qu'il crée, il ne nomme que quelques très rares espèces; ainsi, parlant du Mézenc, il prévoit seulement que sa flore doit avoir, par suite du sol et du climat semblables, une très grande similitude avec celle du Mont Dore, que Lamarck venait de publier. Il ajoute qu'Adanson, dans les herborisations qu'il y a faites, y a rencontré 75 plantes alpines rares.

Cet ouvrage, rempli d'observations et d'aperçus nouveaux

pour l'époque, est très intéressant et instructif. Il décèle en son auteur un véritable savant aux recherches duquel sont dues les vraies bases de la géographie botanique.

Depuis, aucun travail donnant un ensemble à peu près complet de la végétation ardéchoise n'a été publié.

MM. Jordan et Fourreau, l'abbé Cariot, Personnat, les Drs Perroud et Saint-Lager ont herborisé dans l'Ardèche, et tous, presque toujours dans les mêmes régions : Côte du Rhône, vallées moyennes et inférieures de l'Ardèche et de l'Ouvèze.

MM. Personnat, Dr Perroud et Dr Saint-Lager ont en outre exploré les monts du Coiron. Les plantes rencontrées au cours de leurs herborisations sont signalées dans la 8e édition de la *Flore du bassin moyen du Rhône et de la Loire*, par l'abbé Cariot et le Dr Saint-Lager.

Sur la proposition de mon collègue et ami, M. Nisius Roux, la Société Botanique de Lyon a bien voulu m'honorer de sa confiance et publier dans ses Annales, en un *Catalogue des plantes vasculaires du département de l'Ardèche*, les résultats des multiples herborisations que j'ai faites dans tout le département pendant plus de vingt ans. Qu'elle veuille bien, ainsi que M. Nisius Roux, en agréer mes plus vifs remerciements.

Tout en tenant très grand compte des travaux des savants botanistes dont je parle plus haut, pour donner une œuvre aussi complète que possible, j'ai aussi mis à contribution les recherches en Ardèche de mes amis : MM. l'abbé Coste, P. Audigier, de Clermont-Ferrand, Girod, directeur de l'Ecole normale d'instituteurs de Draguignan, ancien inspecteur primaire à Aubenas, Nisius Roux, de Lyon, P. Testard, et de MM. les Drs Saint-Lager, Beauvisage, professeur à la Faculté de médecine de Lyon, Ph. Bretin, de Lyon, et Paul Besson, de Sainte-Eulalie, qui ont herborisé dans diverses régions du département.

Tous m'ont communiqué avec le plus grand désintéressement la liste de leurs récoltes, aussi suis-je heureux de pouvoir leur en témoigner ici ma bien vive reconnaissance.

M. l'abbé Coste, le savant auteur de la *Flore illustrée de France*, a revu les plantes critiques de mes récoltes, et tout spécialement les *Rosa*, les *Alchemilla*, les *Thymus*, etc. Il m'a guidé de son profond savoir et de sa grande connaissance de la flore française dans le classement des espèces, variétés et hybrides. En toute occasion, il m'a prodigué ses encouragements, ses conseils et son aide.

M. Ch. Flahault, le maître éminent, directeur de l'Institut de botanique de l'Université de Montpellier, a bien voulu, sur la recommandation de M. Coste, m'accorder la grande faveur d'écrire tout spécialement pour ce premier travail sur la flore ardéchoise, la belle Introduction : *Au sujet de la Géographie botanique de l'Ardèche et du Vivarais*, que tous les botanistes liront avec le plus grand intérêt. Que tous deux veuillent bien agréer l'assurance de ma profonde gratitude pour le précieux concours qu'ils m'ont apporté.

J'adresse mes meilleurs remerciements aux savants monographes : MM. Arvet-Touvet, D^r Al. Chabert, Sudre, A. Félix, C. Chatenier, qui ont rendu mon travail plus complet et plus intéressant, en déterminant et classant, avec une inlassable complaisance, les espèces ardéchoises des genres difficiles et peu connus qu'ils étudient.

La classification adoptée est celle suivie par M. l'abbé Coste, dans sa récente *Flore illustrée de France*.

Elle nous donne 1835 espèces, de nombreuses formes ou variétés et 31 hybrides.

Notre département, par sa situation privilégiée entre la zone méditerranéenne, les Alpes et le Massif central, par la diversité de ses formations géologiques, par son sol tourmenté aux expositions variées et, surtout, par la grande voie naturelle du Rhône, qui le longe en entier du Nord au Sud, participe de la flore de plusieurs régions naturelles très distinctes qui l'enrichissent d'un grand nombre de leurs espèces végétales.

Aussi, malgré toute l'attention que j'ai apportée au cours de mes nombreuses herborisations, je ne saurais prétendre donner la liste complète de sa végétation. Des recherches plus minutieuses amèneront la découverte d'espèces non encore signalées et de nouvelles stations des espèces rares.

Toujours, je serai grandement reconnaissant aux botanistes qui étudieront la flore de notre pittoresque région vivaroise, des communications qu'ils auront l'obligeance de me faire, et je serai heureux lorsqu'ils voudront bien mettre mon bon vouloir à contribution pour les aider dans l'étude de la plus aimable des sciences.

J. REVOL.

BIBLIOGRAPHIE BOTANIQUE

DU DÉPARTEMENT DE L'ARDÈCHE

1779-1783. Giraud-Soulavie, *Histoire naturelle de la France méridionale*, 8 vol., L. Jorry, imprimeur-libraire à Paris.

1839. Bonnet des Claustres, Liste des plantes monocotylédones et dicotylédones qui croissent spontanément ou qui sont généralement cultivées dans l'Ardèche *(Annuaire de l'Ardèche)*.

1847. Lecoq et Lamotte, *Catalogue raisonné des plantes vasculaires du Plateau Central*, Paris.

1854-1858. H. Lecoq, *Etudes sur la géographie botanique de l'Europe et en particulier sur la végétation du Plateau Central*, 9 vol., Paris, J.-B. Baillère et Fils.

1861-1862. Personnat, Herborisations à la Roche-de-Gourdon, au Mont Combier et au Pouzin *(Bulletin de la Société des Sciences naturelles de l'Ardèche)*.

1868-1869. Fourreau, Catalogue des plantes croissant aux bords du Rhône *(Annales de la Société Linnéenne de Lyon, fasc. XVI-XVII)*.

1879. Sargnon, Excursion botanique au Mézenc *(Annales de la Société Botanique de Lyon)*.

1877-1881. Martial Lamotte, Prodrome de la flore du Plateau Central *(Mémoires de l'Académie de Clermont)*.

1881. Dr Perroud et Dr Saint-Lager, Herborisations dans la haute vallée de l'Ardèche : 1. Thueyts, Montpezat. — 2. Le Teil, Rochemaure. — 3. Puy-de-Chenavari, le Coiron, Privas. — 4. Vallon, Pont-d'Arc, Saint-Remèze, Bourg-Saint-Andéol. — 5. Annonay, Satillieu, Lalouvesc *(Annales de la Société Botanique de Lyon)*.

1883. Dr Perroud, Quelques herborisations dans l'Ardèche, la Drôme, etc. *(Annales de la Société Botanique de Lyon, t. XI)*.

1883. Dr Saint-Lager, *Catalogue des plantes vasculaires du bassin du Rhône*, Lyon.

1888. C. Arvet-Touvet, *les Hieracium des Alpes françaises*, Paris.

1889. Cariot, *Flore du bassin moyen du Rhône et de la Loire*, 8e édit., revue par le Dr Saint-Lager, E. Vitte, Lyon.

1894. G. Cabanès, Vingt jours à Vals-les-Bains *(Bulletin de la Société d'Horticulture du Gard, IV, octobre 1894, p. 141-164 et 166-187).*
1898. L. Bourdin, le Vivarais : Géographie botanique *(Annales de l'Université de Lyon, fasc. XXXVII, Paris, Alcan).*
1899. Dr Saint-Lager, Notes sur la florule de Châteaubourg *(Annales de la Société Botanique de Lyon).*
1900. J. Revol, *Herborisation d'Aubenas à Saint-Julien-du-Serre* (Mémoire manuscrit présenté à l'Exposition universelle, 1900).
1902. Dr Alf. Chabert, les *Euphrasia* de la France *(Bulletin de l'Herb. Boisser, t. II, 1902, Genève).*
1902. J. Revol, *Flore du Pont-d'Arc (Pays ardéchois, 1902),* Annonay.
1902. H. Sudre, *les Hieracium du Centre de la France,* Albi.
1903. Dr Beauvisage et D^r Ph. Bretin, Une excursion dans l'Ardèche : de Saint-Péray à Lamastre *(Annales de la Société Botanique de Lyon, fasc. XXVIII).*
1904. G. Fontanille, Du Mézenc aux sources de la Loire *(Catalogue des plantes vasculaires du Mézenc et du Gerbier-de-Jonc,* Aubenas).
1906. Dr G. Beauvisage et D^r Ph. Bretin, Herborisation entre Saint-Péray et Vernoux-d'Ardèche *(Annales de la Société Botanique de Lyon,* fasc. XXXI).
1908. H. Sudre, *Rubi Europae vel Monographia iconibus illustrata Ruborum Europae.* Magnifique ouvrage en cours de publication, avec splendides gravures dessinées par l'auteur pour chaque espèce, sous-espèce, etc. Tous les *Rubus* du Catalogue y figureront. Chez l'auteur, 12, rue André-Délieux, Toulouse.

ABRÉVIATIONS

C.C.	Très commun.	R.R.	Très rare.
C.	Commun.	R.	Rare.
A.C.	Assez commun.	A.R.	Assez rare.
P.C.	Peu commun.	P.R.	Peu rare.

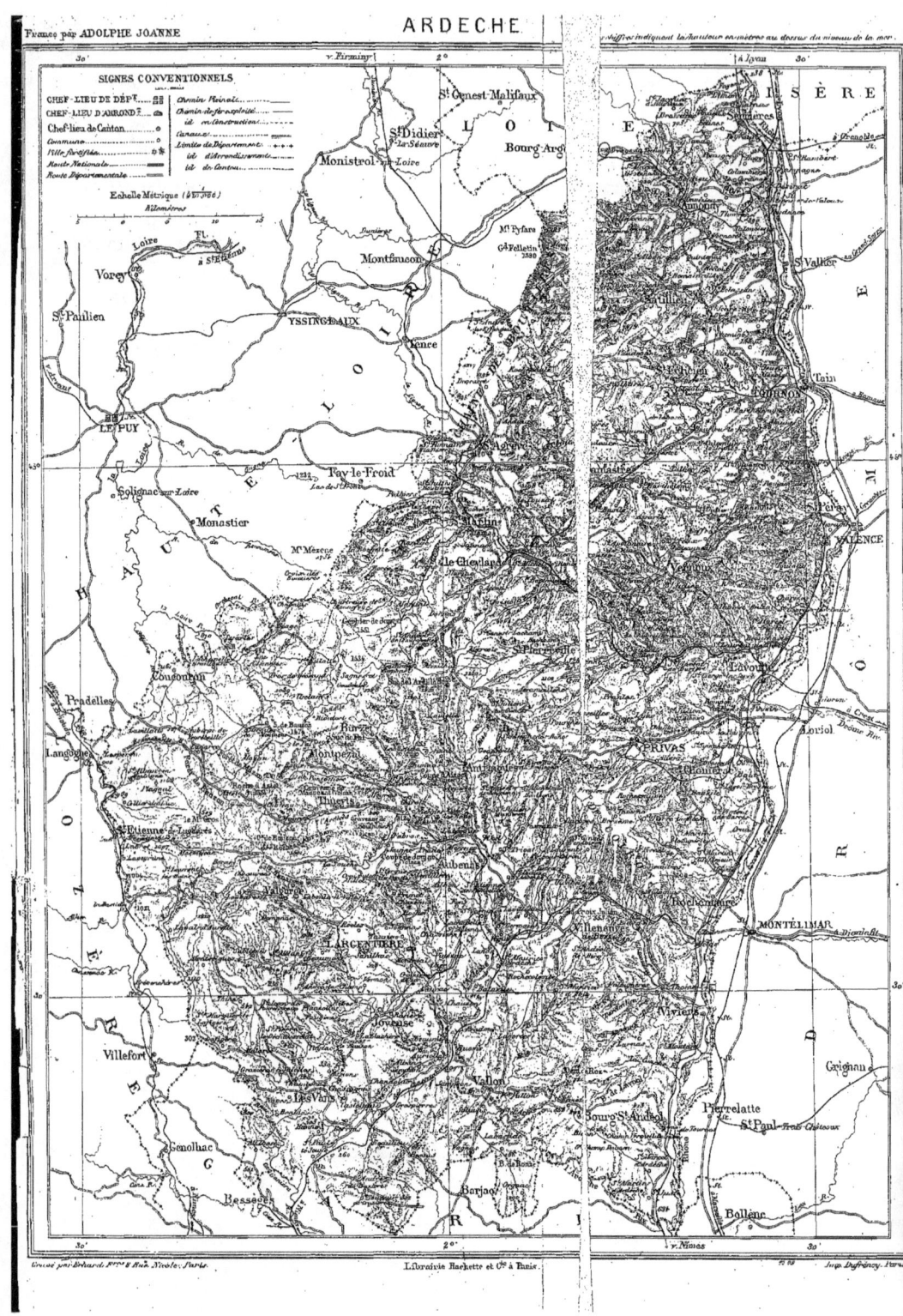

CATALOGUE

DES

PLANTES VASCULAIRES

DU

DÉPARTEMENT DE L'ARDÈCHE

DICOTYLÉDONES

Première Classe. — THALAMIFLORES

Famille I. — RENONCULACÉES

Ranunculus L.

1. **Ranunculus hederaceus** L. — Bords des ruisseaux et des sources de la région siliceuse et volcanique, de 200 à 600 mètres. — De Saint-Gineys-en-Coiron à Montbrun. Fossés de la route de Labégude à Lalevade-d'Ardèche. Alboussières, du Fringuet au Pin ; Saint-Péray. — Mai-août. — R.
2. **R. aquatilis** L. *(R. diversifolius* Gilib.). — Tourbières, marécages. — Tout le bassin de la Loire. Massif du Tanargue et forêt de Bauzon: Borne, Saint-Laurent-les-Bains, Saint-Etienne-de-Lugdarès. — Avril-août. — A.C.

    Var. R. confusus Godr. — Mares, prairies marécageuses bordant la Loire: de Rieutord à Lapalisse.
3. **R. fluitans** Lamk. — Marécages, fossés, tourbières. — Plante polymorphe commune sur tout le plateau autour de Mézenc et dans les vallées qui en descendent, entre 900 et 1.700 m. — Juin-août. — C.C.

4. **R. trichophyllus** Chaix. — Marais, étangs, ruisseaux de la région montagneuse, de 900 à 1200 m.— Bassin de la Loire, hauts bassins de l'Ardèche, de l'Erieux, de l'Allier, du Doux, etc. — Plante polymorphe. — Avril-juin. — C.

5. **R. aconitifolius** L. — Prairies marécageuses, bords des eaux de la région volcanique et siliceuse, de 800 à 1700 m. — Bassin de la Loire, hauts bassins de l'Ardèche, de l'Allier, de l'Erieux, du Doux, etc. — Mai-juillet. — C.

6. **R. platanifolius** L. — Bords des bois humides de la région siliceuse et volcanique, de 1000 à 1750 m. — Mêmes stations que le précédent, mais moins commun. — Mai-juillet. — P.R.

7. **R. gramineus** L. — Pâturages et éboulis des coteaux calcaires jusqu'à 300 m. — Vallée de l'Ardèche: Mont Vinobre à la Chapelle-sous-Aubenas, Balazuc, Labeaume, Labastide-de-Virac. Côte du Rhône: Viviers, Saint-Thomé, Saint-Martin-d'Ardèche. — Mai-juin. — R.

8. **R. Flammula** L. — Prés marécageux, tourbières de la région siliceuse et volcanique, de 800 à 1600 m. — Partout. — Juin-septembre. — C.

9. **R. auricomus** L. — Prairies, pâturages, bords des bois de la région siliceuse et volcanique, de 900 à 1700 m. — Lac Ferrand, Lavestide-du-Pal, Saint-Cirgues-en-Montagne, Rieutord jusqu'au Mézenc. Hauts bassins de l'Ardèche et de l'Erieux. — Avril-juin. — A.C.

Var. *R. grandiflorus* Lecoq et Lamt. — Bords des bois et des eaux des mêmes régions.

10. **R. acris** L. — Fossés, chemins, prairies en tous terrains. — Partout. — Mai-août. — C.C.

Les var. *R. Boraeanus* Jord., *R. Friesanus* Jord. sont assez communes dans les prairies humides des bassins supérieurs de l'Ardèche, de l'Erieux, du Lignon, de la Beaume, entre 600 et 1200 m. — C.

Var. *R. pascuicolus* Jord. (*R. spretus* Jord. et F.): Vallées supérieures des bassins de l'Erieux, du Sandron, de la Loire, jusqu'au Mézenc: le Béage à Montfol, Chartreuse de Bonnefoy, Cros-de-Géorand à Lavalette, etc. — De 1.200 à 1.700 m. — A.R.

11. **R. nemorosus** D. C. — Bois des montagnes siliceuses ou volcaniques au-dessus de 1200 m. — Chartreuse-de-Bonnefoy, Mézenc. — Juillet-août. — P.R.

   Var. A. Amansii Jord. — Pâturages des sols volcaniques au-dessus de 900 m. — Cros-de-Géorand, le Béage à Montfol, Chartreuse-de-Bonnefoy, Sainte-Eulalie, Gerbier-de-Jonc, Mézenc. — A.C.

12. **R. repens** L. — Terrains humides jusqu'à 1500 m. — Juin-août. — C.C.

13. **R. bulbosus** L. — Champs incultes, vignes, prairies, jusqu'à 1.000 m. — Avril-juillet. — C.C.

   Var. R. parvulus Coss. et G. — Pâturages des sols volcaniques vers 1.000 m. : Roche-de-Gourdon, Saint-Joseph-des-Bancs, de Prat-Berthon au Champ-de-Mars.

   Var. R. valdepubens Jord. — Coteaux secs de toute la partie méridionale du département, d'où il remonte à 500 m. dans la vallée de l'Ardèche, jusqu'à Largentière, Aubenas, Labégude, Prades, Pont-de-Labeaume, Antraigues. Côte du Rhône jusqu'à Rochemaure, Baix. Vallée de l'Ouvèze à Privas.

14. **R. monspeliacus** L. — Bords des chemins, rochers, bois taillis, vieux murs en pierres sèches de la région méridionale, jusqu'à 600 m. — Alboussières. — Mai-juin. — A.R.

   Var. R. saxatilis Balb. *(var. rotundifolius* G. G.). — Aubenas, en descendant au Pont, Ucel, Saint-Julien-du-Serre, Saint-Andéol-de-Bourlenc, Genestelle, Côte du Rhône à Crussol. — P.R.

   Var. R. lugdunensis Jord. — Côte du Rhône, Viviers ; de Tournon, Saint-Jean-de-Muzols, Vion, Arras à Andance. Basse vallée du Doux.

   Var. R. albicans Jord. — Aubenas; de Viviers à Crussol.

15. **R. sardous** Crantz *(R. philonotis* Ehrh.). — Prairies, pâturages humides jusqu'à 800 m. — Vallée de l'Ardè-

che : de Vals à Saint-Andéol-de-Bourlenc, Jaujac, etc. Saint-Didier-sous-Aubenas ; Coiron à Saint-Jean-le-Centenier, Mirabel. Bassins de l'Ouvèze, de l'Erieux, du Doux, etc. — Mai-juin. — A.C.

 Var R. parvulus L. — Pâturages volcaniques humides. — Coiron ; des sources de Claduègne à Berzème. — R.

16. **R. chærophyllus** L. *(R. flabellatus* Desf.). — Coteaux secs, siliceux de la Côte du Rhône septentrionale: Sarras, Arras, Vion, Tournon. — Mai-juin. — R.
17. **R. parviflorus** L. — Haies, champs humides : Côte du Rhône méridionale. Bassin de l'Ardèche à Prades. — Avril-juin. — R.
18. **R. arvensis** L. — Moissons, champs. — Partout jusqu'à 1.500 m. — Mai-juillet. — C.C.
19. **R. muricatus** L. — Champs siliceux: Prades (Girod). — Avril-juin. — R.R.
20. **R. sceleratus** L. — Marécages, bords des eaux, le long du Rhône. — Mai-août. — R.

Ficaria Dill.

21. **Ficaria ranunculoides** Mœnch. — Haies, prairies humides, fossés, jusqu'à 1200 m. — Partout. — Mars-mai. — C.C.

 Var. F. grandiflora Rob. *(F. calthœfolia* G. G.). — Partie méridionale jusqu'à Ruoms, Lanas, Aubenas, Saint-Julien-du-Serre. — R.

Adonis L.

22. **Adonis autumnalis** L. — Moissons de la partie méridionale du département, du Bourg-Saint-Andéol à Saint-Remèze. — Mai-septembre. — P.C.
23. **A. æstivalis** L. — Moissons de la même région que le précédent. — Mai-septembre. — R.

 Var. flava St-Lag. *(A. citrina* Hoffm.). — Mêmes stations.

24. A. flammea Jacq. — Moissons des terres sèches de la même région que les précédentes. — Mai-juillet. — R.

Anemone L.

25. Anemone vernalis L. — Pâturages des hautes montagnes volcaniques au-dessus de 1500 m. Sommet du Mezenc, Sépoux, monts d'Alambre (Haute-Loire). — Mai-juin. — R.
26. A. rubra Lamk. — Pelouses, bois des terrains calcaires ou volcaniques au-dessus de 800 m. — Vallée de l'Ardèche: Saint-Etienne-de-Boulogne, Roche-de-Gourdon. Coiron: Saint-Laurent-sur-Coiron, Berzème, Mirabel, Freyssenet, Sceautres. Vallée de l'Ouvèze : Mont Combier près Alissas, etc. — Avril-mai. — A.R.
27. A. ranunculoides L. — Bois de la région siliceuse et volcanique au-dessus de 1300 m.: Suc de Bauzon, Chambaud près le Béage, Montfol, Chartreuse-de-Bonnefoy. — Avril-mai. — A.R.
28. A. nemorosa L. — Bois et prairies de toute la région montagneuse d'où il descend dans les vallées de l'Ardèche, de la Borne, de la Beaume, de l'Ouvèze, etc., jusqu'à 200 m. — Mars-mai. — C.C.

Thalictrum L.

29. Thalictrum aquilegifolium L. — Clairières humides des bois siliceux ou volcaniques de 900 à 1.700 m. — Vallée de l'Ardèche : Mayres. Bassin de la Loire : Mazan, Saint-Cirgues-en-Montagne, Chartreuse-de-Bonnefoy, Mézenc. — Juillet-août. — A.R.
30. T. minus L. (*T. silvaticum* Koch, etc.). — Rocailles calcaires jusqu'à 700 m. — Coiron. Vallée de l'Ardèche à Lachapelle-sous-Aubenas, Saint-Sernin, Vogüé, Ucel, Saint-Julien-du-Serre, Vesseaux, l'Escrinet. — Mai-juillet. — P.C.
31. T. majus Jacq. — Landes et saulaies bordant le Rhône. — De Tournon à Serrières. — Juin-août. — A.C.

Var. *T. dumulosum* Jord. — Côte du Rhône méridionale : Rochers à Saint-Martin-d'Ardèche (Rouy). — R.

32. T. flavum L. — Lieux humides, saulaies. — Tout le long du Rhône. — Juin-juillet. — C.

Var. *T. ambigens* Jord. — Saulaies, taillis des bords du Rhône. — Tournon (Jord.).

Clematis L.

33. Clematis Flammula L. — Bois et rochers des coteaux calcaires, jusqu'à 400 m. — Vallée de l'Ardèche: de Saint-Martin-d'Ardèche à Aubenas, Ucel, Saint-Julien-du-Serre. Basses pentes du Coiron. Vallée du Chassezac : Païolive. Vallée de l'Ouvèze jusqu'à Privas. Côte du Rhône jusqu'au Pouzin. — Juillet-septembre. — A.C.

Var. *C. maritima* D. C. — Vesseaux à Valette, Rocher de Jastre. Saint-Julien-de-Cassagnas (Gard). — R.

34. C. Vitalba L. — Haies, bois, ravins. — Partout, jusqu'à 1.200 m. — Juin-septembre. — C.

Caltha L.

35. Caltha palustris L. — Prés humides, bords des eaux dans les terrains siliceux ou volcaniques au-dessus de 700 m. — Avril-mai. — C.

Trollius L.

36. Trollius europaeus L. — Pâturages des terrains siliceux et volcaniques, de 700 à 1.700 m. Bassin de l'Ardèche: de Montpezat au Pal. Bassin de la Loire : Mazan, Lanarce, Coucouron, Cros-de-Géorand, Montfol, Chartreuse de Bonnefoy; de Mézilhac au Gerbier-de-Jonc et au Mézenc. Haut bassin de l'Erieux et chaîne des Boutières. — Mai-août. — A.R.

Helleborus L.

37. Helleborus fœtidus L. — Terrains pierreux, éboulis. — Partout, jusqu'à 1.300 m. — Janvier-mars. — C.C.

38. H. viridis L. — Cultivé comme plante vétérinaire. Spontané dans la région montagneuse, vers le Suc-de-Bauzon et Rieutord. — Mars-avril. — R.R.

Nigella L.

39. Nigella damascena L. — Champs cultivés de la partie méridionale du département. Vallée de l'Ardèche jusqu'à Mercuer, Labégude. Basses pentes du Coiron. — Mai-juillet. — R.

Aquilegia L.

40. Aquilegia vulgaris L. — Prairies humides, bois ombragés en tous terrains, jusqu'à 1.600 m. — Le Coiron: Roche-de-Gourdon, l'Escrinet, etc. Monts du Vivarais : Chartreuse-de-Bonnefoy; du Gerbier-de-Jonc au Ray-Pic, Cheylard, Saint-Agrève, Annonay. — Tout le département. — Mai-juillet. — C.

Delphinium L.

41. Delphinium pubescens D. C. — Moissons de la région méridionale : Vallée de l'Ardèche : de Saint-Martin-d'Ardèche à Mercuer, Labégude, Coiron à Villeneuve-de-Berg, Lavilledieu. Côte du Rhône jusqu'à Rochemaure. — Juin-juillet. — A.R.

Aconitum L.

42. Aconitum Napellus L. (*A. vulgare* D. C.). — Bois, prairies humides de la région volcanique et gneissique au-dessus de 1.200 m. — Monts du Vivarais, autour du Mézenc. Vallée de la Veyradère : Chartreuse-de-Bonnefoy, Montfol, Sépoux et Séponet, près le Gerbier-de-Jonc. — Juin-août. — A.R.

Var. A. pyramidale Rchb. — Bords de la Veyradère sous la Chartreuse-de-Bonnefoy. — R.

43. A. lycoctonum L. — Rochers, bois, prés humides des montagnes volcaniques, au-dessus de 1.200 m. Vallée de l'Ardèche : Suc de Bauzon. Vallée de la Loire : Mézenc, Montfol, Mont-Sépoux, Bois d'Andéol, Plateau du Tanargue, rocher d'Avran. — Juillet-août. — A.R.

Actæa L.

44. Actæa spicata L. — Bois des montagnes au-dessus de 1.000 m. — Vallée de la Loire : Suc-de-Bauzon, Cros-de-Géorand, le Béage, lac d'Issarlès, forêt de Mazan et toutes les hautes vallées partant du Mézenc. Chaîne des monts du Vivarais, plateau du Tanargue, rocher d'Avran. — Juin-août. — P.C.

Pæonia L.

45. Pæonia peregrina Mill. *(Var. P. paradoxa* Anders.*)*.— Bois, rocailles des coteaux calcaires, jusqu'à 400 m. — Vallée de l'Ardèche: Rochecolombe, Saint-Maurice-d'Ibie. Côte du Rhône. Saint-Remèze au bois du Lavoul. — Avril-mai. — R.

Famille II. — NYMPHÉACÉES

Nymphæa L.

46. Nymphæa alba L. — Eaux stagnantes le long du Rhône : Lavoulte, le Pouzin, le Teil, etc. Rare ailleurs. — Juin-août. — P.C.

Nuphar Sibth et Sm.

47. Nuphar luteum Sibth. et Sm. — Eaux stagnantes tout le long du Rhône. — Rare ailleurs. — Juin-septembre. — A.C.

Famille III. — PAPAVÉRACÉES

Papaver L.

48. Papaver Rhœas L. — Champs, vignes, chemins. — Partout jusqu'à 1.600 m. — Mai-juillet. — C.C.

Forma gracilis. — Saulaies des bords du Rhône.

Var. *P. intermedium* Beck. — Vallée de l'Ardèche : Saint-Privat, Vesseaux, etc. — C.

Var. *P. caudatifolium* Timb. — Vallée de l'Ardèche. Mêmes stations que le précédent. — C.

Var. *vestitum* G. G. (*P. Roubiœi* Vig.). — Rocailles calcaires du bas Coiron : Lussas, Lavilledieu. — P.R.

49. P. dubium L. — Champs, vignes. — La plus grande partie du département, jusqu'à 1.200 m. — Mai-juillet. — A.C.

Var. *P. Lamottei* Bor. — Champs pierreux. — Coiron, Roche-de-Gourdon. — R.

Var. *P. collinum* Bog. — Coteaux secs de la partie septentrionale, jusqu'à 500 m. — D'Andance à Tournon ; de Sarras à Eclassan. — A.R.

50. P. Argemone L. — Terres sablonneuses, pierrailles, jusqu'à 1.000 m. — Surtout abondant dans la région granitique et volcanique. Le Coiron : Lussas, Saint-Laurent-sous-Coiron, Lavilledieu, etc. La plus grande partie des vallées de l'Ardèche, de l'Ouvèze, de l'Erieux : Aubenas, Vals, Antraigues, Privas, les Ollières, Côte du Rhône. — Mai-août. — P.C.

Var. *glabratum* Coss. et G. — Coteaux secs et siliceux de la Côte du Rhône : de Sarras à Tournon ; d'Arras à Sècheras. — R.

51. P. hybridum L. — Vignes des coteaux secs, surtout calcaires, de la région méridionale : Vallée de l'Ardèche jusqu'à Saint-Privat, au ravin de Louyre. — Mai-juin. — A.R.

MECONOPSIS Vig.

52. Meconopsis cambrica Vig. — Alluvions, terrains détritiques des montagnes siliceuses ou volcaniques, de 1.000 à 1.300 m. — Mayres au Rocher d'Avran. Péreyres au Ray-Pic. — Mai-août. — R.R.

Glaucium Gaertn.

53. **Glaucium luteum** Scop. — Graviers, terrains pierreux, surtout calcaires, des plaines et des coteaux, jusqu'à 3oo m. — Toute la Côte du Rhône. Vallée de l'Ardèche jusqu'à Saint-Privat à l'Echelette, ravin de Louyre. Vallée de l'Ouvèze : Alissas, Privas, jusqu'au Pouzin. — Juin-septembre. — A.C.

54. **G. corniculatum** Curt. — Mêmes stations que le précédent, mais plus rare. Côte méridionale du Rhône jusqu'au Pouzin. — Mai-juillet. — A.R.

Chelidonium L.

55. **Chelidonium majus** L. — Vieux murs, décombres, haies, dans tout le département, jusqu'à 1.ooo m. — Avril-septembre. — C.C.

Famille IV. — FUMARIACÉES

Corydalis D. C.

56. **Corydalis solida** Sm. — Bois, haies, rocailles, surtout des sols siliceux ou volcaniques, entre 5oo et 1.5oo m. — Vallée de l'Ardèche : de Montpezat au sommet du Suc-de-Bauzon ; de Burzet aux Sagnes-et-Goudoulets ; vallée de la Loire, où il est commun. Monts du Coiron, par les éboulis calcaires, à Saint-Laurent-sous-Coiron, Freyssenet, Roche-de-Gourdon et haute vallée du Mézayon. — Mars-mai. — P.C.

57. **C. lutea** D. C. — Vieux murs, rochers : Côte du Rhône septentrionale : Andance, Sarras. — Mai-septembre. — R.

58. **C. claviculata** D. C. — Lieux pierreux, broussailles des sols volcaniques, siliceux, entre 1.ooo et 1.3oo m. — Haute vallée de l'Ardèche : Mayres au Rocher d'Avran; vallée de la Loire : forêt de Mazan, Sainte-Eulalie, près le Gerbier-de-Jonc (Besson). — Juin-août. — R.

Fumaria L.

59. Fumaria capreolata L. — Vieux murs, rochers des coteaux calcaires de la partie méridionale, vers 150 m.— Basse vallée de l'Ardèche, au Pont-d'Arc. — Avril-mai. — R.

60. F. officinalis L. — Vignes, champs, dans tout le département, jusqu'à 1.200 m. — Avril-novembre. — C.C.

61. F. Vaillantii Lois. — Champs cultivés de la plus grande partie de la Côte du Rhône. Rare ailleurs. — D'Andance à Tournon, Mauve, Saint-Péray, etc. — Avril-septembre. — P.R.

62. F. parviflora Lamk. — Champs, vignes, surtout des coteaux calcaires de la partie méridionale, jusqu'à 400 m. — Toute la Côte du Rhône. Vallée de l'Ardèche, jusqu'à Ucel, Saint-Julien-du-Serre, Vesseaux. Vallées de l'Escoutay, de l'Ouvèze, etc. — Mai-septembre. — P.C.

63. F. spicata L. — Champs de la partie méridionale du département, jusqu'à 150 m. — Saint-Martin-d'Ardèche, Bessas. — Mai-juin. — R.

Famille V. — CRUCIFÈRES

Cheiranthus L.

64. Cheiranthus Cheiri L. — Ruines, vieux murs, rochers, jusqu'à 600 m. — Dans tout le département : châteaux d'Aubenas, de Boulogne, de Rochecombe, Privas, Tournon, Largentière, etc. — Mars-juin. — C.

Raphanus L.

65. Raphanus Raphanistrum L. — Champs, dans tout le département. — Mai-septembre. — C.C.

La variété à fleurs violettes, sur le plateau : de Mézilhac au Mézenc.

66. R. sativus L. — Cultivé. Subspontané.

Sinapis L.

67. Sinapis arvensis L. — Champs dans tout le département. — Mai-août. — C.C.

68. S. Cheiranthus Koch (*Brassica Cheiranthus* Vill.). — Champs sablonneux des terrains siliceux ou volcaniques, dans tout le département. — Mai-septembre. — C.C.

    Var. *S. propera* Rouy et F. — Toute la partie siliceuse des vallées de l'Ardèche, du Lignon, etc., jusqu'à 600 m. — Largentière, Prunet, Chazeaux, Mercuer, Ucel, Vals, Genestelle, etc. — A.C.

    Var. *S. densiflora* Rouy et Fouc.— Rochers d'Avran, Mont Mézenc (Jord., *in* Rouy). — R.

    Var. *S. montana* D. C. — Remplace le type au-dessus de 800 m. De Montpezat au Pal. Vallée de la Loire. — Le Coiron volcanique et siliceux. — C.

69. S. alba L. — Souvent cultivé. Subspontané.

70. S. incana L. (*Hirschfeldia adpressa* Mœnch). — Lieux arides, calcaires, talus des routes, des voies ferrées, jusqu'à 400 m. — Toute la côte du Rhône, où il est abondant. Vallées de l'Ardèche, de l'Escoutay, de l'Ouvèze, de l'Erieux. — Juin-octobre. — A.C.

Brassica L.

71. Brassica oleracea L. — Cultivé. Subspontané.
72. B. Napus L. — Cultivé. Subspontané.

Diplotaxis D. C.

73. Diplotaxis tenuifolia D. C. — Vieux murs, décombres, chemins, talus des voies ferrées, jusqu'à 400 m. — Toute la côte du Rhône, vallées de l'Escoutay et de l'Ardèche : Vogüé, Viviers, etc. — Mai-novembre. — A.C.

74. D. muralis D. C. — Champs pierreux de la région calcaire. Partout, jusqu'à 400 m. — Avril-octobre. — C.

Var. D. biennis Rouy et F. — Vallée de l'Ardèche, de Vallon à Ucel.

75. D. viminea D. C. — Champs sablonneux, vignes de la partie méridionale du département (Saint-Lag.). — Juillet-août. — R.

Erucastrum Presl.

76. Erucastrum bracteatum G. G. — Bois, coteaux, voies ferrées où il se propage. — Le Teil, Vogüé, Côte du Rhône. — Mai-août. — P.C.

77. E. obtusangulum Rchb. — Prairies artificielles, bords des chemins, surtout des sols calcaires, jusqu'à 400 m. — Toute la Côte du Rhône, vallon de Celles-les-Bains. — Mai-septembre. — P.R.

Var. E. intermedium Jord. — Tournon (Fourreau).

Hesperis L.

78. Hesperis matronalis L. — Cultivé. Souvent subspontané. — Avril-juin.

79. H. laciniata All. — Rochers calcaires chauds de la région méridionale, jusqu'à 300 m. — Saint-Privat, au ravin de Louyre, Aubenas, au rocher de Jastre, Ville, Pont-d'Arc. — Avril-mai. — R.

Erysimum L.

80. Erysimum orientale R. Br. — Vignes, champs des terrains calcaires, volcaniques, jusqu'à 900 m. — Vallée de l'Ardèche : monts du Coiron à l'Escrinet, Roche-de-Gourdon, Vesseaux, Saint-Julien-du-Serre, Ucel, rocher de Jastre, Ruoms, Côte du Rhône : Saint-Remèze; vallée de l'Escoutay à Sceautres, etc. — Mai-juillet. — A.R.

81. E. grandiflorum Desf. (*E. australe* Gay). — Lieux pierreux des collines calcaires, jusqu'à 300 m. — Basse vallée de l'Ardèche: de Saint-Martin-d'Ardèche à Vallon, Balazuc, Lagorce, Rochecolombe. Côte du Rhône : Rochemaure. — Avril-juillet. — R.

Var. *E. confine* Jord. — Lieux incultes à Crussol (Jord.).

Var. *E. petrophilum* Jord. — Côte du Rhône : Châteaubourg (Jord.).

Barbarea Beckm.

82. Barbarea vulgaris R. Br. — Lieux humides, sablonneux, jusqu'à 400 m. — Toute la Côte du Rhône. Vallées de l'Ardèche et de l'Erieux : Saint-Julien-du-Serre, Saint-Didier - sous - Aubenas, Saint - Laurent - du - Pape. — Avril-juin. — P.C.

Var. *B. rivularis* Martr. *(B. stricta* Bor. non Fr.). Bords du Rhône (Fourreau), de l'Ardèche à Aubenas.

83. B. patula Fr. *(B. præcox* R. Br.). — Rochers siliceux, volcaniques, humides, jusqu'à 1.300 m. — Vallée de l'Erieux : Champ-de-Mars, Marcols, Saint-Pierreville, le Cheylard. Vallée de l'Ardèche : Aubenas, Vals-les-Bains, Genestelle, etc. Côte du Rhône : Champis. — Avril-juin. — A.C.

Sisymbrium L.

84. Sisymbrium Alliaria Scop. — Alluvions, décombres frais, jusqu'à 1.000 m., dans tout le département. — Avril-juin. — C.C.

85. S. pinnatifidum D. C. — Pelouses, rochers, éboulis siliceux, au-dessus de 600 m.

Var. *Girodi* Rouy. — De Burzet aux Sausses ; de Thueyts à Barnas (Girod). Localités où je l'ai rencontré assez abondant. — Mai-juin. — R.

86. S. officinale Scop. — Décombres, chemins, lieux incultes, dans tout le département, jusqu'à 900 m. — Avril-août. — C.C.

87. S. polyceratium L. — Lieux incultes, vieux murs de la région méridionale, jusqu'à 250 m. — Basse vallée de l'Ardèche, jusqu'à Lanas, Vogüé. Côte du Rhône, jusqu'au Teil. — Juin-août. — R.

Nasturtium R. Br.

88. **Nasturtium officinale** R. Br. — Ruisseaux, sources, fossés dans tout le département, jusqu'à 1.000 m. — Avril-août. — C.C.

    Var. N. siifolium Rchb. — Dans les eaux profondes.
89. **N. silvestre** R. Br. — Fossés, bords des eaux. Tout le long du Rhône et des basses vallées de ses affluents. Rare ailleurs. — Mai-septembre. — C.
90. **N. asperum** Coss. — Fossés. Saint-Sernin, Beaulieu. — Mai-juillet. — R.

Arabis L.

91. **Arabis Thaliana** L. — Vieux murs, rochers, terrains sablonneux, jusqu'à 1.200 m., au Champ-de-Mars. Partout. — Avril-août. — C.C.
92. **A. brassicæformis** Wallr. *(Brassica alpina* L.). — Broussailles, surtout volcaniques ou calcaires de la région montagneuse : Mézenc, Roche-de-Gourdon, Saint-Andéol-de-Bourlenc, Aubenas à Jastre, vers 300 m. Dompnac, Valgorge (Coste). — Mai-juillet. — R.
93. **A. cebennensis** D. C. — Rochers et bois humides de la région montagneuse volcanique, siliceuse, au-dessus de 900 m. — Vallée de l'Ardèche : Mayres au rocher d'Avran, Péreyres au Ray-Pic, de Burzet aux Sagnes et Goudoulet. Vallée de la Loire : forêt de Mazan, rochers bordant Vernazon, près de son confluent avec la Loire. Le Mezenc : pentes N-E et N-O, Chartreuse-de-Bonnefoy et le Grangeas, les Pradoux et le bois d'Andéol, près le Gerbier. — Juin-août. — R.
94. **A. hirsuta** Scop. — Bois de la Côte du Rhône septentrionale, vers 200 m. — Eclassan, Ozon, Sècheras, Arras ; vallée de la Loire : Cros-de-Géorand, Chartreuse-de-Bonnefoy. — Mai-juillet. — A.C.

    Var. A. sagittata D. C. — Terrains pierreux surtout calcaires. — Vallée de l'Ardèche : rocher de Jastre, Saint-Privat à Louyre, collines de Vesseaux. — A.C.

Var. A. Gerardi Bess. — Bois sur micaschiste : Côte du Rhône : Arras, Sècheras, Vion. — A.R.

95. A. muralis Bert. — Vieux murs, rochers. — Vallée de l'Ardèche, vers 250 m. De Labégude à Lalevade-d'Ardèche. Côte du Rhône : Châteaubourg. — Mai-juin. — R.

96. A. auriculata Lamk. — Murs et rochers de la haute région volcaniques. — Mézenc, Montfol. — Avril-juin. — R.

97. A. perfoliata Lamk *(Turritis glabra* L.). — Vieux murs, éboulis, bois, au-dessus de 1.000 m. — Ruines de la Chartreuse-de-Bonnefoy, Saint-Cirgues-en-Montagne à la Bataille. — Mai-août. — R.

98. A. turrita L. — Rochers calcaires et boue glaciaire, jusqu'à 900 m. — Vallée de l'Ardèche : Montpezat, au-dessus du Fau, Aubenas aux rochers de Baza, de Vals-le-Bains à Antraigues. Vallée de l'Ouvèze : Privas à Verdus. Côte du Rhône : Châteaubourg. Vallée du Doux : Tournon. — Mai-juillet. — A.R.

CARDAMINE L.

99. Cardamine resedifolia L. — Pelouses et rochers humides des hautes montagnes volcaniques, de 1.100 à 1.700 m. : Mézenc, Gerbier-de-Jonc, Ray-Pic. Massif du Tanargue, vers Valgorge, rochers d'Avran. — Juin-août. — R.R.

100. C. pratensis L. — Prés humides de toute la région montagneuses, entre 900 et 1.000 m., d'où il descend jusqu'aux bords du Rhône. — Mars-juin. — C.C.

101. C. amara L. — Bords des ruisseaux, prairies humides de la région montagneuse, de 1.000 à 1.700 m. — Vallée de la Loire : Mézenc, Gerbier-de-Jonc, le Béage, lac d'Issarlès, Cros-de-Géorand, Saint-Cirgues-en-Montagne. Vallée de l'Ardèche, où il descend à Ucel, Saint-Julien-du-Serre, vers 300 m. — Avril-août. — A.R.

102. C. hirsuta L. — Vieux murs, rochers, champs. — Partout, jusqu'à 1.200 m. — Février-mai. — C.C.

103. C. silvatica. — Bois frais des montagnes, au-dessus de 1.000 m. — Forêt de Mazan, Suc-de-Bauzon. — Avril-juillet. — R.

104. C. impatiens L. — Haies, terrains ombragés, humides, jusqu'à 300 m. — Vallée de l'Ardèche : Lalevade-d'Ardèche, Prades, de Labégude à Lalevade, Saint-Julien-du-Serre, Ucel. Bords du Rhône : Sarras, Arras, Vion, Saint-Péray, etc. — Mai-juin. — A.R.

Dentaria L.

105. Dentaria digitata Lam. — Bois des montagnes au-dessus de 1.000 m. — Vallée de la Loire : Sainte-Eulalie, près le Gerbier-de-Jonc, Suc-de-Bauzon, Cros-de-Géorand, massif du Tanargue à la forêt de Bauzon. — Mai-juin. — R.

106. D. pinnata Lam. — Mêmes stations que le précédent, avec lequel il est souvent mêlé. — Massif du Tanargue à la forêt de Bauzon. Suc de Bauzon.

× *D. digenea* Gremli *(D. digitata × pinnata).* — Forêt de Bauzon (Ab. Soulié). Pentes E. du Suc-de-Bauzon. — R.

Alyssum L.

107. Alyssum calycinum L. — Bords des routes, pelouses sablonneuses, jusqu'à 1.200 m. Dans tout le département. — Avril-octobre. — C.C.

108. A. campestre L. — Champs sablonneux, secs, des coteaux de la région méridionale, d'où il remonte à Aubenas, Ucel, Saint-Julien-du-Serre, Saint-Privat. — Avril-juin. — R.

109. A. montanum L., *Var. Rhodanense* Jord. et F. — Pelouses et rochers calcaires de la Côte du Rhône : Tournon (Fourr.), Sarras (Chabert, Rouy). — Mai-juillet. — R.

110. A. marïtimum L. — Coteaux calcaires de la région méridionale, jusqu'à 150 m. environ. — Basses vallées de l'Ardèche et du Rhône. — Avril-juin. — R.

111. A. macrocarpum D. C. — Rochers calcaires, jusqu'à 700 m. — Vallée de l'Ardèche ; le Coiron occidental : rochers ruiniformes entre Saint-Etienne-de-Boulogne et Pramailhet, Vallon, Pont-d'Arc et la région méridionale, Saint-Remèze à la Dent de Retz. Vallée de l'Ouvèze : Coiron jusqu'à Rochemaure, Cruas. — Avril-juin. — R.

CLYPEOLA L.

112. Clypeola Jonthlaspi L. — Rochers, éboulis des coteaux calcaires de la région méridionale. — Vallée de l'Ardèche : de Vallon au Pont-d'Arc. Côte du Rhône : le Teil. — Mars-mai. — R.

DRABA L.

113. Draba muralis L. — Vieux murs, rochers, surtout calcaires, jusqu'à 900 m. — Côte du Rhône : de Peyraud à Tournon ; vallée du Doux ; vallée de l'Ouvèze : Privas à Verdus ; vallée de l'Ardèche : de Mayres au rocher d'Avran, de Labégude à Lalevade-d'Ardèche, Saint-Privat à Louyre. — Avril-juillet. — A.-R.

114. D. verna L. (*Erophila vulgaris* D. C.). — Terrains sablonneux, rochers, en tous terrains, dans tout le département, jusqu'au Mézenc. — Février-juin. — C.C.

Principales formes que j'ai récoltées et que M. Sudre a déterminées :

1. *Erophila stenocarpa* Jord. — Ranc-Corbier, près le Cheylard. Saint-Andéol-de-Bourlenc. — Mars-avril.

2. *E. brevipila* Jord. — Basaltes, granit : Lapalisse, Champ-de-Mars, Saint-Cierge-sous-le-Cheylard.

3. *E. obovata* Jord. — Roche-de-Gourdon, Suc-du-Pal, en sol volcanique.

4. *E. tenuis* Jord. — Rochers granitiques : Saint-Andéol-de-Bourlenc à la Bertoile.

5. *E. subintegra* Jord. — Rochers granitiques : Saint-Julien-du-Serre à Pio.

6. *E. confinis* Jord. — Même station que le précédent, Chartreuse-de-Bonnefoy.

7. *E. breviscapa* Jord. — Granit : Ranc-Corbier, près le Cheylard.

8. *E. rubella* Jord. — Coteaux siliceux : Saint-Julien-du-Serre ; coteaux calcaires : Vesseaux.

9. *E. Bardini* Jord. — Coteaux granitiques : Vals-les-Bains, Vesseaux.

10. *E. rubrinaeva* Jord. — Coteaux siliceux : Saint-Julien-du-Serre à Miolaure.

11. *E. vivariensis* Jord. — Coteaux calcaires à Celles-les-Bains.

12. *E. hirtella* Jord. — Genestelle, Saint-Joseph-des-Bancs.

Roripa Scop.

115. Roripa nasturtioides Spach. — Prairies marécageuses, bords des étangs le long du Rhône. — Juin-août. — C.C.

116. R. amphibia Bess. — Bords des eaux, marécages le long du Rhône et basses vallées de la Cance, de l'Ay, du Doux, de l'Erieux, de l'Escoutay, de l'Ardèche. — Juin-septembre. — C.C.

117. R. pyrenaica Spach. — Prairies, pâturages des sols siliceux dans tout le département. — Mai-juin. — C.

Thlaspi L.

118. Thlaspi arvense L. — Moissons, terrains incultes de la région calcaire, volcanique, de 300 à 1.200 m. — Monts du Coiron : Escrinet, Roche-de-Gourdon, Saint-Etienne-de-Boulogne, Pourchères, Saint-Joseph-des-Bancs, Chartreuse-de-Bonnefoy. — Mai-septembre. — A.C.

119. T. montanum L. — Rochers calcaires vers l'Escrinet (Saint-Lag.). — Avril-juin. — R.

120. T. perfoliatum L. — Bords des chemins, landes, surtout des terrains calcaires, jusqu'à 800 m. — Vallée de l'Ardèche : Vesseaux, Saint-Julien-du-Serre, Saint-Andéol-de-Bourlenc, Saint-Privat, Lavilledieu, Lussas, le Coiron. — Vallée de l'Ouvèze : Privas, Chomérac, Côte du Rhône, Saint-Péray, etc. — Mars-mai. — A.C.

121. **T. brachypetalum** Jord. *(T. virgatum* G. G.*)*. — Pâturages des hautes régions volcaniques. De Mayres au rocher d'Avran, Mézenc, lac d'Issarlès. — Mai-juillet. — R.

122. **T. silvestre** Jord. *(T. alpestre* G. G.*)*. — Pâturages de la région volcanique, granitique, montagneuse, de 800 à 1.200 m. — Mazan, Saint-Cirgues-en-Montagne, Usclades, Suc-de-Bauzon, de Montpezat au Pal. Vallée du Sandron à Saint-Andéol-de-Bourlenc, plateau du Tanargue. — Mai-juillet. — P.R.

123. **T. virens** Jord. *(T. arvernense* Jord.*)*. — Pâturages, rochers, éboulis granitiques, volcaniques, au-dessus de 1.000 m. — Rocher d'Avran, Montpezat au Pal, le Roux, Suc-de-Bauzon, Coucouron, Lanarce, etc. Toute la région montagneuse jusqu'au Mézenc, Gerbier-de-Jonc, Chartreuse-de-Bonnefoy, le Béage, etc. — Mai-juillet. — A.C.

124. **T. occitanicum** Jord. — Rocailles calcaires de la partie méridionale du département. — Païolive, bassin de la Cèze. — Mai-juillet. — A.R.

ÆTHIONEMA R. Br.

125. **Æthionema saxatile** R. Br. *(Thlaspi saxatile* L.*)*. — Rochers calcaires de la Côte du Rhône : de Saint-Martin-d'Ardèche à Châteaubourg ; vallée de l'Ardèche : Saint-Martin-d'Ardèche, Saint-Marcel-d'Ardèche, Vallon au Pont-d'Arc, Lagorce, Vogüé, Rochecolombe, etc. Vallée de l'Ouvèze, vers le Pouzin. — Avril-juillet. — P.R.

CAPSELLA Medik.

126. **Capsella Bursa-pastoris** Mœnch. — Vignes, champs, chemins. — Février-novembre. — C.C.

127. C. rubella Reuter. — Bords des chemins, endroits incultes. Mêlé au précédent.

128. C. gracilis Gren. — En société avec les deux précédents, dont il paraît hybride. Saint-Julien-du-Serre, Ucel. De Tournon à Serrières, etc. — A.R.

Teesdalia R. Br.

129. Teesdalia nudicaulis R. Br. — Région gneissique et granitique. Partout. Mars-mai. — C.C.

130. T. Lepidium D. C. — Même région que le précédent, mais plus rare et plus précoce. — Février-avril.

Iberis L.

131. Iberis pinnata L. — Moissons, champs, landes de toute la région calcaire. — Avril-juillet. — C.

132. I. amara L. — Moissons, pâturages, surtout des coteaux calcaires de la partie méridionale. Remonte jusqu'à Aubenas, au rocher de Jastre. Le Coiron, vallée de l'Ouvèze, Côte du Rhône. — Juin-septembre. — A.C.

133. I. linifolia L. — Rocailles volcaniques, calcaires. — Pentes du Coiron dans la vallée de l'Ouvèze : Mont Charray, le Pouzin. — Juillet-septembre. — R.

Forme I. Villarsii Jord. — Rocailles calcaires, volcaniques. — Basses pentes du Coiron dans la vallée du Rhône : Meysse, Cruas, Baix, le Pouzin, Lavoulte. — Août-octobre. — P.C.

Forme I. deflexifolia Jord. — Rocailles volcaniques. — Bassin de l'Ardèche : Saint-Cirgues-de-Prades. Coupe de Jaujac, Gerbier-de-Jonc. — Août-octobre. — R.

Forme I. polita Jord. — Rocailles volcaniques. — Vallée de l'Ardèche : Gravennes de Neyrac-les-Bains, Thueyts, Montpezat. — Août-octobre. — R.

Hutchinsia R. Br.

134. Hutchinsia petræa R. Br. — Sols graveleux en tous terrains, jusqu'à 1.000 m. — Roche-de-Gourdon, col de l'Escrinet, Vesseaux, Aubenas. Bassins de l'Ardèche, de l'Ouvèze, de l'Erieux. Côte du Rhône. — Février-avril. — C.

Lepidium L.

135. Lepidium sativum L. — Subspontané autour des habitations. — Juin-juillet.

136. L. graminifolium L. — Chemins, villages, jardins, jusqu'à 800 m. — Partout. — Juin-octobre. — C.

137. L. Draba L. — Plante se propageant le long des routes, des voies ferrées, autour des gares. — Commun dans la plus grande partie de la région méridionale, jusqu'à environ 400 m. — Vallée de l'Ardèche, où il remonte à Aubenas, Labégude, Ucel, etc. Côte du Rhône, jusqu'à Serrières. Vallée de l'Ouvèze, etc. — Mai-juillet. — A.C.

138. L. campestre R. Br. — Chemins, fossés, vignes. — Mai-juillet. — C.C.

Var. L. errabundum Jord. — Saulaies bordant le Rhône : Andance, Sarras, Arras, Tournon. — P.C.

139. L. ruderale L. — Chemins, décombres. — Vernoux (Dr Beauvisage). — Juin-août. — R.

Biscutella L.

140. Biscutella lævigata L. — Roches calcaires, granitiques, volcaniques. — Côte du Rhône : Rochemaure. Vallée de l'Ardèche : Labégude.

Espèce polymorphe dont j'ai récolté les formes suivantes :

Var. B. arvernensis Jord. — Eboulis, pelouses des pentes et du sommet du Mézenc. — Juillet-août. — A.R.

Var. B. varia Dmt, *var. B. scabrida* Rouy. — Rocailles calcaires ou volcaniques. — Saint-Gineys-en-Coiron à Montbrun, Vesseaux à Valette, Rochecolombe sur les ruines du château et les falaises des calcaires ruiniformes, Saint-Maurice-d'Ibie, Vogüé. Vallée du Doux : de Tournon à Lamastre. — A.C.

Var. B. controversa Bor. — Rochers calcaires. — Vesseaux à Valette. — R.

Var. B. intricata Jord. — Eboulis et falaises basaltiques. — Saint-Jean-le-Centenier, en montant au Coiron. — Tournon, le long du Doux, sur rochers granitiques.

Neslia Desv.

141. Neslia paniculata Desv. — Moissons, vignes, de 200 à 600 m. — Vallée de l'Ardèche : Vals-les-Bains, Pont-de-Labeaume, Prades, Lalevade-d'Ardèche, Ucel, le Coiron, etc. Vallée de l'Ouvèze : Privas, Chomérac, etc. Côte du Rhône. — Mai-juillet. — C.

Bunias R. Br.

142. Bunias Erucago L. — Terrains sablonneux, moissons, jusqu'à 700 m. — Vallée méridionale de l'Ardèche : de Vallon, Largentière, Ruoms, remonte à Vals-les-Bains, Lalevade-d'Ardèche, Vesseaux, Saint-Joseph-des-Bancs, etc. Le Coiron. Toute la côte du Rhône. Vernoux. — Mai-juillet. — A.C.

Rapistrum Desv.

143. Rapistrum rugosum All. — Moissons, surtout des terrains calcaires de la région méridionale. — Saint-Marcel-d'Ardèche, Saint-Martin-d'Ardèche, Païolive, Vallon, Ruoms, Balazuc, Vogüé, Vesseaux, Aubenas. Le Coiron méridional. — Vallée de l'Ouvèze : Saint-Priest, Privas, Chomérac. — Côte du Rhône jusqu'à Sarras, Eclassan, Sècheras, Vernoux, etc. — Mai-juin. — P.R.

Famille VI. — CISTACÉES

Cistus L.

144. Cistus salviæfolius L. — Coteaux arides siliceux jusqu'à

400 m. — Toute la Côte du Rhône. Vallées de l'Ardèche, de la Beaume, de l'Escoutay, de l'Ouvèze. Le Coiron, Saint-Péray. — Mai-juin. — C.

Var. C. humilis Timb. — Sur gneiss et micaschiste. — Partie septentrionale, au nord de Tournon, jusqu'à Limony. Vallée du Doux. — Mai-juin. — R.

144bis. C. laurifolius L. — Rochers siliceux, vers 200 m. — Vallon de Celles-les-Bains. De Boffres à Vernoux. — Mai-juin. — R.

145. C. albidus L. — Collines calcaires du Midi. — Viviers, Saint-Thomé. — Avril-mai. — R.

Hélianthemum Gærtn.

146. Helianthemum vulgare Gærtn. — Bords des chemins, pâturages, rochers. — Partout. — Mai-août. — C.C.

Var. H. obscurum Pers. — Terrains secs. — Saint-Péray, Saint-Romain-de-Lerps, Champis, Arras. — C.

Var. H. grandiflorum D. C. — Pâturages des hautes montagnes. — Mézenc, les Pradoux, Montfol, Gerbier-de-Jonc.

147. H. polifolium D. C. (*H. pulverulentum* D. C.). — Coteaux arides, surtout calcaires. — Toute la Côte du Rhône. Vallée de l'Ardèche : de Vallon à Aubenas, Saint-Privat, Ucel, etc. Coiron : Mont Combier. Vallée de l'Ouvèze jusqu'à Privas. Toute la région méridionale jusqu'à 500 m. — Mai-juillet. — A.C.

Var H. angustifolium Koch. — Rochers calcaires. — Aubenas au rocher de Jastre, Louyre et partie méridionale.

× *H. sulfureum* Willd (*polifolium* × *vulgare*). — Chemins, rochers, landes. — Sarras, Ozon, Arras, Saint-Julien-du-Serre.

148. H. salicifolium Pers. — Lieux secs calcaires de la région méridionale. — Viviers, rocher de Jastre, Lussas. — Mai-juin. — R.

Var. prostrata Rouy et F. — Plateau de Jastre, Lussas, Lavilledieu, basses pentes du Coiron. — R.

149. H. guttatum Mill. — Terrains sablonneux jusqu'à 5oo m. — Toute la Côte du Rhône. Vallée de l'Ardèche : Aubenas, Mercuer, Prades, Jaujac, Largentière, Saint-Privat. Vallées de l'Erieux et du Doux. — Mai-juillet. — A.C.

150. H. italicum Pers. *(Var. obovatum* Rouy). — Rochers calcaires, vers 3oo m. — Vallée de l'Ardèche : Vallon, Aubenas à Jastre, le Coiron à Rochemaure. — Juin-juillet. — R.

Var. H. penicillatum Thib. — Basses pentes calcaires ou volcaniques du Coiron, vers la Côte du Rhône : Rochemaure, Viviers. — R.

151. H. vineale Pers. *(H. canum* Dun.). — Coteaux calcaires de la région méridionale. — Le Teil, Viviers. Vallée de l'Ardèche jusqu'à Saint-Privat, Vesseaux. Basses pentes du Coiron. Vallées de l'Escoutay et de l'Ouvèze, etc. — Juin-août. — P.C.

FUMANA Spach.

152. Fumana procumbens G. G. *(H. procumbens* Dun.). — Coteaux siliceux, jusqu'à 5oo m. — Toute la Côte du Rhône. Vallées de l'Ardèche, du Chassezac, de l'Ouvèze, de l'Erieux, du Doux, etc. — Juin-août. — A.C.

153. F. Spachii G. G. *(H. Fumana* Dun.). — Coteaux calcaires et volcaniques de la région méridionale, de 80 à 4oo m. — Vallée de l'Ardèche, jusqu'à Ruoms. Bassin de la Cèze : Bessas, Saint-André-de-Cruzières. Basses pentes du Coiron, vers la Côte du Rhône. Vallée de l'Ouvèze, jusqu'au mont Charray et Roche-de-Gourdon. Côte du Rhône : Saint-Péray. — Juin-août. — R.

Famille VII. — VIOLARIÉES

VIOLA L.

154. Viola palustris L. — Marais, tourbières de la région montagneuse, au-dessus de 1.200 m. — Vallée de la Loire :

Mazan, Sainte-Eulalie, près le Gerbier-de-Jonc, les Pradoux, Chartreuse-de-Bonnefoy, Mézenc. — Mai-juin. — R.

155. V. hirta L. — Haies, bois, pâturages. — Tout le département, jusqu'à 1.000 m. — Mars-mai. — C.C.

Var. *V. collina* Besser. — Mêmes stations. — A.C.

156. V. alba Besser. (*V. virescens* Jord.). — Commun dans les vallées de l'Ardèche, de l'Ouvèze, la Côte du Rhône, les basses pentes du Coiron. — Avril-mai. — C.

× V. abortiva Jord. (*alba* × *hirta*). — Mêmes localités que les parents. — Côte du Rhône. Vallées de l'Ardèche, de l'Ouvèze. — R.

157. V. odorata L. — Haies, bois, pâturages. — Dans tout le département, jusqu'à 1.400 m. — Mars-avril. — C.

Var. *V. dumetorum* Jord., *V. floribunda* Jord., *V. multicaulis* Jord. — Mêmes stations.

× V. permixta Jord. (*hirta* × *odorata*). — Région calcaire méridionale, jusqu'au Coiron. — Environs d'Aubenas. — Mars-mai. — R.

158. V. sepincola Jord. — Région méridionale, jusqu'à 150 m. — Côte du Rhône : Saint-Martin-d'Ardèche, Vallon, Saint-André-de-Cruzières. — Mars-avril. — R.

159. V. scotophylla Jord. — Haies, buissons, rochers de la vallée de l'Ardèche, jusqu'au Coiron. — Côte du Rhône. Vallée de l'Ouvèze. — Mars-mai. — R.

160. V. silvatica Fries. — Sol détritique des bois, surtout de la région siliceuse, volcanique, de 300 à 1.200 m. — Vallée de la Loire, Vernazon. Suc-de-Bauzon, Mazan. Bassins de l'Ardèche, de l'Espezonnette, de l'Erieux, du Doux, etc. Partie septentrionale, chaîne des Boutières. — Avril-mai. — C.C.

Var. *V. Riviniana* Rchb. — Bruyères, bois de pins, de 100 à 600 m. — Toute la région siliceuse du département. — C.

161. V. canina L. — Lieux secs, pierreux, de la région siliceuse et volcanique, pâturages tourbeux de la région montagneuse. — Tout le département, de 300 à 1.600 m. — Avril-juillet. — C.C.

162. V. sudetica Willd. — Prairies, pâturages, rochers, des montagnes granitiques, gneissiques, volcaniques, de 900 à 1.700 m. — Toute la vallée de la Loire : Mézenc, Gerbier-de-Jonc, Usclades, Suc-de-Bauzon, forêt de Mazan, Lanarce, Coucouron, lac d'Issarlès, etc. Hauts bassins de l'Ardèche et de l'Espezonnette. Valgorge, sur les pentes du Tanargue, Lavestide-du-Pal, le Roux, Lachamp-Raphaël, Mézilhac, Lavillatte. Haut bassin de l'Erieux, Borée, Larochette, Saint-Martial, Arcens, Saint-Andéol-de-Fourchades, etc. Chaîne des Boutières. — Mai-août. — C.

Var. *V. lutea* Smith. — Terrains incultes, vers 1.300 m. — Du Suc-de-Bauzon au Cros-de-Géorand, Chartreuse-de-Bonnefoy. — Juin-juillet. — R.R.

Var. *stenophylla* Sudre. — Souvent mêlé au *V. sudetica* Willd, mais plus rare. — Région volcanique, de 1.300 à 1.700 m. — Champ-de-Mars, Mézilhac, Lachamp-Raphaël, Mézenc. — Mont d'Alambre (Haute-Loire). — A.R.

163. V. arvensis Murr. — Champs, moissons, surtout de la région siliceuse, volcanique. — Dans la plus grande partie du département : Mézilhac, Champ-de-Mars, Marcols, Saint-Pierreville. — Mai-juillet. — A.C.

Var. *V. agrestis* Jord. — Moissons. — Saint-Julien-du-Serre, Genestelle, Champ-de-Mars, etc. — A.C.

Var. *V. ruralis* Jord. — Burzet, Lachamp-Raphaël, Saint-Julien-du-Serre, Saint-Joseph-des-Bancs. — A.C.

Var. *V. segetalis* Jord. — Moissons. — Genestelle, Antraigues, Mézilhac, Arras, Sècheras, Andance. — A.C.

Var. *V. Timbali* Jord. — Rochers siliceux, volcaniques. — Vallée du Sandron, Ucel, Vals, Saint-Julien-du-Serre. — R.

164. V. nemausensis Jord. — Moissons de la région méridionale. — Bessas, Saint-Sauveur, Saint-André-de-Cruzières. — R.

165. V. vivariensis Jord. — Pâturages, bruyères, genêts, champs incultes de la haute région siliceuse ou volcanique. — Haute vallée de l'Ardèche : Astet, forêt de Bauzon, rocher d'Avran, Roche-de-Gourdon, de Laviolle à Mézilhac. Vallée de la Loire : Mézenc, Gerbier-de-Jonc, Chartreuse-de-Bonnefoy, lac d'Issarlès, Usclades, forêt de Mazan. Suc-de-Bauzon sur les deux versants, Saint-Cirgues-en-Montagne, Coucouron. Bassin de l'Allier : Saint-Laurent-les-Bains, Saint-Etienne-de-Lugdarès, etc. — Juillet-septembre. — A.C.

166. **V. Sagoti** Jord. — Bruyères, genêts de la région volcanique, au-dessus de 1.300 m. — Vallée de l'Ardèche : versant méditerranéen du Suc-de-Bauzon. Vallée de la Loire : Chartreuse-de-Bonnefoy, les Pradoux. — Juillet-août. — R.

167. **V. tricolor** L. (*V. hortensis* D. C.). — Cultivé sous le nom de Pensée. Souvent subspontané.

Famille VIII. — RESÉDACÉES

Reseda L.

168. **Reseda Phyteuma** L. — Vignes, champs pierreux, surtout de la zone calcaire ou volcanique, jusqu'à 1.000 m. — Le Coiron et toute la région calcaire du département. Côte du Rhône, où il vit sur micaschiste dans la partie septentrionale. — Mai-août. — C.C.

169. **R. Jacquini** Rchb. — Champs, rochers de toute la région siliceuse et volcanique, jusqu'à 1.200 m. — Vallée de l'Ardèche : Aubenas, Vals-les-Bains. Vallée de la Volane, jusqu'au-dessus de Laviolle. Vallée du Sandron, jusqu'au Champ-de-Mars. Mercuer, Lentillères, Ailhon, Chazeaux, Largentière. Valgorge. Pentes du Tanargue. Vallée de la Loire : Saint-Cirgues-en-Montagne, lac d'Issarlès. Vallée du Doux. — Avril-octobre. — C.

170. **R. lutea** L. — Endroits incultes de la région calcaire, jusqu'à 400 m. — Toute la vallée inférieure de l'Ardèche, jusqu'à Aubenas, Ucel, Saint-Privat, Vesseaux.

Vallée de l'Ouvèze jusqu'à Privas. Toute la Côte du Rhône. — Sur micaschiste : Arras, Ozon, Sarras. — Mai-octobre. — C.C.

171. R. Luteola L. — Terrains incultes, vieux murs, jusqu'à 600 m. — Dans tout le département. — Mai-septembre. — P.C.

Famille IX. — POLYGALÉES

Polygala L.

172. Polygala vulgaris L. — Prairies, bruyères, rochers. — En tous terrains, des plaines à 1.700 m. — Mai-août. — C.C.

Var. alpestris Koch. — Le Mézenc et les montagnes environnantes.

Var. P. Saltelis Le Grand. — Bruyères et broussailles. — Bassin de l'Ardèche : Ucel, Vals-les-Bains, Saint-Julien-du-Serre.

173. P. comosa Schk. — Pâturages des coteaux calcaires. — Toute la région calcaire du département, jusqu'à 900 m. Vallées de l'Ardèche, de l'Escoutay, de la Conche, de l'Ouvèze, etc. Le Coiron. — Avril-juin. — C.

174. P. depressa Wend. (*P. serpyllacea* Weihe). — Pâturages, prairies humides de la région siliceuse volcanique, au-dessus de 700 m. — Dans tout le département. Vallée de la Volane : de Laviolle à Mézilhac. Hautes vallées de l'Erieux, de la Dorne, de la Glueyre : Marcols, Saint-Pierreville, le Cheylard. Vallées de la Loire, de l'Espezonnette, etc. Mazan, Lanarce, Mézenc, forêt de Bauzon, etc. — Mai-septembre. — A.C.

175. P. austriaca Crantz. — Prairies marécageuses, pelouses humides. — Vernoux (Dʳ Beauvisage). Côte du Rhône : de Tournon à Serrières. — Mai-juin. — R.

Famille X. — DROSÉRACÉES

Parnassia L.

176. Parnassia palustris L. — Prairies tourbeuses de la région montagneuse, au-dessus de 900 m. — Descend le long des cours d'eau jusqu'à 500 m. — Tout le plateau du Mézenc et du Gerbier. Vallées de la Loire, de l'Ardèche, de l'Erieux et de ses affluents. Vallée de l'Allier. — Juillet-septembre. — C.C.

Drosera L.

177. Drosera rotundifolia L. — Prairies tourbeuses de la région montagneuse, au-dessus de 800 m. — Mézilhac, Roche-de-Gourdon, Sainte-Eulalie. Massif du Tanargue, vers Valgorge. Le Mézenc. — Juin-août. — R.

Famille XI. — CARYOPHYLLÉES

Cucubalus L.

178. Cucubalus bacciferus L. — Haies, lieux ombragés de la plaine. — Basses pentes du Coiron au mont Combier. — Côte du Rhône, etc. — Juillet-août. — P.C.

Gypsophila L.

179. Gypsophila saxifraga L. *(Dianthus saxifragus* L.*)*. — Rochers, lieux arides, cailloutoux. — Côte du Rhône et région septentrionale, jusqu'à 600 m. De Limony au Teil. Vallée de l'Ardèche, où il est rare. Mercuer. — Juin-septembre. — P.C.

180. G. muralis L. — Terrains siliceux de la Côte du Rhône (Fourreau). — Juillet-septembre. — C.

Dianthus L.

181. Dianthus prolifer L. — Bords des chemins, éboulis, champs incultes. — Dans tout le département, jusqu'à 900 m. — Avril-septembre. — C.C.

182. D. Armeria L. — Chemins, pâturages, rochers de la région siliceuse, volcanique et calcaire, jusqu'à 700 m. — Vallée de l'Ardèche : Thueyts, Pont-de-Labeaume.

Vallée de la Fontaulière : Meyras, Montpezat. Vallée de la Volane, de Vals à Antraigues. Le Coiron. Vallée de l'Ouvèze, etc. — Mai-septembre. — A.C.

183. **D. Carthusianorum** L. — Bois, prairies, rochers. — Partout. — Mai-septembre. — C.C.

    Var. *D. congestus* Bor. — Remplace le type au-dessus de 1.000 m. — Hautes vallées de la Loire, de l'Allier : Mézenc, Gerbier-de-Jonc, Lachamp-Raphaël, forêt de Bauzon, forêt de Mazan, etc. Haut bassin de l'Erieux : Borée, Saint-Martial, Marcols, etc. — P.R.

184. **D. silvaticus** Hoppe (non Wulf). — Clairières des bois, pelouses des montagnes volcaniques et siliceuses, au-dessus de 1.000 m. — Sur les deux versants du Suc-de-Bauzon, Usclades, Saint-Cirgues-en-Montagne, Lanarce, Coucouron, Issarlès, le Béage, Gerbier-de-Jonc, Mézenc, etc. — Juin-septembre. — P.R.

185. **D. graniticus** Jord. — Rochers granitiques, gneissiques et volcaniques de la vallée de l'Ardèche et de ses affluents, de 200 à 800 m. — De Labégude à Mayres, Montpezat et Burzet. Vallée de la Volane jusqu'à Laviolle. Vallée de la Bezorgue jusqu'à Labastide-de-Juvinas. Vallée du Sandron : Genestelle, Saint-Joseph-des-Bancs. Vallées de la Dorne et de l'Erieux : le Cheylard, Saint-Cierge-sous-le-Cheylard. Vallée du Doux. Massif des Cévennes vivaraises : de Largentière à Valgorge, Dompnac, etc. — Juin-septembre. — A.C.

186. **D. deltoides** L. — Pâturages, prairies, bruyères des terrains volcaniques, siliceux, au-dessus de 900 m. — Haute vallée de l'Ardèche : Lanarce, rochers d'Avran, Roche-de-Gourdon, mont Charray. Vallée de la Loire : partout jusqu'au Mézenc. Hauts affluents de l'Erieux, descendant du Mézenc et du Gerbier-de-Jonc. Vallée de l'Allier, autour du Mont Gros et du Tanargue. — Juin-septembre. — A.C.

187. **D. virgineus** L. *(D. Godronianus* Jord.). — Coteaux arides de la région calcaire dans tout le département, de 80 à 500 m. — Vallée méridionale de l'Ardèche, jusqu'à Ucel, Saint-Julien-du-Serre, Saint-Privat, Aube-

nas à Jastre, Lussas, Vogüé, etc. Basses pentes du Coiron, vers Lavilledieu, Villeneuve-de-Berg, Saint-Pons, Alba, etc. Vallée de l'Ouvèze : du Pouzin à Privas. Côte du Rhône, jusqu'à Lavoulte, et vallon de Celles-les-Bains. — Juin-août. — A.C.

188. D. silvestris Wulf. *(Var. collivagus* Cariot et Saint-Lag.; *D. Scheuchzeri* Jord. non Rchb.). — Pâturages et collines calcaires bordant le Rhône. — Châteaubourg (Fourreau). — Juin-juillet.

Saponaria L.

189. Saponaria Vaccaria L. — Champs, moissons de la région calcaire méridionale, jusqu'à 400 m. — Le Coiron. Vallée de l'Ouvèze. Remonte à Aubenas, Vesseaux, Vals-les-Bains, Privas. De Bourg-Saint-Andéol à Saint-Remèze, etc. — Juin-juillet. — C.

190. S. officinalis L. — Grèves des cours d'eau. — Partout, jusqu'à 400 m. — Juin-octobre. — C.

191. S. ocymoides L. — Coteaux secs, chauds, pierreux, en tous terrains, de 100 à 700 m. — Partout. — Avril-juin. — C.

Silene L.

192. Silene inflata Sm. — Bords des chemins, prés, bois, champs incultes. — Partout, jusqu'à 1.700 m. — Avril-août. — C.

Var. *S. puberula* Jord. — Région méridionale.

Var. *S. vesicaria* Schrad. — Montfol, Mézenc. — R.

193. S. conica L. — Endroits sablonneux sur micaschiste, dans la région septentrionale, entre 200 et 300 m. — Côte du Rhône : Andance, Sarras, Arras, Vion, Saint-Jean-de-Muzols, Tournon. Vallée du Doux. Bassin de l'Ardèche : Pont-d'Arc. — Avril-juin. — A.R.

194. S. Armeria L. — Coteaux sablonneux, siliceux et volcaniques chauds et abrités, jusqu'à 600 m. — Toute la Côte du Rhône : de Limony à Tournon, Saint-Péray, Annonay. Vallées de l'Ardèche, de la Beaume, de l'Ouvèze, de l'Erieux, etc. Aubenas, Mercuer, Ailhon, Vals-les-Bains, Saint - Andéol - de - Bourlenc, Jaujac, Prades, etc. Vallée de la Volane. Vallée de la Loire : Lapalisse, à 1.000 m. — Mai-août. — P.C.

195. **S. rupestris** L. — Toute la région siliceuse et volcanique, au-dessus de 1.100 m. — Haut bassin de l'Erieux, vers Mézilhac au bois de Roset, Champ-de-Mars. Toute la haute vallée de la Loire : Mézenc, Gerbier-de-Jonc, Montfol, lac d'Issarlès, Bois-d'Andéol, Chartreuse-de-Bonnefoy, etc. Vallée de l'Ardèche : rochers d'Avran, massif du Tanargue. Vallée de l'Allier au Mont Gros, etc. — Juin-août. — P.R.

196. **S. saxifraga** L. — Falaises basaltiques et calcaires, de 100 à 1.000 m. — Vallée de l'Ardèche : Pont-d'Arc au vallon du Fons, de Largentière à Valgorge. Massif du Tanargue. Le Coiron : entre Saint-Etienne-de-Boulogne et Pramailhet. Falaises basaltiques de Pont-de-Labeaume à Thueyts et à Montpezat. Vallée de la Loire : de Rieutord à Lachapelle-Grailhouze. Côte du Rhône : Viviers. Vallée du Doux (Saint-Lager). — Juin-juillet. — P.R.

197. **S. Otites** Sm. — Lieux secs, pâturages des coteaux calcaires, jusqu'à 400 m. — Vallée de l'Ardèche et Bas-Coiron : Lavilledieu, Lussas, rocher de Jastre. Côte du Rhône, grèves sablonneuses du Rhône vers Sarras et Arras. Vallée du Doux. — Mai-juillet. — P.C.

198. **S. gallica** L. — Champs et lieux sablonneux de la région siliceuse, jusqu'à 400 m. — Vallée de l'Ardèche, jusqu'à Saint-Andéol-de-Bourlenc, Vals-les-Bains, Labégude, Pont-de-Labeaume, Prades, Mercuer, Ailhon, Saint-Didier-sous-Aubenas. — Sur calcaire à Vogüé, Saint-Sernin, Vesseaux. Vallée de l'Ouvèze et Coiron. Toute la Côte du Rhône. — Mai-juillet. — P.C.

199. **S. nutans** L. — Prairies, pâturages, rochers. — Dans tout le département, de 80 à 1.600 m. — Mai-juillet. — C.C.

200. **S. brachypoda** Rouy. — Coteaux rocailleux. — Aux environs de Privas (Mue). — Juin-juillet. — R.

201. S. italica Pers. — Coteaux chauds, en tous terrains, falaises basaltiques, jusqu'à 700 m. — Toute la Côte du Rhône et les vallées de ses affluents. Très abondant dans la vallée de l'Ardèche, jusqu'à 5oo m. — Mai-juin. — A.C.

202. S. paradoxa L. — Coteaux calcaires de la région méridionale. — Saint-Didier-sous-Aubenas. Saint-Privat au ravin de Louyre. Aubenas à Jastre. — Juillet. — R.

Lychnis L.

203. Lychnis Viscaria L. — Prairies, pâturages de la région volcanique, siliceuse, au-dessus de 1.000 m. — Haut bassin de l'Ardèche : cratère de Lavestide-du-Pal, lac Ferrand, Mézilhac. Vallée de la Loire : Gerbier-de-Jonc, Chartreuse-de-Bonnefoy, le Béage, lac d'Issarlès. Usclades, Suc-de-Bauzon, Saint-Cirgues-en-Montagne, Mazan, Issanlas. Vallée de l'Allier, vers le mont Gros, Saint-Etienne-de-Lugdarès, etc. — Juin-juillet. — P.R.

204. L. Flos-cuculi L. — Prés, bois humides. — Dans tout le département. — Mai-juin. — C.C.

205. L. Githago Scop. (*Agrostemma githago* L.). — Moissons. — Dans tout le département. — Mai-août — C.C.

206. S. dioica L. (*L. vespertina* Sibth.). — Bords des chemins, prairies, haies, jusqu'à 900 m. — Partout. — Mai-juillet. — C.C.

207. L. silvestris Hoppe (*L. diurna* Sibth.). — Bois humides des montagnes volcaniques et siliceuses, au-dessus de 900 m. — Vallée de la Loire : Mézenc, Gerbier-de-Jonc, Cros-de-Géorand, le Béage, lac d'Issarlès, Mazan, Suc-de-Bauzon. Haut bassin de l'Ardèche : rocher d'Avran, Astet, Mayres, Lachamp-Raphaël, Burzet, Mézilhac, Cuze, Montpezat, Lavestide-du-Pal. Hauts bassins de l'Erieux et de l'Allier. — Mai-août. — A.C.

Buffonia Sauv.

208. Buffonia macrosperma Gay. — Eboulis des coteaux calcaires de la région méridionale, jusqu'à 400 m. — Aubenas à Jastre. — Juillet. — R.

Var. B. *paniculata* Delarbre. — Saint-Julien-du-Serre au Gras. — R.R.

Sagina L.

209. **Sagina procumbens** L. — Rochers et lieux humides, siliceux ou volcaniques. — Partout. — Avril-octobre. — C.C.
210. **S. muscosa** Jord. — Tourbières, pâturages, rochers humides, au-dessus de 1.200 m. — Vallée de la Loire : Chartreuse-de-Bonnefoy, Mézenc, Gerbier-de-Jonc, Montfol, Lauzière, Lachamp-Raphaël. — Juillet-août. — A.R.
211. **S. apetala** L. — Coteaux calcaires ou volcaniques, alluvions mouillées, jusqu'à 1.000 m. — Dans tout le département. — Mai-juillet. — A.C.
212. **S. patula** Jord. — Mêlé au précédent. — Mai-juillet. — R.

Spergula L.

213. **Spergula arvensis** L. — Champs sablonneux, jusqu'à 1.500 m. — Mai-août. — C.C.

Var. *S. sativa* Boënng. — *S. laevigata* Boënng. — *S. vulgaris* Boënng. — Mêmes stations. — C.C.

214. **S. pentandra** L. — Lieux sablonneux, jusqu'à 400 m. — Partie siliceuse du département : St-Julien-du-Serre. Côte du Rhône jusqu'à Limony. — Mars-mai. — P.R.
215. **S. Morisonii** Bor. — Eboulis des terrains siliceux, de 300 à 1.000 m. — Vallée de l'Ardèche : Mayres, Astet, rocher d'Avran. Vallées de la Fontaulière, de la Bourge, de la Volane : de Vals à Laviolle. Vallée du Sandron : Ucel, Saint-Julien-du-Serre, Saint-Andéol-de-Bourbenc, Genestelle, etc. Roche-de-Gourdon. Vallée de l'Allier : Saint-Laurent-les-Bains, Saint-Etienne-de-Lugdarès, etc. Vallée de la Borne. — Mars-août. — P.R.

Mœhringia L.

216. **Mœhringia muscosa** L. — Rochers humides, siliceux ou

volcaniques, de 1.000 à 1.400 m. — Bassin de l'Ardèche : rocher d'Avran, Tanargue. Bassin de la Loire: falaises basaltiques bordant la Loire, de Rieutord à Lachapelle-Grailhouze, Sainte-Eulalie près le Gerbier-de-Jonc. — Juin-août. — R.

Spergularia Pers.

217. Spergularia rubra Pers. — Champs sablonneux, rochers de la région volcanique et siliceuse. — Partout, de 200 à 1.400 m. — Mai-août. — C.C.

218. S. segetalis Fenzl. — Même région que le précédent, mais plus rare. — Mai-juin.

Alsine Wahl.

219. Alsine tenuifolia Crantz. — Champs sablonneux, coteaux arides, vieux murs. — Dans tout le département. — Mai-septembre. — C.C.

220. A. mucronata L. (*A. rostrata* Koch). — Région calcaire, jusqu'à 700 m. — Rochers, éboulis, grèves des cours d'eau. — Côte du Rhône méridionale, jusqu'à Lavoulte et Châteaubourg. Tout le Coiron. Vallée de l'Ouvèze : du Pouzin à Privas, Coux, etc. — Juin-septembre. — A.C.

Var. *A. petræa* Jord. — Le Pouzin.

221. A. Bauhinorum Gay. — Etheise, sur un contrefort du Pilat (Saint-Lag.). — Juillet-septembre. — R.R.

Arenaria L.

222. Arenaria serpyllifolia L. — Lieux pierreux, vieux murs, rochers. — Dans tout le département. — Avril-août. — C.C.

223. A. leptoclados Guss. — Mêmes stations que le précédent. — C.C.

224. A. trinervia L. — Lieux humides, ombragés. — Avril-juillet. — Saint-Julien-du-Serre, Ucel, Mercuer, Boffres, Vernoux, etc. — Mai-juillet. — C.

Holosteum L.

225. Holosteum umbellatum L. — Champs pierreux, vignes,

vieux murs de la région volcanique et siliceuse, de 300 à 900 m. — Roche-de-Gourdon. Côte du Rhône septentrionale : de Tournon à Limony. — Février-mai. — R.

Stellaria L.

226. **Stellaria nemorum** L. — Bois des montagnes, au-dessus de 1.000 m. — Toute la haute vallée de la Loire : du Mézenc au Gerbier, Suc-de-Bauzon, forêt de Mazan, Chartreuse-de-Bonnefoy. Haut bassin de l'Ardèche : Mayres, rocher d'Avran, Tanargue. Haut bassin de l'Erieux : bois de Roset, Mézilhac. Chaîne des Boutières. — Avril-août. — P.R.

227. **S. media** Vill. — Jardins, bords des chemins. — Dans tout le département. — Avril-octobre. — C.C.

Var. *major* Koch (*S. latifolia* D. C.). — Fossés humides. — Autour d'Aubenas, Vals-les-Bains, Saint-Andéol-de-Bourlenc, Antraigues, Lalevade-d'Ardèche, etc. — C.

Var. *neglecta* Weihe. — Souvent mêlée au type. — C.

Var. *apetala* Bor. (*S. Borœana* Jord.). — Mêlée au type. — A.R.

228. **S. holostea** L. — Bois, prés, haies. — Partout. — Avril-juillet. — C.C.

229. **S. glauca** With. (*S. palustris* Ehrh.). — Bords des eaux, saulaies. — Côte du Rhône et basses vallées y aboutissant. — Rare ailleurs : d'Andance à Tournon, Lavoulte, le Teil, etc. — Juin-juillet. — P.R.

230. **S. graminea** L. — Haies, lieux humides de la région volcanique et siliceuse, jusqu'à 1.000 m. — Dans tout le département : Côte du Rhône. Vallée de l'Ardèche : bassin supérieur jusqu'à Aubenas. Vallée de l'Ouvèze : pentes volcaniques du Coiron. Vallée de l'Erieux. Vallée du Doux : Lamastre, etc. — Juin-juillet. — C.

231. **S. uliginosa** Murr. (*S. aquatica* Poll.). — Grèves humides des cours d'eau, sources, tourbières. — Partout. — Mai-juillet. — C.C.

Cerastium L.

232. Cerastium erectum Coss. et G. *(Mœnchia erecta* Gærtn). — Rochers humides, fossés des terrains siliceux, de 200 à 500 m. — Vallons d'Oise et du Sandron : Ucel, Saint-Julien-du-Serre, Vals, Saint-Andéol-de-Bourlenc. — Avril-juin. — R.

233. C. glomeratum Thuill. *(C. viscosum* L.). — Coteaux arides, pierreux. — Partout, jusqu'à 1.000 m. — Juin-août. — C.C.

Var. viscosum Fries. — Commun dans toute la région calcaire.

234. C. brachypetalum Desp. — Sentiers, bois sablonneux, jusqu'à 1.200 m. — Partout. — Mai-juillet. — C.

235. C. semidecandrum L. *(C. pellucidum* Chaub.). — Pelouses sèches, sablonneuses, jusqu'à 500 m. — Vallée de l'Ardèche : Aubenas, Mercuer, Val, Prades, etc. Côte du Rhône. — Avril-mai. — P.C.

236. C. glutinosum Fries. — Pelouses sèches, rochers, surtout siliceux. — Vallée de l'Ardèche : de Vallon, Grospierre, à Chauzon, Lachapelle-sous-Aubenas, Saint-Sernin, Vogüé, Fons, Ailhon, Lentillères, Chazeaux, Aubenas, Vals-les-Bains, etc. — Avril-mai. — C.

237. C. Riæi Desmoulins. — Hautes Cévennes siliceuses, de 1.300 à 1.500 m. — Plateau du Tanargue, rocher d'Avran (Coste). — Juin-juillet. — R.R.

238. C. triviale Link. *(C. vulgatum* G. G.). — Champs, pelouses, bords des chemins, jusqu'à 1.200 m. — Partout. — Avril-juillet. — C.C.

Var. glandulosum Koch. — De la Roche-de-Gourdon à l'Escrinet.

239. C. arvense L. *(C. repens* Mérat, non L.). — Région siliceuse et volcanique, de 600 à 1.700 m. — Partout. — Avril-août. — C.C.

Malachium Fries,

240. Malachium aquaticum Fries. — Saulaies, terrains mouillés. — Bords du Rhône, et basses vallées de ses affluents, jusqu'à 200 m. Bords de la Beaume, à Joyeuse (Lamotte Prodr., p. 153). — Rare ailleurs. — Juin-août. — C.

Famille XII. — LINACÉES.

Linum L.

241. Linum gallicum L. — Coteaux, surtout calcaires ou volcaniques, jusqu'à 600 m. — Toute la Côte du Rhône. Bassin de l'Ardèche : Largentière, Aubenas, Vals, Prades, Vesseaux, Saint-Etienne-de-Boulogne. Les Gras et le massif de Berg. Le Coiron. Bassins de l'Ouvèze, de l'Erieux, de la Cance, etc. — Mai-septembre. — A.C.

242. L. strictum L. — Champs pierreux de toute la région calcaire méridionale, jusqu'à 400 m. — Mai-juillet. — A.R.

Var. laxiflorum G. G. (*L. corymbulosum* Reich). — Mêmes régions. Vallée de l'Ardèche : Ucel, Saint-Julien-du-Serre. — R.

Var. cymosum G. G. — Région calcaire. — Vallon du Luolp, Vesseaux, Saint-Privat, Saint-Julien-du-Serre. Basses pentes méridionales du Coiron. Côte du Rhône.

243. L. campanulatum L. (*L. glandulosum* Duby). — Talus des éboulis marneux, rochers des coteaux calcaires, jusqu'à 500 m. — Toutes les basses pentes du Coiron : Aubignas, Saint-Pons, Sceautres. Bassin de l'Ouvèze. Côte du Rhône : Rochemaure, Cruas, Baix, le Teil. Bassin de l'Ardèche : Balazuc, Lachapelle-sous-Aubenas, Saint-Sernin, Vesseaux, etc. — Mai-juillet. — P.C.

244. L. maritimum L. — Lieux herbeux, sablonneux et humides de la basse région calcaire, jusqu'à 150 m. — Côte méridionale du Rhône, en aval de Rochemaure. Bassin de l'Ardèche, vers le Pont-d'Arc. Bassin de la Cèze : Bessas, etc. — Juin-juillet. — R.

245. L. salsoloides Lamk. (*L. suffruticosum* D. C., non L.). — Région calcaire méridionale, jusqu'à 500 m., par les rochers et les talus des éboulis marneux. — Le Coiron : Saint-Jean-le-Centenier, Villeneuve-de-Berg, Vesseaux. Bassin de l'Ardèche : Saint-Sernin, Vogüé, Rochecolombe. Côte du Rhône, jusqu'à Viviers, Alba, Rochemaure. Vallée de l'Ouvèze jusqu'au mont Charray, etc. — Mai-juillet. — P.R.

246. L. tenuifolium L. — Pelouses, rochers, jusqu'à 700 m. Partout. — Mai-septembre. — C.

247. L. narbonense L. — Coteaux calcaires arides et bien exposés de la région méridionale, jusqu'à 600 m. — Côte du Rhône : de Saint-Martin-d'Ardèche à Rochemaure, Cruas, le Pouzin, Lavoulte. Bassin de l'Ardèche : Vallon, Ruoms, Labeaume, Balazuc, Vogüé, Saint-Sernin, Lachapelle-sous-Aubenas, Ucel, Saint-Julien-du-Serre, Saint-Privat, rocher de Jastre, Vesseaux. Basses pentes du Coiron. Bassin de l'Ouvèze, vers Alissas, Chomérac, etc. — Juin-juillet. — P.R.

248. L. glaucescens Jord. et F. — Coteaux calcaires de la Côte du Rhône. — Rochemaure, Cruas, Baix (Jord.). — Juin-juillet. — R.

249. L. angustifolium Huds. (*L. marginatum* Poir). — Alluvions sablonneuses et herbeuses de la région siliceuse, jusqu'à 500 m. — Toute la Côte du Rhône. Bassins de l'Ardèche, de l'Ouvèze, de l'Erieux, du Doux, etc. — Mai-août. — A.C.

250. L. usitatissimum L. — Subspontané autour des habitations. — Juin-juillet.

251. L. catharticum L. — Endroits frais, rochers humides, — Partout. — Avril-septembre. — C.C.

Famille XII bis. — MALVACÉES

Malva L.

252. Malva Alcea L. — Région siliceuse, de 200 à 300 m. ; prairies, broussailles. — Bassin de l'Ardèche : Saint-

Andéol-de-Bourlenc à Oise. Côte du Rhône : Arras. — Juin-août. — R.

Var. *M. fastigiata* Cav. — Saint-Andéol-de-Bourlenc à Oise. — R.

253. **M. moschata** L. — Prairies, talus, terrains incultes de la région siliceuse et volcanique, de 500 à 1.600 m. — Le Coiron : Roche-de-Gourdon, Saint-Etienne et Saint-Michel-de-Boulogne. Vallée de la Volane : d'Antraigues à Laviolle. Vallée de la Loire : Chartreuse-de-Bonnefoy, Gerbier-de-Jonc, le Béage, Cros-de-Géorand, Saint-Cirgues-en-Montagne. Hauts bassins de l'Erieux et de l'Espezonnette. — Mai-sept. — P.C.

Var. *intermedia* G. G. — Bois. — Chartreuse-de-Bonnefoy. — R.

254. **M. rotundifolia** L. — Décombres et terrains incultes autour des habitations. — Partout. — Mai-septembre. — C.C.

255. **M. silvestris** L. — Voisinage des habitations, chemins. — Mai-octobre. — C.C.

ALTHÆA L.

256. **Althæa officinalis** L. — Prés, terrains humides. — Bords du Rhône. — Très souvent cultivé. — Juin-août. — A.R.

257. **A. cannabina** L. — Lieux frais, bords des eaux de la basse partie méridionale calcaire avoisinant le département du Gard. — Bessas, Labastide-de-Virac. — Juillet-août. — R.

258. **A. hirsuta** L. — Vignes, champs incultes de la région calcaire, jusqu'à 500 m. — Partout. — Juin-septembre. — C.C.

HIBISCUS L.

259. **Hibiscus syriacus** L. — Planté dans la plus grande partie du département, de 80 à 600 m. — Juin-septembre. — Improprement nommé *Althaea* dans le département.

Famille XIII. — GÉRANIACEES

Geranium L.

260. Geranium sanguineum L. — Prairies des montagnes calcaires ou volcaniques, de 700 à 1.200 m. — Le Coiron : l'Escrinet, Mont-Blandine. Massif basaltique du Mézenc : du Champ-de-Mars à la Roche-de-Gourdon. — Juin-août. — P.C.

261. G. pratense L. — Prairies des montagnes. — Forêt de Mazan (Coste). Juin-août. — R.R.

262. G. silvaticum L. — Pâturages, clairières de la région siliceuse ou volcanique, de 1.000 à 1.700 m. — Vallée de la Loire : Mézenc, Chartreuse-de-Bonnefoy, Gerbier-de-Jonc, le Béage, Suc-de-Bauzon, Mazan, Lanarce. Haut bassin de l'Ardèche : forêt de Bauzon, rocher d'Avran. Haut bassin de l'Erieux : Champ-de-Mars, Mézilhac. — Juin-août. — A.R.

263. G. nodosum L. — Bois humides, pelouses, rocailles des montagnes siliceuses et volcaniques, de 800 à 1.500 m. — Tout le bassin de la Loire. Hauts bassins de l'Ardèche et de l'Allier. Bassins supérieurs du Chassezac, de l'Ouvèze, de l'Erieux, etc. — Entraîné par les eaux jusqu'à 200 m., à Aubenas, etc. Le Coiron volcanique. — Juin-août. — A.C.

264. G. columbinum L. — Vignes, champs, chemins, jusqu'à 800 m. — Partout. — Mai-septembre. — C.

265. G. dissectum L. — Bords des chemins, champs, haies en tous terrains, jusqu'à 500 m. — La plus grande partie de la Côte du Rhône. Vallée de l'Ardèche, jusqu'à Saint-Sernin, Lachapelle-sous-Aubenas, Aubenas, Saint-Julien-du-Serre. — Mai-septembre. — A.C.

266. G. pyrenaicum L. — Haies, prés, endroits incultes autour des habitations. — Très commun dans toute la région montagneuse, siliceuse et volcanique avoisinant le Mézenc, d'où il descend jusqu'à 300 m. dans la plus grande partie du département. — Mai-août. — C.

267. **G. molle** L. — Prés, haies, champs, talus. De la plaine à 1.100 m. — Partout. — Mai-octobre. — C.C.
268. **G. pusillum** L. — Endroits incultes, coteaux secs, jusqu'à 400 m. — Côte du Rhône. Vallée de l'Ardèche, jusqu'à Aubenas, Prades, Vals, etc. Basses vallées des affluents du Rhône. — Mai-septembre. — C.C.
269. **G. rotundifolium** L. — Lieux incultes, chemins, fossés, jusqu'à 600 m. — Partout. — Mai-octobre. — C.C.
270. **G. lucidum** L. — Fossés, rochers humides, surtout calcaires, jusqu'à 1.000 m. — Du Pont-d'Arc à Prades, Pont-de-Labeaume, Thueyts, Montpezat, Burzet, Antraigues, Laviolle. Vallée de la Loire : Saint-Cirgues-en-Montagne, Cros-de-Géorand. Côte du Rhône : Rochemaure, Tournon, Arras, Sarras, Andance. Vallée du Doux : Lamastre. — Mai-août. — P.C.
271. **G. robertianum** L. — Vieux murs, rochers, chemins. — Partout, jusqu'à 1.200 m. — Avril-octobre. — C.C.

Var. G. modestum Jord. — Partie méridionale du département : Bessas, Païolive, Joyeuse, Beaulieu, Vallon, Salavas. — R.

Var. G. minutiflorum Jord. — Mêmes stations que le précédent.

Var. G. purpureum Vill. — Côte du Rhône septentrionale : Sarras, Arras, Eclassan. Vallée de l'Ouvèze : Saint-Lager-Bressac, Chomérac. — R.

ERODIUM L'Hérit.

272. **Erodium malacoides** Willd. — Bords des chemins de la région calcaire méridionale, de 60 à 150 m. — De Vallon au Pont-d'Arc, jusqu'à Chame. — Avril-mai. — R.
273. **E. cicutarium** L'Hérit. — Chemins, rochers, champs incultes. — Partout. — Avril-juillet. — C.C.

Var. E. præcox D. C. — Calcaire. — Plateau de Jastre, Lavilledieu, Lussas. — C.

Var. E. pimpinellifolium D. C. — Côte du Rhône : Champis. Vallée de l'Ardèche : Ucel, Vals-les-Bains,

Saint-Julien-du-Serre. Vallée de l'Erieux : le Cheylard, Saint-Cierge-sous-le-Cheylard. — C.

Var. E. chœrophyllum D. C. *(E. dissectum* Rouy). — Coteaux calcaires. — Saint-Julien-du-Serre, rocher de Jastre, le bas Coiron. — Vallée de l'Ouvèze. — C.

Var. E. subalbidum Jord. — Champ des alluvions du Rhône. — D'Andance à Tournon. — C.

Var. E. bicolor Jord. — Viviers.

274. E. ciconium Willd. — Coteaux secs et chauds de la partie basse méridionale du département, jusqu'à 100 m. — R.R.

Famille XIV. — HYPÉRICINÉES

HYPERICUM L.

275. Hypericum humifusum L. — Terrains sablonneux et frais de la région siliceuse, de 400 à 1.000 m. — Vallée de la Loire : Saint-Cirgues-en-Montagne, Cros-de-Géorand. Bassin de l'Ardèche : Thueyts, Genestelle, Saint-Jullien-du-Serre, Roche-de-Gourdon, etc. — Juin-septembre. — P.C.

276. H. perforatum L. — Lieux incultes, bruyères, bois. — Dans tout le département. — Mai-août. — C.C.

Var. H. lineolatum Jord. — Touffes de genêts. — Du Cros-de-Géorand au Béage. — R.

Var. H. microphyllum Jord. — Coteaux chauds, de 100 à 600 m. — Partout. — C.

277. H. tetrapterum Fries. — Bords des eaux, rochers humides, de 100 à 600 m. — Partout. — Juin-septembre. — C.

278. H. quadrangulum L. — Bois humides, bords des ruisseaux des montagnes, au-dessus de 1.000 m. — Bassin de l'Ardèche : de Mayres au rocher d'Avran. Bassin de la Loire : Suc-de-Bauzon, Mazan, Chambaud, bois d'Andéol, le Béage, lac d'Issarlès, Chartreuse-de-Bonnefoy, Mézenc. — Juin-septembre. — A.R.

279. H. linarifolium Vahl. — Coteaux et rochers siliceux des basses pentes du massif du Tanargue. — Vallée de la Beaume : de Largentière à Valgorge (Coste). — Juin-août. — R.R.

280. **H. Richeri** Vill. *(H. fimbriatum* Lamk.). — Hautes herbes des plantations. — Sur la pente ouest du Mézenc. Mont d'Alambre (Haute-Loire), sur les plateaux et sur les pentes est et sud-est (Neyra). — Août. — R.R.

281. **H. montanum** L. — Clairières des bois de la région siliceuse, de 300 à 500 m. — Côte du Rhône et partie septentrionale : Arras, Eclassan, Sècheras, Vion. Vallée de l'Ardèche : Saint-Julien-du-Serre, Vesseaux. — Juin-août. — P.C.

ANDROSÆMUM All.

282. **H. officinale** All. *(Hypericum Androsœmum* L.). — Bois et rochers humides siliceux, de 200 à 400 m. — Vallée de l'Ardèche : Ucel, Saint-Julien-du-Serre au moulin de la Vigne, au Vernet, à Passelaygue. Vallée de la Beaume : de Largentière à Valgorge (Coste et N. Roux). — Juin-août. — R.

Famille XV. — TILIACÉES

TILIA L.

283. **Tilia platyphylla** Scop. — Bois. — Souvent planté.
284. **T. intermedia** D. C. — Bois. — Souvent planté.
285. **T. microphylla** Willd *(T. parvifolia* Ehrh.). — Bois. — Souvent planté.

Famille XVI. — ACÉRACÉES

ACER L.

286. **Acer Pseudo-Platanus** L. — Bois de la région montagneuse, siliceuse et volcanique, au-dessus de 1.000 m. — Mézilhac, Lachamp-Raphaël, Usclades, Suc-de-Bauzon, Mazan, Chartreuse-de-Bonnefoy, forêt de

Bauzon. Plateau du Tanargue, De Mayres au rocher d'Avran. — Avril-mai. — P.R.

287. A. platanoides L. — Planté dans les parcs, le long des avenues. — Avril.

288. A. monspessulanum L. — Coteaux, rochers, surtout calcaires, jusqu'à 600 m. — Dans tout le département. Vallée de l'Ardèche, jusqu'à Aubenas, Lalevade-d'Ardèche, Saint-Privat à Louyre, etc. Monts du Coiron. Vallée de l'Ouvèze. Toute la Côte du Rhône. — Avril-mai. — P.C.

Var. dentatum Rouy. — Partie méridionale du département, jusqu'à Aubenas à Jastre. — R.

289. A. campestre L. — Haies, bois, rochers des mêmes localités que le précédent.

290. A. Negundo L. — Se propage le long du Rhône. — De Sarras à Tournon. — Avril. — P.R.

Famille XVII. — AMPÉLIDÉES

Vitis L.

291. Vitis vinifera L. — Spontané dans les taillis, les haies de la région viticole. — D'après Mas et Pulliat, les cépages de valeur, originaires de l'Ardèche, sont : *Raisins blancs : Raisaine, Roussaou, Marsanne.* Ce dernier produit les vins mousseux de Saint-Péray. — *Raisins noirs : Chichaud, Petit-ribier, Moulas.* La *Petite Syrah* est cultivée en grand le long de toute la Côte du Rhône et des vallées de ses affluents. Depuis plus de vingt-cinq ans, MM. Couderc et Seibel, les savants hybrideurs d'Aubenas, ont créé de nombreux hybrides de valeur pouvant remplacer les cépages indigènes, trop difficiles à défendre contre le phylloxera et les maladies cryptogamiques.

Famille XVIII. — HIPPOCASTANÉES

Æsculus L.

292. Æsculus Hippocastanum L. — Planté le long des routes et des avenues. — Fleurs, mai ; fruits, septembre.

Famille XIX. — MÉLIACÉES

Melia L.

293. Melia Azedarach L. — Planté dans la région méridionale. — De Saint-Péray en montant à Fringuet (Dr Beauvisage). — Mai-juin. — R.R.

Famille XX. — BALSAMINÉES

Impatiens L.

294. Impatiens Noli-tangere L. — Sol détritique des montagnes, vers 900 m. — Bords de la Loire : près du lac d'Issarlès à Jean-Blanc. — Juillet-août. — R.R.

Famille XXI. — OXALIDÉES

Oxalis L.

295. Oxalis Acetosella L. — Rochers humides, sol détritique des forêts, entre 800 et 1.600 m. — Dans tout le département. Descend çà et là jusqu'à 300 m., à Saint-Julien-du-Serre, Prades, etc. — Avril-juin. — C.C.

296. O. stricta L. — Champs sablonneux et frais, jusqu'à 600 m. — Abondant le long du Rhône. — Plus rare dans les vallées de ses affluents. — Remonte dans la vallée de l'Ardèche, jusqu'à Vals, Prades, etc. — Vallée de l'Ouvèze, jusqu'à Privas, Veyras, etc. — Juin-octobre. — C.

297. O. corniculata L. — Vieux murs, champs sablonneux de la région siliceuse, jusqu'à 500 m. — Vallées de l'Ardèche, de l'Erieux, du Mézayon, etc. Aubenas, Ailhon, Chazeaux, Largentière, Prades, Chirols, Vals-les-Bains, Mercuer, Ucel, Saint-Julien-du-Serre, Saint-Andéol-de-Bourlenc, etc. — Juin-octobre. — A.C.

Famille XXII. — ZYGOPHYLLÉES

Tribulus L.

298. Tribulus terrestris L. — Terrains secs de la région calcaire, de 100 à 200 m. — Vallée méridionale de l'Ardèche : Vogüé. Vallée de la Beaume : Joyeuse. Côte du Rhône : Viviers. — Mai-septembre. — R.R.

Famille XXIII. — RUTACÉES

RUTA L.

299. **Ruta hortensis** Mill. *(R. graveolens* Auct.). — Côte du Rhône : Châteaubourg, Arras à la Tour. — Juin-juillet. — R.R.
300. **R. angustifolia** Pers. — Coteaux calcaires, de 80 à 350 m. — Côte du Rhône, jusqu'à Lavoulte. Toute la région méridionale, d'où il remonte jusqu'à Vallon, Balazuc, Lanas, Vogüé, Saint-Privat à Louyre, Aubenas à Jastre, Ucel, Lavilledieu, Lussas. Bas Coiron. Vallée de l'Ouvèze : du Pouzin à Alissas, etc. — Juin-juillet. — A.C.

Famille XXIV. — CORIARIÉES

CORIARIA L.

301. **Coriaria myrtifolia** L. — Lieux incultes des coteaux calcaires chauds de la région méridionale. — Côte du Rhône : Rochemaure à Jovyac (Saint-Lag.). — Juin-juillet. — R.R.

Famille XXV. — CÉLASTRINÉES

EVONYMUS L.

302. **Evonymus europæus** L. — Haies, bois des coteaux et collines calcaires, jusqu'à 700 m. — Dans tout le département. — Côte du Rhône, où il est plus abondant dans la région septentrionale, sur micaschiste. Vallée de l'Ardèche : tous les environs d'Aubenas. Vallée de l'Ouvèze, etc. — Août-septembre. — A.C.

Famille XXVI. — ILICINÉES

ILEX L.

303. **Ilex Aquifolium** L. — Bois, ravins. — Dans tout le département, jusqu'à 1.400 m. — Mai-juin. — C.C.

Famille XXVII. — RHAMNACÉES

Paliurus Benth. et Hook.

304. Paliurus australis Rœm. et Schult. — Haies, où il est planté. — Aubenas.

Rhamnus L.

305. Rhamnus cathartica L. — Haies, rochers calcaires, entre 300 et 1.000 m. — Mai-juin. — P.C.
Var. à f. *suborbiculaires*. — Vesseaux au vallon du Boulogne. — R.
Var. *R. hydriensis* Hacq. (*R. silvatica* Serres). — Sur basaltes. — Roche-de-Gourdon.

306. R. Alaternus L. — Rochers calcaires et schisteux, de 100 à 400 m. — Toute la Côte du Rhône. Vallée de l'Ouvèze jusqu'à Privas. Vallée de l'Ardèche, où il remonte à Saint-Privat, ravin de Louyre, Aubenas à Jastre, Joyeuse ; de Largentière à Valgorge, etc. — Mars-avril. — P.R.

307. R. saxatilis L. — Rochers calcaires de la région méridionale et pente du Coiron, jusqu'à 350 m. — Vallée de l'Ardèche : du Pont-d'Arc à Balazuc, Lanas, Saint-Sernin, Vogüé, Lachapelle-sous-Aubenas, Mont Vinobre, Aubenas à Jastre, Ville, Lavilledieu, Saint-Pons, de Bourg-Saint-Andéol à Saint-Remèze, etc. — Mai-juin. — A.C.

308. R. Villarsii Jord. (*R. infectorius* Vill., non L.). — Bois sur micaschiste. — Côte du Rhône : Arras, Eclassan, etc. — Fleurs, mai-juin. — Fruits, août-septembre. — R.

309. R. alpina L. — Rochers calcaires. — Monts du Coiron, vers 700 m. — Saint-Laurent-sous-Coiron à Vidalet. Vallée du Chassezac : les Vans. — Mai-juin. — R.

Famille XXVIII. — TÉRÉBINTHACÉES

Pistacia L.

320. Pistacia Terebinthus L. — Coteaux calcaires et schisteux de la région méridionale, jusqu'à 350 m. — Dans tout le département. Toute la Côte du Rhône. Vallée de l'Ardèche, jusqu'à Aubenas, Saint-Privat, Saint-Julien-du-Serre, Ucel, etc. Vallée de l'Ouvèze, jusqu'à Privas. Vallée du Doux.— Fleurs, avril-mai.— Fruits, septembre-octobre. — A.C.

Rhus L.

311. Rhus Coriaria L. — Coteaux arides de la région méridionale, jusqu'à 200 m. — Côte du Rhône. Basse vallée de l'Ardèche et bassin de la Cèze, sur les limites du Gard (Rouy).

312. R. Cotinus L. — Collines calcaires de la région méridionale, de 80 à 400 m. — Côte du Rhône, jusqu'à Rochemaure, Baix, Cruas, le Pouzin, Lavoulte, Châteaubourg. Vallée de l'Ouvèze : Chomérac, Alissas. Basses pentes du Coiron. Vallée de l'Ardèche : Saint-Privat à Louyre. — Mai-juin. — P.C.

Ailanthus Desf.

313. Ailanthus glandulosus Desf. — Grèves des cours d'eau. — Bassins de l'Ardèche, de l'Ouvèze. Région méridionale, où il s'est naturalisé. Bords du Rhône. — Juillet-septembre. — A.C.

Deuxième Classe. — CALICIFLORES

Famille XXIX. — PAPILIONACÉES

Ulex L.

314. Ulex europæus L. — Landes, chemins de la région siliceuse, de 400 à 900 m. — Vallée de la Cance : environs d'Annonay, Villevocance, Satillieu. Monts du Coiron : Freyssenet. De Saint-Péray au Pin, Boffres, Vernoux. — Mai-juin. — P.C.

Spartium L.

315. Spartium junceum L. — Coteaux calcaires de la partie méridionale de la Côte du Rhône. — Bois du Lavoul, d'où il remonte à Viviers, le Teil, Rochemaure, Cruas, Baix, etc. Cette plante se propage sur les talus des voies ferrées. — Mai-juillet. — P.C.

Sarothamnus Wimm.

316. **Sarothamnus vulgaris** Wimm. *(S. scoparius* Koch.*)*. — Région siliceuse et volcanique, de 300 à 1.700 m. — Partout. — Mai-juin. — C.C.

Genista L.

317. **Genista purgans** L. — Mêmes stations que le précédent, avec lequel il est presque toujours associé. — Juin-juillet. — C.C.
318. **G. anglica** L. — Terrains siliceux, volcaniques, des montagnes, au-dessus de 900 m. — Vallée de la Loire : Mézenc, Chartreuse-de-Bonnefoy, Gerbier-de-Jonc, Sainte-Eulalie, le Béage, Montfol, Suc-de-Bauzon, Mazan, etc. Bassin de l'Ardèche : sources de la Fontaulière, de l'Ardèche. Haut bassin de l'Erieux, sous le Mézenc : Borée, la Rochette, Saint-Martial, etc. — Juin-juillet. — A.C.
318bis. **G. germanica** L. — Bois et lieux stériles. — Vallées du Doux, de l'Erieux. — Mai-juin. — A.R.
319. **G. Scorpius** D. C. — Collines de toute la région calcaire. — Côte du Rhône. Tout le Midi du département. Bassins du Chassezac, de l'Ardèche, de l'Ouvèze, de l'Escoutay. Monts du Coiron, etc. — Avril-juillet. — C.C.
320. **G. sagittalis** L. — Pâturages, bords des bois de la région montagneuse, siliceuse et volcanique, de 800 à 1.700 m. — Vallée de la Loire. Hauts bassins de l'Ardèche et de l'Erieux. Région volcanique du Coiron, jusqu'à la Roche-de-Gourdon. — Mai-août. — C.
321. **G. prostrata** Lamk. *(G. Halleri* Reyn.*)* ; *(Cytisus decumbens* Walp.*)*. — Hautes herbes du sommet et des pentes Sud et Ouest du Mézenc. — Juin-juillet. — R.
322. **G. pilosa** L. — Bruyères, landes, rochers. — Partout. Paraît être plus abondant et plus développé sur tout

le banc de grès du trias allant de Vernoux, Privas, aux Vans. — Mai-août. — C.C.
323. **G. cinerea** D. C. — Coteaux arides de la zone calcaire, volcanique, jusqu'à 600 m. — Vallée de l'Ardèche, à Labastide-de-Juvinas. Coiron : Mont Combier, près Alissas et Chomérac. — Mai-août. — R.
324. **G. tinctoria** L. — Prairies, rochers, bois. — Dans tout le département. — Mai-août. — C.C.
Var. *latifolia* D. C. (*G. Delarbrei* Lec. Lamt.). — Pentes du Mézenc. — R.

Cytisus L.

325. **Cytisus Laburnum** L. — Bois, vers 800 m., sur les boues glaciaires. — De Montpezat au Pal. — Avril-juin. — R.
326. **C. sessilifolius** L. — Toute la région calcaire du département. — Monts du Coiron, jusqu'à 400 m. — Côte du Rhône, etc. — Mai-juin. — C.
327. **C. argenteus** L. (*Argyrolobium Linnaeanum* Walp.). — Coteaux calcaires de la région méridionale, de 80 à 400 m. — Côte du Rhône, jusqu'à Celles-les-Bains et Châteaubourg. Vallée de l'Ardèche, jusqu'à Aubenas, Mercuer, Ucel, Saint-Julien-du-Serre, Saint-Privat. Basses pentes du Coiron dans les vallées de l'Ardèche, de l'Escoutay et de l'Ouvèze. — Mai-juillet. — C.
328. **C. elongatus** Waldst et Kit. — Rochers et coteaux calcaires, entre 200 et 500 m. — Côte du Rhône : Châteaubourg, bois de Peyraud. Monts du Coiron : de Saint-Gineys-en-Coiron à Berzème, Vesseaux et Saint-Julien-du-Serre au vallon de Boulogne, Creysseilles, mont Combier. — Avril-juin. — R.

Adenocarpus D. C.

329. **Adenocarpus commutatus** Guss. (*A. cebennensis* Delile). — Coteaux siliceux et volcaniques de tout le bassin de l'Ardèche, jusqu'à 600 m. — Thueyts, Meyras, Pont-de-Labeaume, Montpezat, Saint-Pierre-de-Colombier, Juvinas, Antraigues, Vals-les-Bains, Saint-

Andéol-de-Bourlenc, Jaujac, Prades, Labégude, Mercuer, Ailhon, Largentière, Joyeuse, etc. Côte du Rhône, jusqu'à Tournon. Basses vallées des affluents du Rhône. — Mai-septembre. — A.C.

Ononis L.

330. **Ononis campestris** Koch. — Pâturages, chemins, terrains incultes, jusqu'à 1.000 m. — Partout. — Juin-septembre. — C.C.
331. **O. repens** L. *(O. arvensis* Lam.). — Alluvions, chemins, champs incultes, surtout calcaires, des plaines à 300 m. — Toute la Côte du Rhône. Vallée de l'Ardèche, jusqu'au Pont-de-Labeaume. Vallée de l'Ouvèze, jusqu'à Privas, etc. — Juin-septembre. — C.C.

 Var. *inermis*. — Côte du Rhône : le Teil.
332. **O. Natrix** L. — Coteaux calcaires, pâturages. — Toute la Côte du Rhône. Vallée de l'Ardèche, jusqu'à Vesseaux. Saint-Privat au ravin de Louyre. — Mai-juillet. — P.C.

 Var. *O. pinguis* L. — Mêmes stations.

 Var. *perusiana* G. G. — Ravin de Louyre. — R.
333. **O. Columnæ** All. — Pelouses et rochers des coteaux calcaires, jusqu'à 400 m. — Toute la Côte du Rhône. Bassin de l'Ardèche. Monts du Coiron. Bassin de l'Ouvèze. Vallon de Celles-les-Bains. — Juin-août. — C.C.
334. **O. minutissima** L. — Coteaux calcaires ensoleillés, jusqu'à 300 m. — Côte du Rhône méridionale, où il remonte au Pouzin et Châteaubourg. Coiron, sur toutes ses basses pentes, dans les bassins de l'Ardèche : d'Aubenas à Lavilledieu, jusqu'au Pont-d'Arc, de l'Escoutay : d'Alba à Viviers ; de l'Ouvèze : du Pouzin et Baix à Alissas. Bassin du Chassezac : Païolive, etc. — Avril-septembre. — A.R.

Anthyllis L.

335. **Anthyllis Vulneraria** L. — Champs incultes, pelouses des collines et des montagnes, surtout de la région cal-

caire ou volcanique, jusqu'à 1.200 m. — Partout. — Mai-août. — C.C.

Var. *A. Dillenii* Sch. — Rochers calcaires. — Monts du Coiron, entre Saint-Laurent-sous-Coiron et Vesseaux, Saint-Privat au ravin de Louyre, Mont Vinobre et partie méridionale du département, à Vogüé, Saint-Sernin, Lanas, Lachapelle-sous-Aubenas. Côte du Rhône calcaire, etc. Vallées de l'Ouvèze et de l'Escoutay. — P.R.

336. **A. montana** L. — Rochers calcaires, vers 700 m. — Saint-Remèze à la Dent-de-Retz (Jord. et F.). — Mai-juillet. — R.R.

Medicago L.

337. **Medicago Lupulina** L. — Pâturages, chemins, champs incultes. — Dans tout le département. — Avril-octobre. — C.C.

Var. *Willdenowi* Mér. — Région méridionale et le long de la Côte du Rhône.

337bis. **M. sativa** L. — Cultivé en grand. Subspontané aux bords des chemins, dans les haies. — Mai-octobre.

338. **M. falcata** L. — Bords des chemins, voisinage des habitations, jusqu'à 400 m. — Toute la Côte du Rhône et la plus grande partie du département. — Juin-octobre. — C.

339. **M. silvestris** Fries. — Chemins, champs. — Toute la Côte du Rhône.

× *M. media* Pers. (*M. cyclocarpa* Hy) ; (— *M. falcato* × *sativa*). — Bords des chemins, dans le voisinage des parents. Côte du Rhône. Vallée de l'Ardèche. — Mai-septembre. — A.C.

× *M. varia* Thom. (*sativa* × *falcata*). — Chemins, bords des champs, dans le voisinage des parents. Côte du Rhône septentrionale : Andance, Arras, Vion, Tournon, etc. — Mai-août.

340. **M. orbicularis** All. — Champs incultes, chemins de toute la région calcaire méridionale, jusqu'à 400 m. — Côte du Rhône, jusqu'au Pouzin, Saint-Péray. Vallée de

l'Ardèche, jusqu'à Aubenas, Ucel, Saint-Privat. Basses pentes du Coiron et vallée de l'Ouvèze. — Mai-juillet. — P.R.

341. **M. maculata** Willd. — Champs, vignes, terrains vagues, jusqu'à 600 m. — Partout. — Mai-juillet. — C.C.

342. **M. minima** Lamk. — Chemins, coteaux pierreux, jusqu'à 500 m. — Dans tout le département. — Mai-juillet. — C.C.

343. **M. denticulata** Willd. — Champs, moissons de la plaine et des coteaux, jusqu'à 400 m. — Côte méridionale du Rhône et basses pentes du Coiron, dans les vallées de l'Escoutay, de l'Ardèche, de l'Ouvèze : de Saint-Martin-d'Ardèche à Viviers, Rochemaure, Baix, le Pouzin, Privas ; Aubenas, Mercuer, Labégude, Saint-Julien-du-Serre, etc. — Mai-juin. — P.R.

Var. M. apiculata Willd. — Champs sablonneux, jusqu'à 400 m. — Toute la région méridionale, d'où il remonte jusqu'à Baix, Le Pouzin. Vallée de l'Ouvèze, jusqu'à Privas, Coux. Vallée de l'Ardèche jusqu'à Aubenas, Vals, Antraigues, Saint Andéol-de-Bourlenc, Prades, etc. Le Coiron. — Mai-juillet. — P.R.

344. **M. Gerardi** Willd. — Terrains sablonneux. — Mêmes stations que les deux précédents, mais plus abondant dans la région calcaire méridionale de la Côte du Rhône, des vallées du Chassezac, de l'Ardèche, de l'Escoutay. Remonte à Crussol. — Mai-juillet. — A.C.

Var. M. Timeroyi Jord. — Chemins, champs incultes. — Vogüé, Villeneuve-de-Berg, Saint-Germain.

TRIGONELLA L.

345. **Trigonella gladiata** Stev. — Pelouses des coteaux calcaires arides. — Vallée de l'Ouvèze : mont Charray. Vallée de l'Ardèche : Ucel et Saint-Julien-du-Serre au vallon du Jumel, Saint-Privat, Vesseaux, du Pont-d'Arc à Saint-Remèze. — Mai-juin. — R.R.

346. **T. monspeliaca** L. — Coteaux pierreux. — Vals-les-Bains. Basses pentes du Coiron : Chomérac, Privas (Saint-

Lag.). Vallon. Côte du Rhône : de Tournon à Andance. — Avril-juillet. — R.

Melilotus Adans.

347. Melilotus sulcata Desf. — Champs sablonneux de toute la partie méridionale, jusqu'à 4oo m. — Remonte le long de la Côte du Rhône et de la vallée de l'Ouvèze, jusqu'à Privas (Saint-Lag.), par la vallée de l'Ardèche jusqu'à Aubenas, Vals, Prades, Lalevade-d'Ardèche, etc. — Juillet-septembre. — A.R.

348. M. officinalis Lamk. (*M. arvensis* Wallr.). — Vignes, chemins, champs, jusqu'à 8oo m. — Dans tout le département. — Mai-septembre. — C.

Var. maxima Legrand. — Assez commun dans les vallées de l'Ardèche, de l'Ouvèze et la Côte du Rhône.

349. M. altissima Thuill. — Bords des cours d'eau, lieux humides. — Toute la partie méridionale du département jusqu'à 3oo m. Saint-Martin-d'Ardèche, Bourg-Saint-Andéol, Saint-André-de-Cruzières, Saint-Paul-le-Jeune, les Vans, etc., jusqu'à Aubenas, Vals-les-Bains. Toute la Côte du Rhône. — Juin-septembre. — P.C.

350. M. leucantha Koch. (*M. alba* Lamk.). — Chemins, alluvions des cours d'eau, jusqu'à 4oo m. — Tout le long du Rhône et basses vallées de ses affluents. — Juin-septembre. — C.

Trifolium L.

351. Trifolium spadiceum L. — Pâturages tourbeux de la région montagneuse, volcanique et siliceuse, au-dessus de 1.ooo m. — Haut bassin de l'Ardèche : de Mayres au rocher d'Avran. Cratère de Lavestide-du-Pal. Toute la vallée de la Loire et de ses affluents : Mézenc, lac d'Issarlès, Gerbier-de-Jonc, Mazan, Coucouron, Saint-Martial, Borée, Lachamp-Raphaël, Cuze, Ray-Pic, etc. — Juin-septembre. — P.R.

352. T. aureum Poll. — Pâturages, bords des bois de la région siliceuse et volcanique, au-dessus de 1.000 m., jusqu'au Mézenc. Chartreuse-de-Bonnefoy, Gerbier-de-Jonc, Cuze. — Juin-juillet. — P.C.

353. **T. campestre** Schreb. *(T. agrarium* G. G.*)*. — Chemins, champs, jusqu'à 800 m. — Mai-septembre. — C.C.

Var. majus Koch. — Alluvions, grèves des cours d'eau. — Toute la Côte du Rhône et les basses vallées y aboutissant : Saint-Julien-du-Serre, Aubenas, Mercuer, Labégude, Vals-les-Bains, Prades, Jaujac, Saint-Andéol-de-Bourlenc, etc.

Var. T. Schreberi Jord. — Mêmes stations.

354. **T. minus** Rehl. *(T. procumbens* G. G.*)*. — Prairies, pelouses sablonneuses, jusqu'à 600 m. — Côte du Rhône. Bassin de l'Ardèche et la plus grande partie du département. — Mai-septembre. — C.C.

355. **T. filiforme** L. *(T. micranthum* Viv.*)*. — Pelouses des coteaux chauds de la partie méridionale, jusqu'à 200 m. — Basses vallées de l'Ardèche, du Chassezac : Saint-Martin-d'Ardèche, Saint-Just-d'Ardèche. Vallée de la Conche. — Mai-août. — R.

356. **T. fragiferum** L. — Bords des eaux, fossés, jusqu'à 400 m. — Dans la plus grande partie du département. Toute la Côte du Rhône et basses vallées y aboutissant. Vallée de l'Ardèche, jusqu'à Aubenas, Vals-les-Bains. Vallée de l'Ouvèze, jusqu'à Privas. Vallées de l'Erieux, du Doux, etc. — Mai-septembre. — C.

357. **T. patens** Schreb. — Prés humides de la région méridionale, jusqu'à 400 m. — Païolive. Vallée de l'Ardèche, jusqu'à Vals-les-Bains, Antraigues.

358. **T. alpinum** L. — Pelouses des pentes trachytiques du Mézenc. — Juin-août. — R.

359. **T. elegans** Savi. — Champs et pâturages des montagnes. — Bassin de la Loire : Lanarce (Coste). — Juillet-août. — R.R.

360. **T. fistulosum** Gilib. — Prés, champs des hautes montagnes. — Mézenc. — Juin-septembre. — R.

361. **T. repens** L. — Chemins, fossés, prés, pelouses. — De la plaine à 1.700 m. — Mai-octobre. — C.C.

362. **T. pallescens** Schreb. *(Var. T. glareosum* Schl.). — Pâturages sablonneux de la vallée de l'Ardèche, entre Prades et Fabras (Girod). — Juillet-août. — R.R.

363. **T. nigrescens** Viv. — Chemins, pelouses des coteaux siliceux, jusqu'à 400 m. — Vallée de l'Ardèche : entre Vogüé et Saint-Germain, Aubenas, Labégude, Ucel, Vals-les-Bains, Asperjoc, Saint-Andéol-de-Bourlenc. — Avril-juin. — R.

364. **T. glomeratum** L. — Champs incultes, coteaux rocailleux, jusqu'à 400 m. — Toute la Côte du Rhône. Vallée de l'Ardèche, jusqu'à Vals-les-Bains, Lalevade-d'Ardèche, Saint-Andéol-de-Bourlenc, Saint-Julien-du-Serre. Vallée de l'Ouvèze, etc. — Mai-juillet. — C.

365. **T. montanum** L. — Prairies sèches, pâturages. — De la plaine à 1.500 m. — Toute la vallée de l'Ardèche : Aubenas, Mercuer, Prades, Jaujac, Lasouche, Suc-de-Bauzon. Monts du Coiron. Côte du Rhône. Bassin de l'Erieux. Monts des Boutières. — Juin-juillet. — P.R.

366. **T. subterraneum** L. — Chemins, pelouses des terrains siliceux, de 200 à 600 m. — Vallée de l'Ardèche : Mercuer, Prades, Jaujac, Lasouche, Lalevade, Saint-Pierre-de-Colombier, Antraigues, Genestelle, Saint-Michel-de-Boulogne, Saint-Julien-du-Serre, Aubenas. Vallée du Doux : Lamastre, Tournon. — Avril-juillet. — P.C.

367. **T. ochroleucum** Huds. — Châtaigneraies, prés, bois des sols siliceux et volcaniques, jusqu'à 800 m. — Tout le département. — Juin-août. — C.C.

368. **T. rubens** L. — Bois des coteaux calcaires et volcaniques, jusqu'à 600 m. — Dans la plus grande partie du département. Le Coiron, mont Combier. Vallée de l'Ardèche : Mercuer, Vesseaux, Saint-Julien-du-Serre, etc. — Juin-août. — A.C.

369. **T. alpestre** L. — Coteaux surtout de la région volcanique. — Monts du Coiron : Saint-Gineys-en-Coiron à Montbrun, Berzème, Saint-Laurent-sous-Coiron, Darbres. Vallée de l'Ardèche : Asperjoc. Côte du Rhône septentrionale : Vion, Lemps, Ozon, Preaux, Sarras, Arras.

Partie méridionale : bois du Lavoul. — Mai-août. — A.R.

370. **T. medium** L. — Bois, pâturages, dans toute la région calcaire et volcanique. — De la plaine au Mézenc. — Mai-août. — C.

371. **T. pratense** L. — Prairies, pâturages, bois. — Dans tout le département. — Mai-octobre. — C.C.

Var. *villosum* Bréb. — Clairières des bois de toute la région montagneuse.

Var. *nummularifolium* Perr. — Région volcanique, au-dessus de 900 m. — Monts du Coiron à la Roche-de-Gourdon, Champ-de-Mars, Mézilhac, Lachamp-Raphaël, Gerbier-de-Jonc et la plus grande partie de la vallée de la Loire. Vallées de l'Auzonne, de la Glueyre, de la Dorne, de l'Eysse, de la Saliouse. — Juin-août. — P.R.

372. **T. scabrum** L. — Pelouses sèches des coteaux calcaires, jusqu'à 500 m. — Monts du Coiron : basses pentes dans les vallées de l'Auzon, de l'Escoutay, Saint-Laurent-sous-Coiron, Darbres, Villeneuve-de-Berg, Aubignas, Alba, Valvignères, etc. Vallée de l'Ardèche : du Pont-d'Arc à Saint-Remèze, Saint-Julien-du-Serre, Ucel, Saint-Privat, etc. Vallée de l'Ouvèze. Côte du Rhône sur micaschiste vers Tournon, Vion, Lemps, Arras, Eclassan, Sarras. — Mai-juin. — C.C.

373. **T. lappaceum** L. — Champs, terrains incultes de la région méridionale calcaire. — Bessas, Beaulieu, Saint-Andrée-de-Cruzières. — Mai-juin. — R.

374. **T. maritimum** Huds. — Prairies humides. — Bassin de l'Ardèche : de Saint-Didier-sous-Aubenas à Saint-Pierre. — Mai-juillet. — R.R.

375. **T. striatum** L. — Bords des chemins, coteaux secs de la région méridionale, de 200 à 600 m. — Vallée de l'Ardèche : Ruoms, Balazuc, Saint-Sernin, Jastre, Saint-Julien-du-Serre, Vals-les-Bains, Genestelle, Saint-Joseph-des-Bancs. Vallée du Doux. — Mai-juillet. — A.C.

376. **T. arvense** L. — Champs, alluvions de la région sili-

ceuse et volcanique, jusqu'à 900 m. — Partout. — Mai-septembre. — C.C.

Var. *T. lagopinum* Jord. — *T. agrestinum* Jord. — Endroits sablonneux. — C.C.

Var. *T. rubellum* Jord. — Roche-de-Gourdon. — P.C.

377. T. Lagopus Pourr. — Pâturages volcaniques ou calcaires, de 500 à 1.000 m. — Monts du Coiron : Roche-de-Gourdon, Saint-Laurent-sous-Coiron, Saint-Gineys-en-Coiron, Darbres, Berzème, Saint-Jean-le-Centenier. Côte du Rhône : Rochemaure, Baix, Celles-les-Bains, Tournon, etc. — Mai-juin. — A.R.

378. T. Bocconi Savi. — Terres incultes de la basse région jusqu'à 350 m. — Vallée de l'Ardèche jusqu'à Aubenas, Ucel, Saint-Julien-du-Serre. — Côte du Rhône : de Serrières à Tournon. — Juin. — P.R.

379. T. incarnatum L. — Cultivé comme fourrage et engrais vert. — Mai-septembre. — C.

Var. *T. Molinerii* Balb. — Prés secs, pâturages de la région siliceuse et volcanique, jusqu'à 900 m. — C.

380. T. purpureum Lois. — Bords des champs, chemins, sables des cours d'eau de la région siliceuse. — Vallée de l'Ardèche : Aubenas, Saint-Julien-du-Serre, Vals à Oubreyts, Mercuer et la partie méridionale du département. — Juin-août. — R.

381. T. angustifolium L. — Lieux arides et sablonneux, jusqu'à 400 m. — Toute la vallée de l'Ardèche siliceuse et volcanique : Vals-les-Bains, Saint-Julien-du-Serre, Saint-Privat, Mercuer, Aubenas, Prades, Ailhon, Largentière, etc. Partie méridionale. Vallée de l'Ouvèze au mont Combier. Côte du Rhône : vallon de Celles-les-Bains. — Mai-juillet. — A.C.

382. T. hirtum All. (*T. hispidum* Desf.). — Lieux arides de la région siliceuse, jusqu'à 500 m. — Toute la Côte du Rhône. Vallée de l'Ardèche : Aubenas, Mercuer, Vals-les-Bains, Saint-Andéol-de-Bourlenc, Saint-Julien-du-Serre, Ucel, Saint-Privat et la région méridionale.

Basses vallées de l'Erieux et du Doux. — Mai-juillet. — P.C.

383. **T. stellatum** L. — Champs, chemins de la région méridionale. — Vallée du Chassezac : bois de Païolive, Beaulieu. Côte du Rhône : de Saint-Péray à Alboussières, Lavoulte, Celles-les-Bains. — Mai-juillet. — R.

Dorycnium Adans.

384. **Dorycnium suffruticosum** Vill. — Coteaux calcaires arides ; sur micaschiste dans la région septentrionale, de 100 à 600 m. — Basses pentes du Coiron. Toute la région méridionale. Vallée de l'Ouvèze. Côte du Rhône.
Var. D. collinum Jord. et F. — Tournon, Vion, Arras, etc. — Mai-juillet. — C.

Bonjeania Reich.

385. **Bonjeania hirsuta** Reich. — Coteaux arides calcaires, jusqu'à 400 m. — Côte du Rhône jusqu'à Celles-les-Bains, Lavoulte. Vallée de l'Ouvèze jusqu'à Privas. Vallée de l'Ardèche : Vallon, Pont-d'Arc, Saint-Privat, Rocher-de-Jastre, Ucel, Saint-Julien-du-Serre. Le Coiron : Lussas, Darbres, Mirabel, Villeneuve-de-Berg, etc. — Mai-juillet. — A.C.
Var. B. prostrata Jord. et F. — Saint-Privat, Ucel. — R.

386. **B. recta** Reich. — Lieux humides de la région méridionale. — Côte du Rhône, en aval de Viviers. Bassin de la Cèze. — Mai-juillet. — R.R.

Tetragonolobus Scop.

387. **Tetragonolobus siliquosus** Roth. — Prairies humides, bords des eaux, jusqu'à 600 m. — Mars-mai. — C.C.

Lotus L.

388. **Lotus angustissimus** L. — Rochers, terrains siliceux. — Vallée de l'Ardèche : Vals-les-Bains, Saint-Andéol-de-Bourlenc, Genestelle. — Mai-juin. — R.

389. L. tenuis Kit. — Terrains humides, fossés.— De la plaine à 600 m. — Tout le bassin de l'Ardèche : Aubenas, Vals-les-Bains, Prades, Saint-Julien-du-Serre, Saint-Etienne-de-Boulogne, etc. Côte du Rhône. — Mai-octobre. — C.

390. L. corniculatus L. — Pâturages, prairies. — Dans tout le département. — Mai-octobre. — C.C.

Var. L. villosus Thuil. — Pâturages des coteaux secs de la région méridionale. — Monts du Coiron. — C.

Var. L. symmetricus Jord. — Coteaux siliceux de la partie méridionale, jusqu'à Aubenas, Mercuer, Ucel, Saint-Julien-du-Serre, etc. — C.

Var. L. arvensis L. — Montagnes de la région volcanique et siliceuse, au-dessus de 1.200 m. — Suc-de-Bauzon, Montfol, Gerbier-de-Jonc, Chartreuse-de-Bonnefoy, Mézenc, Borée. — P.C.

391. L. uliginosus Schk. — Lieux humides, bords des eaux. — De la plaine aux montagnes. — Partout. — Juin-août. — C.C.

Astragalus L.

392. Astragalus hamosus L. — Rocailles calcaires, vers 200 m. — Basses pentes du Coiron : Vogüé, Saint-Germain. — Avril-juin. — R.

393. A. monspessulanus L. — Pâturages des terrains calcaires ou volcaniques, de 100 à 700 m. — Toute la région méridionale, jusqu'aux pentes septentrionales des monts du Coiron dans la vallée de l'Ouvèze. Côte du Rhône, jusqu'à Celles-les-Bains, Châteaubourg. — Avril-juin. — A.C.

Var. à fleurs blanches. — L'Escrinet.

394. A. glycyphyllos L. — Bois, haies de la région siliceuse et volcanique. — Vallons du Sandron, de la Volane : Genestelle, Saint-Joseph-des-Bancs, Antraigues. — Juin-juillet. — P.R.

395. A. Cicer L. — Broussailles, saulaies des bords du Rhône. — Sarras, Arras, Vion, Tournon, Glun, Iles du Pou-

zin, de Bourg-Saint-Andéol à Saint-Remèze. — Juin-juillet. — P.C.
396. **A. Onobrychis** L. — Terrains graveleux. — Côte du Rhône méridionale : Bourg-Saint-Andéol, Saint-Remèze. Pont-d'Arc au vallon du Fons. — Juin-juillet. — R.

Colutea L.

397. **Colutea arborescens** L. — Coteaux calcaires chauds. — Vallée de l'Ardèche. Plateau de Jastre, entre Aubenas, Lavilledieu, Lussas. Côte du Rhône, sur micaschiste : Vion, Arras. — Mai-juillet. — C.C.

Robinia L.

398. **Robinia Pseudo-Acacia** L. — Planté le long des voies ferrées, bois. Subspontané. — Mai. — C.

Galega L.

399. **Galega officinalis** L. — Cultivé. Souvent subspontané.

Psoralea L.

400. **Psoralea bituminosa** L. — Lieux secs, rocailleux. — Partout, jusqu'à 700 m. — Toute la Côte du Rhône. Toutes les vallées des affluents du Rhône. Remonte à Saint-Martin-de-Valamas. — Mai-juillet. — C.C.

Vicia L.

401. **Vicia peregrina** L. — Moissons, vignes, chemins, surtout calcaires, jusqu'à 400 m. — Vallée de l'Ardèche, où il remonte à Lavilledieu, Lussas, Vogüé, Saint-Sernin, Aubenas, Mercuer, Saint-Julien-du-Serre. Vallée de l'Ouvèze, jusqu'à Privas, Coux. Toute la Côte du Rhône ; dans la région septentrionale, sur micaschiste : Tournon, Vion, Arras, Andance, etc. — Mai-juin. — A.C.
402. **V. hybrida** L. — Coteaux secs, pierreux, surtout calcaires, vignes, moissons, dans la région méridionale. —

Basses pentes du Coiron, vers Saint-Jean-le-Centenier, Aubignas, Alba. Vallée de l'Ardèche, jusqu'à Saint-Sernin, Aubenas, Mercuer, Saint-Etienne-de-Fontbellon, Lavilledieu. Vallée de l'Ouvèze. Toute la Côte du Rhône. — Mai-juin. — P.C.

403. V. lutea L. — Terrains graveleux, surtout siliceux, châtaigneraies, moissons, jusqu'à 900 m. — Dans tout le département. Végète aussi sur calcaire et terrain volcanique, mais y est plus rare. — Mai-Juillet. — C.C.

Var. V. hirta Balb. — Avec le type, sur les coteaux arides. — C.

404. V. lathyroides L. — Endroits sablonneux de la plus grande partie du département. — Vallée de l'Ardèche : Aubenas, Saint-Julien-du-Serre, Vals-les-Bains, Saint-Andéol-de-Bourlenc. Vallée de l'Erieux : tous les environs du Cheylard. Toute la Côte du Rhône siliceuse. — Avril-mai. — A.C.

405. V. angustifolia Reich. — Terres meubles, bruyères, jusqu'à 900 m. Moissons. — Dans tout le département. Mai-juillet. — C.C.

Var. V. Forsteri Jord., *V. Bobarti* Koch., *V. uncinata* Desv. — Avec le type, dans les bruyères, les pâturages des vallées de l'Ardèche, de l'Erieux, où elles sont communes à Vals-les-Bains, Saint-Andéol-de-Bourlenc, Antraigues, Prades, Mercuer, Fabras, etc. — C.

Var. V. segetalis Thuil. — Région méridionale, d'où elle remonte vers Aubenas, Ucel, Vals-les-Bains, Saint-Julien-du-Serre. — P.C.

406. V. sativa L. — Champs, vignes, chemins. — Dans tout le département. — Avril-septembre. — C.C.

Var. V. cordata Wulf. — Rochers calcaires arides. — Aubenas au Rocher-de-Jastre. — R.R.

407. V. bithynica L. — A été rencontrée subspontané à Ucel, Saint-Privat.

408. V. Faba L. (*Faba vulgaris* Mœnch). — Cultivé en grand dans les champs et les jardins. — Parfois subspontané. — Juillet.

409. **V. sepium** L. — Haies, bois, buissons. — Dans tout le département, jusqu'à 1.700 m. — Mai-août. — C.C.
410. **V. purpurascens** D. C. — Terrains incultes pierreux, vignes, moissons, prairies, jusqu'à 800 m. — Monts du Coiron : Saint-Jean-le-Centenier, Saint-Gineys-en-Coiron, Mirabel, Saint-Laurent-sous-Coiron, Aubenas à Jastre et à Ville, Saint-Sernin, Saint-Julien-du-Serre. — Mai-juin. — P.R.
411. **V. Orobus** D. C. — Prairies, pâturages des montagnes. — Autour de Mazan (Coste), Chartreuse-de-Bonnefoy. — Mai-août. — R.R.
412. **V. onobrychoides** L. *(Var. V. elegans* Guss.). — Lieux cultivés et incultes de la région méridionale. — Saint-Remèze. — Mai-août. — R.R.
413. **V. tenuifolia** Roth. — Haies, bois, moissons. — Vallée de l'Ardèche : Ucel, Saint-Julien-du-Serre. Monts du Coiron jusqu'à l'Escrinet. — Mai-juillet. — P.C.
414. **V. Cracca** L. — Haies, ravins, bois, surtout calcaires. — Tout le département, jusqu'à 1.200 m. — Mai-août. — C.C.

Var. V. imbricata Gilib. — Moissons, champs incultes de toute la région siliceuse et volcanique, de 900 à 1.400 m. — Toute la vallée de la Loire : Chartreuse-de-Bonnefoy, Issarlès, le Béage, Coucouron, Lachamp-Raphaël, Mazan, etc. Hauts bassins de l'Ardèche, de l'Espezonnette, de l'Erieux. Monts des Boutières. — Juin-août. — A.C.
415. **V. Gerardi** Vill. — Ravins, bords des bois, haies. — Monts du Coiron : Col de l'Escrinet. Vallée de la Volane : Antraigues, Laviolle. — Juin-juillet. — R.
416. **V. villosa** Roth. — Cultivée. — Subspontanée dans la plus grande partie du département. — Mai-juin.

Ervum L.

417. **Ervum hirsutum** L. — Moissons, haies de la région siliceuse, jusqu'à 700 m. — Tout le département. — Mai-août. — C.C.

418. E. tetraspermum L. — Moissons, pâturages, sur sol siliceux, jusqu'à 4oo m. — Dans la plus grande partie du département. Côte du Rhône. Vallées de l'Ardèche, de l'Erieux, du Doux, etc. — Mai-juin. — C.

419. E. Ervilia L. — Cultivé en grand. Subspontané dans les moissons, bords des chemins. — Avril-juin.

420. E. gracile D. C. — Bruyères, rochers, pierrailles de la région siliceuse, jusqu'à 4oo m. — Tout le bassin de l'Ardèche, de l'Erieux, du Doux, et toute la Côte du Rhône. — Mai-juin. — C.C.

Var. E. nemorale Giraudias (*Vicia Giraudiasii* Rouy et F.). — Vallée du Sandron : Saint-Julien-du-Serre, Saint-Andéol-de-Bourlenc. Côte septentrionale du Rhône, sur micaschiste et gneiss : Vion, Arras, Ozon, Sarras, etc. — P.C.

Lens Adans.

421. Lens nigricans G. G. — Rocailles calcaires. — Monts du Coiron : de l'Escrinet à Saint-Privat, ravin de Louyre, Vesseaux, Saint-Julien-du-Serre, Lussas. — Mai-juillet. — R.

422. L. esculenta Mœnch. — Cultivé et subspontané.

Cicer L.

423. Cicer arietinum L. — Cultivé dans toute la région calcaire. — Subspontané. — Mai-juillet.

Phaseolus L.

424. Phaseolus vulgaris L. — Cultivé en grand dans les champs, les jardins. — Parfois subspontané. — Juin-août.

Pisum L.

425. Pisum elatius M. B. (*P. granulatum* Lloyd.). — Rocailles calcaires. — Aubenas au Rocher-de-Jastre. — Mai-juillet. — R.R.

426. P. sativum L. — Cultivé. — Subspontané. — Avril-juin.

427. P. arvense L. — Cultivé. — Subspontané. — Avril-juin.

Lathyrus L.

428. Lathyrus latifolius L. — Coteaux et collines, jusqu'à 800 m. — Toute la partie calcaire de la Côte du Rhône. Région méridionale et monts du Coiron. Vallées de l'Ardèche, de l'Ouvèze, de l'Erieux, etc. — Juin-août. — C.

Var. L. ensifolius Badarro. — Partie méridionale calcaire. — Basses pentes du Coiron, jusqu'à 3oo m. Vallées de l'Ardèche et de l'Ouvèze : Païolive, Berrias, Balazuc, Saint-Sernin, Vogüé, Aubenas, Saint-Privat. Côte du Rhône, jusqu'au Pouzin, etc. — A.C.

429. L. silvestris L. — Bords des bois, haies. — Côte du Rhône : Rochemaure, Cruas, Baix, le Teil. Bois du Lavoul. De Peyraud à Annonay. Vallée de l'Ardèche : de Vallon à Vals-les-Bains. Vallée de la Loire : Cros-de-Géorand à Jean-Blanc. — Juin-août. — A.R.

430. L. heterophyllus L. — Prairies, pâturages. — Vallée de l'Ardèche : Pont-de Labeaume, Chirols, Asperjoc, Antraigues. Vallée de la Cance : Annonay. — Juillet-août. — R.

431. L. cirrosus Ser. — Bords des bois, pâturages, entre 3oo et 6oo m. — Vallée moyenne de l'Ardèche : Meyras, de Thueyts à Mayres, Ventadour et vallée de la Fontaulière. — Juillet-août. — R.

432. L. tuberosus L. — Vignes, landes, moissons de la région calcaire et volcanique, jusqu'à 6oo m. : le Coiron, Saint-Laurent-sous-Coiron, Vesseaux. Vallée de l'Ardèche, Mercuer, Saint-Julien-du-Serre, Saint-Etienne-de-Fontbellon. — Mai-juillet. — R.

433. L. pratensis L. — Pâturages, prairies. Plus abondant sur les sols volcaniques ou calcaires. — Partout. — Juin-août. — C.C.

Var. montanus Lec. et Lamt. — Pentes du Mézenc.

434. L. angulatus L. — Moissons, champs incultes, jusqu'à

1.300 m. — Vallée de l'Ardèche, jusqu'à Saint-Sernin : Aubenas, Mercuer, Ucel, Prades, etc. Vallée de la Loire : Usclades, Rieutord, Suc-de-Bauzon, et la plus grande partie du département. — Juin-août. — A.C.

435. L. sphæricus Retz. — Champs incultes, surtout de la région calcaire : Berrias, Saint-Sernin, Vogüé, Saint-Germain, Saint-Pons, Alba, Aubenas. Côte du Rhône. Vallées de l'Ouvèze, du Doux, etc.— Mai-juin. — A.R.

436. L. inconspicuus Jacq. — Coteaux calcaires de la région méridionale. — Vallée de l'Ardèche jusqu'à Lachapelle-sous-Aubenas, Saint-Sernin, Vogüé, Aubenas, Saint-Julien-du-Serre. Monts du Coiron : Lussas, Mirabel, Saint-Pons, Saint-Laurent-sous-Coiron à Vidalie. Vallées de l'Escoutay, de l'Ouvèze, jusqu'à Privas. — Mai-juin. — A.R.

437. L. setifolius L. — Coteaux secs et pierreux de toute la région calcaire méridionale, de 80 à 400 m. — Vallées de l'Ardèche, jusqu'à Aubenas, Saint-Privat, Vesseaux, etc. Vallée de l'Ouvèze, jusqu'à Privas. Côte méridionale du Rhône, jusqu'à Viviers, Rochemaure, Cruas. — Avril-juillet. — P.R.

Var. amphicarpos G. G. — Endroits herbeux. — Vesseaux à Valette, Saint-Privat à Louyre et à l'Echelette. — R.

438. L. hirsutus L. — Cultures, alluvions de la région méridionale, jusqu'à 500 m. — Vallée de l'Ardèche : Lachapelle-sous-Aubenas, Saint-Sernin, Aubenas, Mercuer, Vals-les-Bains, Saint-Julien-du-Serre, Vesseaux. Basses pentes du Coiron. Côte du Rhône. — Mai-juillet. — P.C.

439. L. Nissolia L. — Lieux secs, arides de la région méridionale, jusqu'à 200 m. — De Saint-Martin-d'Ardèche à Bourg-Saint-Andéol. — Avril-juin. — R.

440. L. annuus L. — Moissons, vignes, champs incultes, talus de la région calcaire méridionale. — Basses pentes du Coiron, vers Lavilledieu, Vogüé, Saint-Maurice-d'Ardèche, Rochecolombe. Vallée de l'Escoutay, Viviers, Saint-Montant, etc. Vallée de l'Ardèche: Vallon, d'où il remonte à Ucel, Saint-Privat. — Mai-juin. — R.

441. **L. Cicera** L.— Cultivé.— Moissons des terrains calcaires. —Le Coiron: Vogüé, Saint-Laurent-sous-Coiron. Vallée de l'Ardèche : Saint-Julien-du-Serre, Saint-Privat, Vesseaux. Côte du Rhône : de Saint-Remèze à Bourg-Saint-Andéol. — Mai-juillet. — P.C.
442. **L. sativus** L. — Cultivé. — Subspontané. — Mai-juin.
443. **L. Aphaca** L. — Champs, haies. — Partout, jusqu'à 6oo m. — Mai-juillet. — C.C.
444. **L. vernus** Bernh. (*Orobus vernus* L.). — Forêts de la région montagneuse volcanique et siliceuse, au-dessus de 1.000 m. — Vallée de la Loire : Suc-de-Bauzon, forêt de Mazan, mont Sépoux au bois d'Andéol, près du Gerbier-de-Jonc. — Avril-mai. — R.
445. **L. niger** Bernh. (*O. niger* L.). — Bois des collines, surtout calcaires, jusqu'à 4oo m. — Région méridionale: Saint-Remèze, Païolive. Vallée de l'Ardèche : Saint-Julien-du-Serre à Luolp, Vals-les-Bains, Ucel, le long du Sandron. Vallée de l'Ouvèze. Basses pentes du Coiron, mont Combier. — De Tournon à Andance. — Juin-juillet. — A.R.
446. **L. macrorrhizus** Wimm. (*O. tuberosus* L.). — Bois, pâturages, surtout de la zone siliceuse, volcanique. — Dans tout le département, jusqu'au Mézenc. — Avril-juillet. — C.C.

CORONILLA L.

447. **Coronilla Emerus** L. — Bois, rochers de la région calcaire, jusqu'à 5oo m. — Toute la Côte du Rhône. Vallées de l'Ardèche, de l'Ouvèze, monts du Coiron. — Mai-juin. — A.C.
448. **C. minima** L. — Coteaux secs, calcaires de toute la région méridionale, jusqu'à 5oo m. — Monts du Coiron. Vallée de l'Ouvèze. — Mai-août. — C.

Var. australis G. G. — Coteaux calcaires de la plus grande partie du département, de 80 à 3oo m.

— Côte méridionale du Rhône, en aval de Viviers, Saint-Montant, Bourg-Saint-Andéol, Saint-Remèze. Vallée méridionale de l'Ardèche : Joyeuse, Vallon. Bassin de la Cèze, etc. — A.C.

449. **C. glauca** L. — Rochers, bois, surtout calcaires, de 80 à 300 m. — Bois de Païolive, Vals-les-Bains. — Juin-juillet. — R.R.

450. **C. scorpioides** Koch. — Coteaux pierreux, calcaires de tout le département. — Région méridionale des bassins de l'Ardèche, jusqu'à Saint-Privat, Aubenas, Ucel ; des affluents de la Cèze ; des vallées de la Conche, de l'Escoutay, de l'Ouvèze, etc. Basses pentes du Coiron, jusqu'à 500 m. Côte du Rhône, jusqu'au vallon de Celles, Lavoulte, Châteaubourg. — Mai-juillet. — A.C.

451. **C. varia** L. — Coteaux secs, bords des chemins, jusqu'à 500 m. — Partout. — Mai-septembre. — C.

Ornithopus L.

452. **Ornithopus perpusillus** L. — Toute la région siliceuse, jusqu'à 900 m. — Mai-juillet. — C.C.

453. **O. compressus** L. — Champs sablonneux de la région siliceuse. — Côte du Rhône. Vallée de l'Ardèche : Aubenas, Vals-les-Bains, Ucel, Saint-Julien-du-Serre, jusqu'à 400 m. — Mai-juillet. — A.C.

Hippocrepis L.

454. **Hippocrepis comosa** L. — Eboulis, rochers, chemins de toute la région calcaire, jusqu'à 600 m. — Toute la Côte du Rhône, où, dans le Nord, il vit sur gneiss et micaschiste. — Avril-juin. — C.C.

Onobrychis Adans.

455. **Onobrychis sativa** Lamk. — Cultivé comme fourrage. — Prés, pâturages. — Mai-juillet. — C.

Var. O. collina Jord. — Pâturages des coteaux calcaires de la région méridionale. — Côte du Rhône, en aval de Baix, Cruas. Vallées de l'Ouvèze, jusqu'à Chomérac ; de l'Ardèche : d'Aubenas, Saint-Sernin à Vallon, Pont-d'Arc, Joyeuse et le Midi. — Juillet-août. — A.C.

456. **O. supina** D. C. — Région calcaire, jusqu'à 800 m. — Tout le Coiron. Vallée de l'Ardèche, de Vallon au col de l'Escrinet. Côte du Rhône, du nord au sud; Celles-les-Bains. Vallée de l'Ouvèze : pentes du Coiron. — Juin-août. — A.C.

Cercis L.

457. **Cercis siliquosa** L. — Coteaux secs du Midi. — Côte du Rhône, où il remonte au Teil, Meysse, Rochemaure, Cruas, Baix, le Pouzin. Vallée inférieure de l'Ouvèze. — Souvent planté dans les parcs. — Avril-mai. — A.C.

Ceratonia L.

458. **Ceratonia siliqua** L. — Souvent planté dans les parcs.

Famille XXX. — AMYGDALÉES

Amygdalus L.

459. **Amygdalus communis** L. — Cultivé et subspontané. — Avril.
   Var. A. ossea G. G. — *Var. A. fragilis* G. G. — *Sous-var. A. amara* L. — *Sous-var. A. dulcis* L.

Persica Mill.

460. **Persica vulgaris** Mill. — Pêches et pavies. — Cultivé dans la plus grande partie du département, jusqu'à 400 m. — Avril.

Armeniaca Juss.

461. **Armeniaca vulgaris** Lamk. — Cultivé. — Subspontané.

Prunus L.

462. **Prunus spinosa** L. — Haies, buissons, lisières des bois.

De la plaine à 1.000 m. — Dans tout le département. Fleurs, avril. — Fruits, octobre. — C.C.

463. P. fruticans Weihe. — Haies. — Vallée de l'Ardèche : Ucel, Vals-les-Bains- Montpezat. — Fleurs, avril-mai. — Fruits, octobre. — P.C.

464. P. domestica L. — Cultivé. — Subspontané. — Fleurs, avril. — Fruits, juillet-septembre.

465. P. insititia L. — Monts du Vivarais. — Vallée de la Loire : Sainte-Eulalie, Usclades, Sagnes et Goudoulet. Lachamp-Raphaël, Saint-Cirgues-en-Montagne, Mazan. — Fleurs avril-mai. — Fruits, août-septembre. — A.R.

Cerasus Juss.

466. Cerasus avium D. C. — Cultivé. — Subspontané. — Fleurs, avril-mai. — Fruits, juin-juillet.

Var. silvestris Coss. et G. — Bois, çà et là. — Région montagneuse, de 800 à 1.200 m. — Fleurs, mai. — Fruits, août. — P.R.

467. C. vulgaris Mill. — Cultivé. Subspontané.

468. C. Padus L. (*C. racemosa* Pena et Lob.). — Bois du plateau, au-dessus de 900 m. — Vallée de la Loire : Gerbier-de-Jonc, Cros-de-Géorand, lac d'Issarlès, Usclades, Mazan, Lachapelle-Grailhouze, Issarlès, etc. — Fleurs, mai. — Fruits, août. — P.C.

469. C. Mahaleb Mill. — Toute la Côte du Rhône. Vallées inférieures de l'Ardèche, de l'Ouvèze, de l'Erieux, du Doux. Région calcaire méridionale, jusqu'à 400 m. — Fleurs, mai. — Fruits, juillet-août. — C.C.

470. C. Laurocerasus Lois. — Planté.

Famille XXXI. — ROSACÉES

Spiræa L.

471. Spiræa Filipendula L. — Prairies, landes pierreuses, jusqu'à 400 m. — Région calcaire méridionale. Côte du Rhône : bois du Lavoul, mont Vinobre à Saint-Sernin. Vallée moyenne de l'Ardèche, sur grès du trias et sol volcanique : Mercuer, Ailhon, Aubenas. Vallon de Prades, Jaujac. Vallée de la Volane, vers Asperjoc, Antraigues. — Juin-août. — P.C.

472. **S. Ulmaria** L. — Bords des cours d'eau de la région montagneuse, de 900 à 1.700 m. — Tout le département. Rare au-dessous de 900 m. — Juin-août. — A.-C.

Geum L.

473. **Geum urbanum** L. — Décombres, voisinage des habitations. — Dans tout le département, jusqu'à 1.700 m. — Mai-juin. — C.

474. **G. rivale** L. — Clairières des bois de la région montagneuse, de 900 à 1.700 m. — De Montpezat au Pal, Suc-de-Bauzon. Bassin de la Loire : de Rieutord, Mazan, Lanarce, au Gerbier-de-Jonc, Chartreuse-de-Bonnefoy, Mézenc, etc. — Juillet-août. — P.R.

Potentilla L.

475. **Potentilla rupestris** L., *var. villosa* Lec. et Lamt. (*P. macrocalyx* Huet). — Anfractuosités des basaltes : Thueyts, Ray-Pic, Jastre. Vallée de la Loire : Lapalisse. — Juin-juillet. — R.

476. **P. Anserina** L. — Champs incultes graveleux, entre 100 et 400 m. — Vallée de l'Ardèche : Aubenas, Mercuer, Vals-les-Bains, Saint-Julien-du-Serre, etc. — C.

477. **P. argentea** L. (*Var. vulgaris* Lehm.). — Endroits incultes, rochers. — De la plaine à 1.000 m. — Tout le département. Vallée de la Loire : Cros-de-Géorand, lac d'Issarlès, etc. — Juin-août. — C.

Var. P. tenuiloba Jord. — Côte du Rhône : Saint-Péray, Champis, Saint-Julien-du-Serre.

Var. P. demissa Jord. — Monts du Coiron : Mirabel.

Var. P. decumbens Jord. — Coteaux bordant le Rhône : Sarras, Ozon, Arras. — R.

× *P. collina* Wib. (*P. argentea* × *verna*). — Coteaux secs, siliceux. Bords des chemins, rochers.

— Côte du Rhône : Tournon, Vion, Arras, Sècheras, Sarras, Serrières. Vallée de l'Ardèche : Saint-Julien-du-Serre, Saint-Andéol-de-Bourlenc, Genestelle, Vals-les-Bains, Ucel. — Mai-juillet. — R.

478. P. aurea L. — Pâturages de la haute région volcanique, vers 1.600 m. — Le Mézenc. — Juillet-août. — R.R.

479. P. verna L. — Coteaux, collines, montagnes. — Dans tout le département. — Février-octobre. — C.C.

Var. P. Amansiana F. Schult. — Coteaux pierreux, rochers. — Saint-Julien-du-Serre, Vesseaux.

Var. P. hirsuta D. C. — Rocailles siliceuses et volcaniques de la Côte du Rhône et de la région montagneuse, jusqu'à 1.000 m. — Tout le haut bassin de l'Ardèche : de Mayres à la Chavade, de Montpezat au Suc-de-Bauzon, de Burzet aux Sagnes-et-Gondoulet et à Lachamp-Raphaël, d'Antraigues à Mézilhac, etc. — Nord du département. Vallée du Doux : Vion, Arras, Andance, Eclassan, Saint-Félicien, Satillieu, Lamastre, etc. — A.C.

Var. P. Vivariensis Jord. — Coteaux calcaires de la Côte du Rhône : Châteaubourg à Crussol. — P.C.

480. P. opaca Roth. — Pentes sèches des coteaux siliceux, volcaniques, de 100 à 1.600 m. — Côte du Rhône : de Limony à Tournon. Vallée du Doux. Vallée de la Loire : Mézenc, Gerbier-de-Jonc, Chartreuse-de-Bonnefoy, Montfol, Pradoux, le Béage, Cros-de-Géorand, Saint-Cirgues-en-Montagne, etc. — Mai-juin. — A.C.

481. P. Tormentilla Neck. — Prairies, pâturages humides, tourbières. — Dans tout le département. Plus rare dans la plaine. — Mai-août. — C.C.

482. P. hirta L. — Région calcaire méridionale, jusqu'à 150 m. — Côte du Rhône, jusqu'à Viviers. Basse vallée de l'Ardèche, d'où il remonte à Ucel. — Mai-juin. — R.

Var. angustifolia D. C. — Région méridionale. Rochers d'Estre au Pont-d'Arc. — R.

483. P. recta L. — Vieux murs, rochers, vers 600 m. — Vallée de l'Ardèche : Mayres. — Juin-juillet. — R.R.

484. P. reptans L. — Endroits pierreux, fossés, vignes, lisières des bois. — Partout, jusqu'à 500 m. — Juillet-août. — C.C.

485. P. fragariastrum Ehrh. — Terrains sablonneux, siliceux ou volcaniques, plus rarement sur calcaire, jusqu'à 900 m. — Toute la Côte du Rhône. Vallées de l'Ardèche, de l'Ouvèze, de l'Erieux, du Doux, de la Cance, de l'Ay, etc. Vallée de la Loire : Saint-Cirgues-en-Montagne, Cros-de-Géorand, Mazan, etc. — Avril-mai. — C.C.

486. P. micrantha Ram. — Terrains siliceux ombragés, jusqu'à 700 m. — Vallée de l'Ardèche : Fons, Mercuer, Aubenas, Prades, Vals-les-Bains, Saint-Andéol-de-Bourlenc, Saint-Michel-de-Boulogne, Saint-Etienne-de-Boulogne, Saint-Julien-du-Serre, etc. — Mars-mai. — A.C.

Comarum L.

487. Comarum palustre L. — Tourbières. — Toute la vallée de la Loire, de 1.200 à 1.700 m., ainsi que les vallées autour du Mézenc : Ardèche, Erieux. Monts des Boutières : Sainte-Eulalie, le Béage, lac d'Issarlès, Lachamp-Raphaël, Mézilhac, Cros-de-Géorand, Mazan, Sagnes-et-Goudoulet. Vallée de l'Espezonnette, vers Saint-Laurent-les-Bains, forêt de Bauzon, Borne, etc. — Juin-août. — P.R.

Fragaria L.

488. Fragaria vesca L. — Bois, landes, pâturages, etc. — Partout. — Mai-juillet. — C.C.

489. F. collina Ehrh. — Bois taillis des coteaux siliceux de la région septentrionale. — Vernosc, Ardoix, Saint-Jeurre-d'Ay, Etables, Vion. Vallée du Doux et la Côte du Rhône, de Serrières à Tournon. Bois du Lavoui à Bourg-Saint-Andéol. Vallée de l'Ardèche : Saint-Julien-du-Serre à Luolp. — Mai-juillet. — P.C.

Rubus L.

490. Rubus saxatilis L. — Pentes phonolitiques du Mézenc. — Juillet-août. — R.R.

491. R. idæus L. — Bois et rochers de toute la région montagneuse, au-dessus de 1.000 m. — Juin-août. — C.C.

492. R. albiflorus B. et N. — Bois, landes sur granit, vers 1.000 m. — Bassin de l'Allier: Saint-Laurent-les-Bains à Notre-Dame-des-Neiges. — Fleurs, juillet. — Fruits, août-septembre. — P.R.

493. R. bifrons Vest. — Bois, rochers, haies de la région montagneuse, siliceuse et volcanique, vers 1.000 m. — Vallée de la Loire : Cros-de-Géorand, Rieutord, Saint-Cirgues-en-Montagne, lac d'Issarlès. — Fleurs, juin-juillet. — Fruits, août-septembre. — A.C.

494. R. ulmifolius Schot. (*R. discolor* W. et N. part.). — Bords des chemins, haies, rochers, de 80 à 800 m. — Toute la Côte du Rhône. Vallée de l'Ardèche jusqu'à Antraigues, Laviolle, le Coiron. Vallée de l'Ouvèze, etc. — Fleurs, mai-juin. — Fruits, août-septembre. — C.C.

Var. *R. vulgatus* Sud. — Côte du Rhône septentrionale, de Tournon à Limony, Annonay. Vallée de l'Ardèche. Le Coiron : Saint-Etienne-de-Boulogne. — A.C.

Var. *R. anisodon* Sud. — Le Coiron. Vallon du Boulogne : Saint-Etienne-de-Boulogne, Saint-Michel-de-Boulogne. Vallon du Sandron : Saint-Andéol-de-Bourlenc. Côte du Rhône septentrionale : de Tournon à Andance. Vallée du Doux. — A.C.

Var. *R. anisodon*, Sous-var. *R. enoplostachys* Sud. — Saint-Etienne-de-Boulogne à Auzon. — R.

Var. *R. dilatatifolius* Sud. — Vallon de Celles-les-Bains. — A.R.

Var. *R. insignitus* M. T. — Côte du Rhône septentrionale : Vion, Sècheras, Cheminas, Arras, Sarras, Eclassan. Vallées de l'Ay, de la Cance. — P.C.

× *R. cuneifolius* Merc. (*ulmifolius* × *tomentosus*

canescens). — Voisinage des parents. — Région calcaire méridionale : Joyeuse. — R.

× *R. nothus* Sud. *(ulmifolius* × *Lloydianus).* — Haies, bois. — Côte du Rhône septentrionale, vers 200 m. Ravin d'Arras, Eclassan, Sècheras. Vallée de l'Ardèche, vers 300 m. : de Prades à Jaujac, Saint-Cirgues-de-Prades. — Fleurs, juin-juillet. — Fruits, août-septembre. — A.R.

495. R. thyrsoideus Wimm. — Broussailles de la basse vallée de l'Ardèche. — Vallon aux rochers d'Estres. — Fleurs, mai-juin. — Fruits, août-septembre. — R.

496. R. tomentosus Bork. — Haies, lieux stériles de la région méridionale, jusqu'à 200 m. — Basse vallée de l'Ardèche : Saint-Martin-d'Ardèche, Vallon, Joyeuse. Orgnac, Bessas, Labastide-de-Virac. — Fleurs, mai-juin. Fruits, août-septembre. — R.

Var. Canescens Wir. — Mêmes stations.

Var. glabratus God. — Mêmes stations.

Var. R. Lloydianus Genev. — Haies, rochers, bois, jusqu'à 400 m., dans la région siliceuse, volcanique. — Côte du Rhône septentrionale, au nord de Tournon jusqu'à Lemps, Sècheras, Cheminas, Saint-Jeurre-d'Ay, Eclassan, Arras, Sarras. — Fleurs, juin-juillet. Fruits, juillet-août. — P.C.

497. R. apiculatus Wh. et N. — Coiron calcaire et volcanique, de 800 à 900 m. — Roche-de-Gourdon, Escrinet. — Fleurs, juin. — Fruits, juillet-août. — R.

× *Var. R. dentispinus* Sud. var. *(apiculatus* × *cœsius).* — Roche-de-Gourdon, avec les parents. — R.

498. R. insericatus Müll. subsp. *R. silvigenus* Sudre. — Pâturages, lisières des bois de la région siliceuse et volcanique, vers 900 m. — Vallée de la Loire : Saint-Cirgues-en-Montagne, Lapalisse. — Fleurs, juillet. — Fruits, septembre. — P.R.

499. R. tereticaulis Müll. *(Var. derasifolius* Sud.). — Clairières des forêts de hêtres, de sapins, vers 1.300 m. — Vallée de la Loire : Suc-de-Bauzon. — Fleurs, juillet. — Fruits, août-septembre. — R.

500. R. Schleicheri Wh. et N. — Clairières des forêts de sapins, de hêtres, de 1.200 à 1.400 m. — Vallée de la Loire : Suc-de-Bauzon. — Fleurs, juillet. — Fruits, août. — R.

501. R. Bellardi W. et N. — Clairières des forêts de la haute région volcanique et siliceuse, de 1.100 à 1.400 m. — Vallée de la Loire : forêt de Mazan, Suc-de-Bauzon. — Fleurs, juillet. — Fruits, août-septembre. — A.C.

502. R. hirtus L. (*Var. minutiflorus* Müll., *var. violaceus* Sud. — Mêmes stations que les deux précédents. — Fleurs, juillet. — Fruits, août. — R.

503. R. obscurus Kalt (groupe) *Sbsp. R. erraticus* Sudre. — Région volcanique, de 1.100 à 1.400 m., dans les forêts : Suc-de-Bauzon, forêt de Mazan. — Fleurs, juillet. — Fruits, août-septembre. — P.R.

504. R. cæsius L. — Chemins, rochers, pâturages, bords des cours d'eau. — Partout, jusqu'à 1.200 m. — Fleurs, juin-juillet. — Fruits, juillet-août. — C.C.

× *R. assurgens* Boul. et B. (*cæsius* × *ulmifolius*). — Vieux murs, rochers. — Vesseaux à Valette. — Juin-août. — A.C.

Rosa L.

505. Rosa sempervirens L. — Haies, rochers, bords des cours d'eau de la région méridionale, surtout calcaire, jusqu'à 3oo m. — Vallée de l'Ardèche : Ucel, Saint-Julien-du-Serre, Aubenas, Vals-les-Bains. Côte du Rhône : du Teil à Jovyac, Rochemaure. — Mai-juin. — R.

506. R. pervirens Gren. — Haies, rochers, landes de la région méridionale calcaire, jusqu'à 35o m. — Vallée de l'Ardèche : Ucel, Saint-Julien-du-Serre, Vesseaux, Saint-Privat à Louyre. — Mai-juin. — R.

507. R. arvensis Huds.— Coteaux arides, broussailles, rochers. — Dans tout le département, jusqu'à 5oo m. — Mai-juin. — C.

508. R. villosa L. (compren. *R. pomifera* Herm. et *R. mollis*

Sm.). — Rochers volcaniques et siliceux, de 900 à 1.200 m. — Vallée de la Loire : lac d'Issarlès, Saint-Cirgues-en-Montagne, le long du Vernazon. Vallée de l'Espezonnette : de Saint-Etienne-de-Lugdarès à Luc (Lozère). — Juin-juillet. — A.R.

509. **R. rubrifolia** Vill. — Montagnes siliceuses. — Plateau du Tanargue. — Juin-juillet. — R.

510. **R. rubiginosa** L. — Pierrailles sèches, rochers, de 200 à 1.300 m. — Le Coiron : l'Escrinet, Roche-de-Gourdon. Vallée de l'Ardèche : Saint-Julien-du-Serre, Saint-Joseph-des-Bancs. Côte du Rhône : de Saint-Péray à Champis. — Juillet. — P.C.

Var. R. comosa Rip. — Haies. — Annonay. — A.R.

Var. R. echinocarpa Rip. — Haies, broussailles. — Annonay. — A.R.

511. **R. micrantha** Sm. — Pierrailles, rochers, bruyères, jusqu'à 400 m. — Vallée de l'Ardèche : Ucel, Saint-Julien-du-Serre, Jastre, Saint-Privat, Saint-Michel-de-Boulogne. Toute la Côte du Rhône. — Mai-juin. — A.C.

Var. R. Lemanii Bor. — Broussailles siliceuses. — Saint-Julien-du-Serre. — Mai-juin. — R.

Var. R. permixta Déségl.. — Haies, broussailles. — Annonay. — A.R.

512. **R. elliptica** Tausch. *(R. graveolens* Gren.) *var. R. Jordani* Déségl.). — Haies, broussailles, de 800 à 1.000 m. — Lalouvesc. — Juin-juillet. — R.

513. **R. agrestis** Savi. *(R. sepium* Thuill.). — Coteaux secs et pierreux. — Tout le département, **jusqu'à 500 m.** — Mai-juin. — R.

Var. R. parvifolia Rouy. — Landes, lisières des bois. — Côte du Rhône septentrionale : Arras, Lemps, Eclassan. Vallée de l'Ardèche : Ucel, Saint-Privat, Saint-Julien-du-Serre, Jastre. — Mai-juin. — C.C.

514. **R. canina** L. — Terrains rocailleux, de la plaine jusqu'à 800 m. — Partout. — Fleurs, mai-juin. — C.C.

Var. R. lutetiana Lem. — Toute la région calcaire de la vallée de l'Ardèche : Saint-Sernin, Vogüé, Saint-

Etienne-de-Fontbellon, Aubenas, Saint-Privat, etc. Le Coiron et vallée de l'Ouvèze. — Mai-juin. — A.C.

Var. R. dumalis Bechst. — Le Haut Coiron volcanique et calcaire : Roche-de-Gourdon, l'Escrinet. — P.C.

Var. R. verticillacantha Mérat. — Toute la région calcaire. — Vallée de l'Ardèche, de 100 à 400 m. : Balazuc, Lanas, Ruoms, Saint-Sernin, Saint-Julien-du-Serre, Vesseaux. Bas Coiron et vallée de l'Ouvèze. — P.C.

Var. R. andegavensis Bast. — Rochers siliceux ou volcaniques. — Bassin de l'Ardèche, vers 700 m. : de Burzet aux Sausses, Péreyres. — Juillet. — P.C.

515. **R. dumetorum** Thuill. — Vallée de l'Ardèche, jusqu'à 400 m. : Saint-Julien-du-Serre, Vals-les-Bains, Genestelle. Vallée de l'Ouvèze, jusqu'à Privas. Partie méridionale du département et basses pentes du Coiron. Mai-juillet. — A.C.

516. **R. obtusifolia** Desv. — Région méridionale, jusqu'à 200 m. — Vallon, Saint-Marcel-d'Ardèche, Bessas. — Mai-juin. — R.

517. **R. Pouzini** Tratt. — Toute la région méridionale, surtout calcaire, jusqu'au Coiron et Rochemaure : Vallon, les Vans, Joyeuse, Viviers, Villeneuve-de-Berg, Aubenas, Lavilledieu, Vogüé, Saint-Privat, Saint-Julien-du-Serre, etc. — Mai-juin. — P.C.

518. **R. glauca** Vill. (*R. Reuteri* Godet). — Chemins, haies de la région montagneuse, de 900 à 1.200 m. — Vallée de la Loire : Rieutord, Lapalisse, Saint-Cirgues-en-Montagne, lac d'Issarlès, Mazan. Vallée de l'Espezonnette : Saint-Etienne-de-Lugdarès. — Juin-juillet. — P.C.

Var. R. coriifolia Fries. — Plateau du Tanargue.

Var. R. subcanina Christ. — Rochers basaltiques bordant la Loire à Lapalisse, lac d'Issarlès. — P.C.

Var. R. intricata Gren. — Buissons, haies de la région montagneuse septentrionale, vers 1.000 m. — Lalouvesc. — Juin-juillet. — A.R.

519. R. alpina L. — Région montagneuse, volcanique et siliceuse, de 1.200 à 1.700 m. — Toute la vallée de la Loire : Lanarce, Mazan, Usclades, Sainte-Eulalie, Sagnes-et-Goudoulet, le Béage, Montfol, Mézenc. Hauts bassins de l'Ardèche : Ray-Pic ; de l'Allier. Plateau du Tanargue, de Mayres au rocher d'Avran.— Juillet-août. — A.C.

Var. *intermedia* G. G. — Bois du Suc-de-Bauzon, vers 1.200 m. — P.C.

Var. *Lamotteana* Rouy. — Vallée du Vernazon : Mazan, Saint-Cirgues-en-Montagne. — Juillet. — A.R.

Var. *subglobosa* Rouy. — Rochers volcaniques et siliceux, au-dessus de 900 m. — Mazan, Saint-Cirgues-en-Montagne. — R.

Var. *R. intercalaris* Déségl. — Rochers, éboulis phonolitiques. — Pentes du Mézenc.

Var. *R. adjecta* Déségl. — Rochers, éboulis phonolitiques. — Pentes du Mézenc.

Var. *R. lagenaria* Vill. — Rochers, éboulis phonolitiques. — Pentes du Mézenc.

520. R. pimpinellifolia L. — Sommets et pentes des hautes montagnes phonolitiques du Vivarais. — Montfol, Taupernas, Sépoux, Gerbier-de-Jonc, Pradoux, Mézenc, rocher d'Avran, etc. — Juillet. — P.C.

Var. *intermedia* G. G. — Mêmes stations.

Var. *inermis* D. C. — Montagnes. — Le Béage.

Var. *R. spinosissima* L. — Mêmes stations que *R. pimpinellifolia*. — Juillet. — R.

× *R. reversa* Waldst. et K. *(alpina × pimpinellifolia)*. — Anfractuosités des rochers phonolitiques, vers 1.700 m. — Mézenc, sur la pente Est. — Août. — R.R.

Agrimonia L.

521. Agrimonia Eupatoria L. — Chemins, voisinage des habitations, dans toute la région calcaire, jusqu'à 600 m. — Juin-août. — C.C.

522. A. odorata Mill. — Chemins, haies, lisières des bois, voisinage des habitations, dans la région siliceuse argileuse, jusqu'à 350 m. — Vallée de l'Ardèche et partie septentrionale du département. — Juin-août. — R.

Poterium L.

523. Poterium dictyocarpum Spach. — Terrains graveleux de la région méridionale, de 80 à 500 m. — Vallée de l'Ardèche, jusqu'à Thueyts, Jaujac, Lalevade-d'Ardèche, Prades, Vals-les-Bains, Ucel. Bas Coiron. Côte du Rhône : Saint-Martin-d'Ardèche, Saint-Marcel-d'Ardèche, Viviers, le Pouzin, Celles-les-Bains, etc. Vallée de l'Ouvèze. — Juillet-août. — A.C.

524. P. muricatum Spach. — Pâturages pierreux, prés, chemins. — Dans tout le département. — Août. — A.C.

525. P. Magnolii Spach. — Coteaux secs et chauds de la région méridionale, de 60 à 300 m., jusqu'au Coiron. — Vallée de l'Ouvèze et Côte du Rhône, jusqu'à Lavoulte, Bourg-Saint-Andéol, Labastide-de-Virac, Bessas, Saint-André-de-Cruzières, Viviers, Rochecolombe, Balazuc, Joyeuse, Ruoms, Païolive, Saint-Privat, Lavilledieu, Aubenas, etc. — Juillet. — P.R.

Sanguisorba L.

526. Sanguisorba officinalis L. — Prairies humides. — Dans tout le département. — Juin-septembre. — A.C.

Var. S. montana Jord. — Toute la vallée de la Loire et les hauts bassins de l'Ardèche, de l'Espezonnette, de Labeaume, de l'Erieux, de 1.000 à 1.700 m. — A.C.

Alchemilla L.

527. Alchemilla arvensis Scop. — Lieux arides, sablonneux. — De Vernoux, Lamastre aux Boutières. — Avril-juillet. — A.C.

528. A. saxatilis Buser. — Pelouses, rochers granitiques et volcaniques, de 900 à 1.754 m. — Toute la vallée de la Loire et hauts bassins de l'Ardèche, de l'Allier et de l'Erieux : Tanargue. Coiron : mont Charray, Roche-de-Gourdon. — Juin-août. — C.C.

Var. *A. basaltica* Buser. — Région volcanique, au-dessus de 1.200 m. — Avec le précédent, mais plus rare.

529. A. alpina L. *(A. glomerata* G. Camus). — Pelouses et rochers de la région phonolitique, vers 1.700 m. — Mézenc (Coste). — Juillet-août. — R.

Var. *A. Hoppeana* Buser *(A. asterophylla* Bus.). — Région phonolitique, au-dessus de 1.500 m.— Mézenc et haut bassin de l'Erieux. — Juillet-août. — R.R.

530. A. conjuncta Babington. — Pâturages, rochers siliceux. — De Saint-Joseph-des-Banc au Champ-de-Mars, vers Ranc-de-Veyre. — Juillet-août. — R.R.

531. A. Vetteri Buser. — Eboulis, pâturages de la région volcanique. — Vallée de la Loire, le long du Vernazon, à Saint-Cirgues-en-Montagne jusqu'à la Loire. Vallée de l'Ouvèze au mont Charray. — Juin-août. — R.

532. A. pubescens Lamk. *(A. minor* Buser). — Pâturages secs, genêts, bruyères, au-dessus de 900 m. — Vallée de la Loire. Hauts bassins de l'Ardèche, de l'Ouvèze, de l'Erieux : Rieutord, Sagnes-et-Goudoulet, Cros-de-Géorand, lac d'Issarlès, Lachamp-Raphaël, le Roux, Mayres, Astet, Mazan, Roche-de-Gourdon, Champ-de-Mars, Suc-de-Bauzon, etc. — Juillet-août. — A.C.

Var. *A. Lapeyrousii* Buser. — Mêmes localités que *A. pubescens* Lamk., avec lequel il est très souvent mélangé. — Juillet-août. — A.C.

Var. *A. flabellata* Buser. — Du Béage au lac d'Issarlès à Cherchemus. Plantations du Mézenc. — R.

533. A. vulgaris L. — Prés, bois, pâturages humides, au-dessus de 600 m. — Monts du Vivarais. Le Coiron. Monts des Boutières. — Mai-septembre. — C.C.

Var. *A. coriacea* Buser. — Hautes herbes, bords des sources, vers 1.700 m. — Mézenc .Champ-de-Mars. — Juillet-août. — C.

Var. *A. demissa* Buser. — Bords des eaux. — Champ-de-Mars.

Var. A. alpestris Schmidt. — Clairières des bois, entre 1.000 et 1.700 m. — Vallée de la Loire : Suc de Bauzon, Mazan, Bois d'Andéol, Lachamp-Raphaël, jusqu'au Mézenc. Hauts bassins de l'Ardèche et de l'Erieux. — A.C.

Var. A. pratensis Schmidt. — Pâturages, prairies humides. — Saint-Cirgues-en-Montagne, Ray-Pic, Saint-Etienne-de-Boulogne. — Juin-août. — A.C.

Var. A. colorata Briq. — Pelouses des sols volcaniques, de 1.000 à 1.300 m. — Roche-de-Gourdon, Champ-de-Mars. — Juillet. — A.C.

Mespilus L.

534. Mespilus germanica L. — Bois, haies, jusqu'à 300 m., où il n'est que subspontané.

Cratægus L.

535. Cratægus monogyna Jacq. *(C. oxyacantha* L. part.*).* — Bois, haies, broussailles. — Dans tout le département, jusqu'à 800 m. — Fleurs, avril. — Fruits, septembre. — C.C.

536. C. Crus-Galli L. — Haies, où il est planté.

Cotoneaster Médik.

537. Cotoneaster Pyracantha Spach. *(Cratægus Pyracantha* Médik.*).* — Haies, parcs, où il est planté. — « Forme de magnifiques buissons près d'Aubenas. » (Lamotte, *Prodrome*, p. 278.)

538. C. vulgaris Lindl. — Rochers des hautes montagnes volcaniques, de 1.500 à 1.750 m. — Montfol, Sépoux, Gerbier-de-Jonc, Mézenc. — Fleurs, avril-mai. — Fruits, juillet-août. — R.

Cydonia Tourn.

539. Cydonia vulgaris Pers. — Haies, jardins, vergers, où il est planté. — Fleurs, mai. — Fruits, octobre.

Pirus Tourn.

540. Pirus Malus L. — Haies, coteaux, jusqu'à 600 m., où il n'est que subspontané. — Vallées de la Fontaulière, de la Volane. Partie septentrionale du département : de Tournon à Annonay et basses pentes des Boutières. — Fleurs, mai. — Fruits, septembre-octobre. — P.C.

Var. *P. acerba* D. C. — Haies, bois de la région septentrionale, jusqu'à 500 m. — Vion, Lemps, Arras, Sècheras, Saint-Jeurre-d'Ay, environs d'Annonay. — Fleurs, mai. — Fruits, septembre-octobre.

541. P. communis L. — Bois, bords des chemins. — Cultivé et souvent subspontané. — Fleurs, avril-mai. — Fruits, septembre-octobre.

Var. *P. Achras* Gærtn. — Haies, bois de la région septentrionale. De Tournon à Lemps, Etables, Sècheras, Saint-Jeurre-d'Ay, Arras, Eclassan, Ardoix, etc. Fleurs, avril-mai. — Fruits, septembre.

542. P. amygdaliformis Vill. — Lieux secs, arides de la région méridionale jusqu'à Vogüé, Rochecolombe, Viviers. — Fleurs, avril-mai. — Fruits, septembre-octobre. — R.

Sorbus L.

543. Sorbus domestica L. — Cultivé et subspontané dans les bois. — Fleurs, mai. — Fruits, septembre-octobre.

544. S. Aucuparia L. — Bois de la région montagneuse, siliceuse et volcanique, au-dessus de 900 m. — Bassins de la Loire, de l'Allier : Suc-de-Bauzon, Saint-Cirgues-en-Montagne, forêt de Mazan, le Béage, Chartreuse-de-Bonnefoy, Gerbier-de-Jonc, Mézenc, Saint-Laurent-les-Bains. Massif du Tanargue. Bassin du Rhône. Rocher d'Avran. Bois du Lavoul, etc. — Fleurs, mai-juillet. — Fruits, septembre.

545. S. Chamæmespilus Crantz. — Rochers phonolitiques de la pente N.-O. du Mézenc. — Mont Sépoux, entre le Béage et Sainte-Eulalie. — Fleurs, **juin**. — Fruits, septembre. — R.R.

546. S. Aria Crantz. — Bois et rochers siliceux ou calcaires, de 300 à 1.200 m. — Côte du Rhône : Arras, Vion, Lemps, bois du Lavoul. Bassin de l'Ardèche : rocher d'Avran. Massif du Tanargue. Vals-les-Bains, Mercuer,, Saint-Julien-du-Serre. Le Coiron. Bassins de l'Ouvèze, du Doux, etc. — Fleurs, mai. — Fruits, septembre. — C.

547. S. torminalis Crantz. — Souvent planté autour des fermes de la région montagneuse, siliceuse et volcanique. Subspontané dans les bois, ravins de la même région. Bassin de la Loire. — Fleurs, mai-juin. — Fruits, septembre-octobre.

× *S. confusa* Gremli *(Aria × torminalis)*. — Même région que le précédent, et, comme lui, souvent planté autour des fermes. — Fleurs, mai-juin. — Fruits, septembre-octobre.

AMELANCHIER Médik.

548. Amelanchier vulgaris Mœnch. — Rochers, coteaux secs et pierreux, montagnes surtout calcaires ou volcaniques. — Des plaines au Mézenc. — Fleurs, avril-mai. — Fruits, août-septembre. — C.

Famille XXXII. — GRANATÉES

PUNICA L.

549. Punica Granatum L. — Coteaux calcaires de la basse région méridionale. — De Saint-Martin-d'Ardèche au Pont-d'Arc. Subspontané çà et là dans le bassin de l'Ardèche et les basses vallées du bassin du Rhône : Aubenas, Ucel, Saint-Privat, Saint-Julien-du-Serre, du Pouzin à Privas, Lavoulte, etc. — Fleurs, juin-juillet. — Fruits, septembre-octobre. — R.

Famille XXXIII. — ONAGRARIÉES

EPILOBIUM L.

550. Epilobium spicatum Lamk. — Bois, ravins de la région montagneuse, de 700 à 1.400 m. — Vallée de la Loire, vers la Chartreuse-de-Bonnefoy. Vallée de l'Ardèche, dans les ravins bordant la Pourseille, au-dessus de Montpezat. — Juin-septembre. — P.R.

551. **E. rosmarinifolium** Hæncke. — Graviers, talus des voies ferrées. — Vallée de l'Ouvèze, jusqu'à Privas. Toute la Côte du Rhône. — Juin-septembre. — A.C.

552. **E. hirsutum** L. — Bord des eaux. — Vallée de l'Ardèche, jusqu'à Saint-Privat à Louyre, Saint-Julien-du-Serre à Luolp, Vals, etc. — Paraît préférer les sols calcaires et volcaniques. — Juin-août. — A.C.

553. **E. parviflorum** Schreb. — Lieux humides. — Partout. — Juin-septembre. — C.C.

554. **E. Duriæi** Gay. — Bois des montagnes. — Suc-de-Bauzon, forêt de Mazan, Chartreuse-de-Bonnefoy. — Juillet-août. — P.C.

555. **E. montanum** L. — Toute la région montagneuse boisée et fraîche, au-dessus de 1.000 m. — Juin-septembre. — C.C.

Var. *E. silvaticum* Bor. — Bois au-dessus de 1.200 m. — Gerbier-de-Jonc, les Pradoux, Chartreuse-de-Bonnefoy, Mézenc. — Juillet-août. — P.C.

556. **E. collinum** Gmel. — Rochers, rocailles de toute la région siliceuse, volcanique. — Des plaines aux montagnes. — Partout. — Juillet-septembre. — A.C.

557. **E. lanceolatum** Seb. et Maur. — Bois, rocailles. — Bassin de l'Ardèche : Gravenne-de-Thuyets, Jaujac, Montpezat, Vals, Saint-Julien-du-Serre. Vallée de l'Ouvèze : mont Charray, plateau du Tanargue, de Mayres au rocher d'Avran, etc. — Juin-juillet. — P.C.

558. **E. tetragonum** L. — Lieux frais et ombragés. — Bassin de l'Ardèche, de 300 à 800 m. : Saint-Julien-du-Serre, Saint-Andéol-de-Bourlenc, Vals, Antraigues, Genestelle, Saint-Joseph-des-Bancs, Gourdon. Bassin de l'Ouvèze : bords du Mézayon. — Juillet-août. — A.C.

Var. *E. Lamyi* Schultz. — Lieux humides des terrains argileux. — Bassins de l'Ouvèze et de l'Ardèche. — Souvent associé à l'*E. tetragonum* L. — Juillet-août. — A.C.

559. E. obscurum Roth. — Bords des eaux, tourbières, de 400 à 1.600 m. — Dans la plus grande partie du département. Toutes les vallées partant du Mézenc. Chaîne des Boutières. De Saint-Julien-du-Serre à Saint-Joseph-des-Bancs ; de Vals à Laviolle, Mézilhac, etc. Le Béage, le Mézenc. — Juillet-août. — P.R.

× *E. Schmidtianum* Rostk. *(palustri × obscurum)*. — Tourbières, bords des eaux de la région montagneuse, siliceuse et volcanique, au-dessus de 1.000 m. — Vallée de la Loire : du Suc-de-Bauzon au Mézenc. — Juillet-août. — A.R.

560. E. palustre L. — Endroits tourbeux. — Des plaines au Mézenc. — Dans la plus grande partie du département : Aubenas, Mercuer. Vallée de la Volane. Mazan, Saint-Cirgues-en-Montagne, etc.— Juillet-août.— P.C.

Var. *majus* Fries. — Tourbières du Mézenc.

Var. *lavandulaefolium* Lec. et Lamt. — Mézenc.

561. E. alpinum L. — Tourbières des pentes ouest et sud-ouest du Mézenc. — Juillet-août. — R.

562. E. origanifolium Lamk. (*E. alsinefolium* Vill.). — Sources, bords des ruisseaux au-dessus de 1.200 m. — Cuze, Suc-de-Bauzon, Mézenc, les Pradoux. — Juillet-août. — R.

Œnothera L.

563. Œnothera biennis L. — Grèves des cours d'eau, de 60 à 500 m. — Bords de l'Ardèche, jusqu'à Saint-Pierre-de-Colombier. Bords de la Volane. Toute la Côte du Rhône. — Juin-août. — P.C.

Famille XXXIV. — CIRCÉACÉES

Circæa L.

564. Circæa lutetiana L. — Terres sablonneuses, humides, sources, jusqu'à 1.000 m. — Dans toute la région volcanique et siliceuse. — Juillet-août. — C.

565. C. intermedia Ehrh. — Ruisseaux des forêts au-dessus de

1.000 m. — Mazan, Suc-de-Bauzon, Chartreuse-de-Bonnefoy, le Béage, Sépoux, Mézenc, Gerbier-de-Jonc. — Juillet-août. — A.R.

Famille XXXV. HIPPURIDÉES

Hippuris L.

566. **Hippuris vulgaris** L. — Bords des eaux, mares, fossés. — Côte du Rhône. — Mai-août. — A.R.

Famille XXXVII. — HALORAGÉES

Myriophyllum L.

567. **Myriophyllum verticillatum** L. — Eaux stagnantes, lônes. — Toute la Côte du Rhône. — Juin-août. — A.C.
568. **M. spicatum** L. — Eaux stagnantes, lônes. — Toute la Côte du Rhône. — Juillet-août. — A.C.

Famille XXXVII. — CALLITRICHINÉES

Callitriche L.

569. **Callitriche vernalis** Kutz. — Vase des eaux stagnantes. — Côte du Rhône. — Avril-octobre. — C.
570. **C. platycarpa** Kutz. — Fossés, bords des cours d'eau. — Côte du Rhône. — Mai-septembre. — C.
571. **C. stagnalis** Scop. — Mares, fossés, ruisseaux. — Côte du Rhône. — Mai-juin. — C.

Famille XXXVIII. — CÉRATOPHYLLÉES

Ceratophyllum L.

572. **Ceratophyllum demersum** L. — Eaux paisibles, rivières. — Côte du Rhône. — Juillet-août. — A.R.

Famille XXXIX. — LYTHRARIÉES

Lythrum L.

573. **Lythrum Salicaria** L. — Prairies humides, bords des

eaux, jusqu'à 600 m. — Dans tout le département. — Juillet-septembre. — A.C.

574. L. Hyssopifolia L. — Lieux humides de la région méridionale, jusqu'à 150 m. — Bessas, Labastide-de-Virac, Saint-Sauveur-de-Cruzières, Saint-André-de-Cruzières. — Juillet-septembre. — R.

Peplis L.

575. Peplis Portula L. — Sables humides des cours d'eau. — Bords de l'Oise et du Luolp à Saint-Andéol-de-Bourlenc, Saint-Julien-du-Serre, Saint-Privat. — Juin-septembre. — R.

Famille XL. — TAMARISCINÉES

Tamarix L.

576. Tamarix gallica L. — Bords des cours d'eau de la région méridionale, jusqu'au Pont-d'Arc, Bourg-Saint-Andéol. — Mai-juin. — R.

Myricaria Desv.

577. Myricaria germanica Desv. — Graviers du Rhône et de la basse Ardèche. Entraîné des Alpes par les eaux du Rhône, de l'Isère, de la Drôme. — Juin-juillet.

Famille XLI. — CUCURBITACÉES

Bryonia L.

578. Bryonia dioica Jacq. — Buissons, haies, décombres, jusqu'à 400 m. — Tout le département. — Juin-juillet. — A.C.

Ecballium Rich.

579. Ecballium Elaterium Rich. — Lieux incultes, décombres de la partie méridionale, jusqu'à 150 m. — Beaulieu, Saint-André-de-Cruzières, Saint-Sauveur-de-Cruzières, Bessas, Vagnas, Labastide-de-Virac. — Juillet-septembre. — R.

Famille XLII. — PORTULACÉES

Portulaca L.

580. **Portulaca oleracea** L. — Lieux cultivés, chemins. — Partout, jusqu'à 600 m. — Juin-octobre. — C.C.
  Var. *vulgaris*. — C.C.
  Var. *sativa* D. C. — Cultivé. Subspontané.

Montia L.

581. **Montia minor** Gmel. — Pâturages siliceux, volcaniques, humides, de 200 à 1.200 m. — Partout. — Mai-octobre. — C.C.
582. **Montia rivularis** Gmel. — Sources, fossés, bords des eaux de la région siliceuse et volcanique, jusqu'à 1.200 m. — Juin-septembre. — C.C.

Famille XLIII. — PARONYCHIÉES

Polycarpon Lœfl.

583. **Polycarpon tetraphyllum** L. — Lieux sablonneux, pied des vieux murs. — Vals, Labégude, Ucel, Mercuer, Saint-Julien-du-Serre. Toute la Côte du Rhône. — Juillet-septembre. — A.R.

Paronychia Juss.

584. **Paronychia polygonifolia** D. C. — Eboulis volcaniques. — Vallée de la Loire : Rieutord, Suc-de-Bauzon, Montfol, Lauzière, Sépoux, Chartreuse-de-Bonnefoy, Gerbier-de-Jonc. Vallée de la Fontaulière : Lavestide-du-Pal, lac Ferrand, Dompnac, Valgorge, sur les pentes du Tanargue.

Herniaria L.

585. **Herniaria glabra** L. — Endroits incultes, de 100 à 1.400 m. — Dans toute la région siliceuse et volcanique. — Juillet-août.
586. **H. hirsuta** L. — Toute la région siliceuse, jusqu'à 800 m. — Côte du Rhône. — Mai-octobre. — C.C.

587. H. cinerea D. C. — Région siliceuse méridionale, d'où il remonte à Aubenas, Mercuer, Vals. — Juin-août. — R.

588. H. incana Lamk. — Lieux sablonneux calcaires de la région méridionale, jusqu'à 150 m. — Côte du Rhône: Saint-Martin-d'Ardèche, Saint-Marcel-d'Ardèche, Bessas, Beaulieu, etc. — Juin-août. — R.

CORRIGIOLA L.

589. Corrigiola littoralis L. — Sables des cours d'eau, rocailles siliceuses jusqu'à 1.300 m. — Dans tout le département. — Juillet-septembre. — C.C.

590. C. telephiifolia Pourr. — Pentes rocailleuses arides des montagnes gneissiques, de 300 à 900 m. — Bassin de l'Ardèche : Saint-Julien-du-Serre, Genestelle, Saint-Andéol-de-Bourlenc, de Saint-Joseph-des-Bancs au Champ-de-Mars, Saint-Michel-de-Boulogne et Saint-Etienne-de-Boulogne. — Juillet-septembre. — P.R.

SCLERANTHUS L.

591. Scleranthus perennis L. — Lieux sablonneux. — Dans tout le département. — Juin-septembre. — C.C.

× *S. intermedius* Kittel (*S. annuus* × *perennis* Gillot). Tournon, graviers du Doux, entre les parents (Constant Chatenier, in *Bull. Soc. bot. Fr.*, t. LVII, 1910, p. 124).

592. S. annuus L. — Lieux sablonneux, jusqu'à 1.400 m. — Juillet-septembre. — C.

593. S. uncinatus Schur. — Terrains sablonneux, siliceux et volcaniques. — Haut bassin de l'Ardèche. Vallée de la Loire : lac d'Issarlès, le Béage, Montfol, Bonnefoy, Gerbier-de-Jonc, Lanarce, Mazan. D'Arras à Cheminas, etc. — Juillet-septembre. — R.

Famille XLIV. — CRASSULACÉES

SEDUM L.

594. Sedum alpestre Vill. (*S. repens*, Schl.). — Région siliceuse au-dessus de 1.200 m. — Rocher d'Avran, mont Charray. — Juillet-août. — R.R.

595. S. annuum L. — Rochers, pelouses des montagnes siliceuses et volcaniques. — Massif du Tanargue. Hauts bassins de l'Ardèche, de l'Erieux, de l'Ouvèze, Boutières et tout le bassin de la Loire, de 1.000 à 1.700 m. — Juillet-août. — A.C.

596. S. Cepæa L. — Haies, fossés, lieux pierreux humides et ombragés. — Bassin de l'Ardèche, entre 300 et 700 m. Aubenas, Ucel, Vals, Mercuer, Saint-Andéol-de-Bourlenc, Antraigues, Laviolle, de Satillieu à Lalouvesc. Vallée du Doux, etc. — Juin-août. — A.C.

597. S. villosum L. — Prairies, pâturages tourbeux de la région siliceuse et volcanique, au-dessus de 900 m. — Dans la plus grande partie du département. Toute la vallée de la Loire : le Béage, Issarlès, Coucouron, Usclades, Sainte-Eulalie, Mézenc, Gerbier-de-Jonc, Bonnefoy, Lachamp-Raphaël, Mézilhac. Haut bassin de l'Erieux : Borée, la Rochette. Chaîne des Boutières. Hauts bassins de l'Ardèche et de l'Espezonnette : Tanargue, rocher d'Avran, Saint-Joseph-des-Bancs au Champ-de-Mars, etc. — Juillet-septembre. — A.C.

598. S. maximum Hoffm. — Rochers, bois de la région siliceuse et volcanique de la plus grande partie du département jusqu'au Mézenc. Côte du Rhône septentrionale : Arras, Eclassan, Preaux. Chaîne des Boutières jusqu'au Mézenc. Bassin de l'Ardèche : Péreyres, Ray-Pic, Vals, Mayres. Monts du Coiron au mont Combier. Vallée de la Loire, où il est commun. — Juillet-septembre. — P.R.

599. S. purpurascens Koch. — Rochers, bois humides. — Vallée de l'Ardèche : Vals-les-Bains, Burzet. Vallée de la Loire : rochers bordant la Loire, de Rieutord, Lapalisse, Jean-Blanc au lac d'Issarlès. — Juillet-août. — P.C.

600. S. album L. — En tous terrains. — Partout, jusqu'à 1.300 m. — Juin-août. — C.C.

Var. S. micranthum Bast. — Région siliceuse du

département, où il est mêlé au type. Vallée de l'Ardèche : Saint-Julien-du-Serre, Genestelle, Gourdon, Saint-Joseph-des-Bancs, Antraigues, etc. Bassins de l'Erieux, du Doux, de l'Ouvèze, etc. Côte du Rhône septentrionale, à partir de Tournon, etc. — Juin-août. — C.

601. S. hirsutum All. — Toute la région siliceuse (gneiss, micaschiste, granit, grès du trias) et la région volcanique. — De la Côte du Rhône au Mézenc. — Juillet-août. — C.C.

602. S. dasyphyllum L. — Vieux murs, rochers siliceux ou volcaniques, jusqu'à 1.300 m. — Côte du Rhône : Rochemaure, Arras, Vion, Sarras, Andance, Annonay. Chaîne des Boutières. Hauts bassins de l'Ardèche, de l'Erieux, de l'Ouvèze, du Doux. Vallée de la Loire, où il est commun dans les anfractuosités des falaises basaltiques bordant le fleuve en aval de Rieutord. — Juin-août. — A.C.

603. S. acre L. — Vieux murs, coteaux pierreux, sablonneux. — Dans tout le département, jusqu'à 1.300 m. — Juin-juillet. — C.C.

604. S. sexangulare L. (*S. boloniense* Lois.). — Lieux sablonneux, pâturages. — Côte septentrionale du Rhône, de Limony à Tournon. Bassin du Doux jusqu'à Lamastre. Vallée de l'Ay. — Juin-juillet. — A.C.

605. S. elegans Lej. (*S. pruinatum* Coss., non Link). — Pelouses, rochers de la région siliceuse et volcanique. — Partie septentrionale du département : de Satillieu à Lalouvesc, Névissac, Champis, Rochepaule. Chaîne des Boutières : Devesset, Saint-Agrève, Saint-Julien-Boutières. Tous les environs du Mézenc : les Pradoux, Gerbier-de-Jonc, Sainte-Eulalie, le Béage, Montfol. Haut bassin de l'Ardèche ; du rocher d'Avran à la Roche-de-Gourdon. — Juin-août. — A.R.

Var. S. aureum Wirgt. — Bois. — De Lavoulte à Celles-les-Bains. — R.

606. S. reflexum L. — Vieux murs, rochers, bords des bois.

— De la plaine à 1.400 m., dans tout le département.
— Juin-août. — C.

607. **S. anopetalum** D. C. — Rochers de la région calcaire, jusqu'à 300 m. — Côte du Rhône calcaire, jusqu'au Pouzin, Celles-les-Bains, Châteaubourg, le Teil, Rochemaure, Bourg-Saint-Andéol, Vallon, Païolive, Joyeuse, Viviers. Bas Coiron. Vallée de l'Ouvèze. — Juin-août. — P.C.

608. **S. altissimum** Poir. — Pentes rocailleuses de toute la région calcaire, jusqu'à 400 m. — Le Coiron : Villeneuve-de-Berg, Lavilledieu, Rochecolombe, Saint-Maurice-d'Ibie. Bassin de l'Ardèche jusqu'à Ucel, Saint-Privat, Vesseaux, rocher de Jastre, Aubenas. Vallée de l'Ouvèze, de Privas au Rhône. Côte du Rhône méridionale, jusqu'au Pouzin, Lavoulte, etc. — Juin-août. — A.C.

609. **S. rubens** L. — Vieux murs, terrains pierreux de la région siliceuse. — Côte du Rhône septentrionale : Serrières, Andance, Sarras, Arras, Vion, etc. Vallée du Doux, où il remonte jusqu'à Lamastre. — Mai-juillet. — P.C.

Sempervivum L.

610. **Sempervivum tectorum** L. — Rochers, vieux murs siliceux et volcaniques. Vallée de l'Ardèche : Roche-de-Gourdon, où il est abondant. — Juillet-septembre. — R.

Var. S. calcareum Jord. — Vallée cacaire du Chassezac : Païolive.

611. **S. arvernense** Lec. et Lamt. — Rochers de la Côte du Rhône septentrionale, de Tournon à Limony. Bassin supérieur de l'Ardèche : rocher d'Avran. — Juin-juillet. — P.R.

612. **S. arachnoideum** L. — Falaises basaltiques et rochers gneissiques, de 1.000 à 1.500 m. — Bassin de l'Ardèche : Péreyres, Ray-Pic. Vallée de la Loire : Lapalisse. — Juillet-août. — R.

Var. S. tomentosum Lehm et Schnitt. — Les Pradoux. — R.

Umbilicus D. C.

613. Umbilicus pendulinus D. C. — Rochers humides, vieux murs. — Partout, jusqu'à 800 m. — Mai-août. — C.

Famille XLV. — CACTÉES

Cactus L.

614. Cactus Opuntia L. *(Opuntia vulgaris* Mill.). — Vieux murs, jardins. — Naturalisé sur les rochers siliceux. —Vals au Prat. Côte du Rhône : ravin d'Arras. — Juin-août. — R.R.

Famille XLVI. — GROSSULARIÉES

Ribes L.

615. Ribes Uva-crispa L. — Toute la région siliceuse, volcanique, entre 700 et 1.300 m. — Le Coiron. Bassins de l'Ardèche, de l'Erieux, du Doux. Nord du département, où il descend à 400 m. vers Eclassan, Ozon, Monts des Boutières. Vallée de la Loire, etc. — Fleurs, avril-mai. — Fruits, août-septembre. — A.C.

616. R. nigrum L. — Fréquemment cultivé et parfois subspontané autour des habitations. — Fleurs, avril-mai. — Fruits, juillet-août.

617. R. petræum Wulf. — Pentes des montagnes siliceuses ou volcaniques au-dessus de 1.000 m. — Bassins de l'Ardèche et de l'Espezonnette : forêt de Bauzon, Mont Gros, rocher d'Avran. — Vallée de la Loire : Mazan, Suc-de-Bauzon, Saint-Cirgues-en-Montagne, Cros-de-Géorand, Usclades, Sainte-Eulalie, le Béage, Mézenc. — Fleurs, mai-juin. — Fruits, août. — A.R.

618. R. rubrum L. — Indigène dans les bois humides de la région siliceuse et volcanique, au-dessus de 1.000 m. — Bassin de la Loire. Vallée de la Véradeyre, de la Chartreuse-de-Bonnefoy au Béage, Mazan, Suc-de-Bauzon, Cros-de-Géorand, Saint-Cirgues-en-Montagne. — Fleurs, mai-juin. — Fruits, août — A.R. — Cultivé.

619. R. alpinum L. — Bois, éboulis de la région siliceuse et volcanique, au-dessus de 1.000 m. — Forêt de Bauzon, rocher d'Avran. Vallée de la Loire : mêmes localités que *R. petraeum* et *R. rubrum*. Bassin de l'Ouvèze : l'Escrinet, mont Charray. Partie septentrionale du département. Chaîne des Boutières jusqu'à Lalouvesc, d'où il descend dans les bois vers Satillieu, Vocance à la Roche-des-Vents, Ozon, etc. — Fleurs, mai-juin. — Fruits, juillet-août. — A.R.

Famille XLVII. — SAXIFRAGÉES

SAXIFRAGA L.

620. Saxifraga stellaris L. — Bords des sources, des ruisseaux de la région siliceuse et volcanique, de 900 à 1.700 m. — Vallée de la Loire : Mézenc, Chartreuse-de-Bonnefoy, le Béage, Issarlès, Saint-Cirgues-en-Montagne, Mazan, Lanarce. Hauts bassins de l'Ardèche, de l'Espezonnette, de l'Erieux, etc. — Juillet-août. — P.C.

621. S. rotundifolia L. — Bois des montagnes siliceuses et volcaniques, au-dessus de 1.000 m. — Vallée de la Loire : Mézenc, Chartreuse-de-Bonnefoy, Gerbier-de-Jonc, les Pradoux, Suc-de-Bauzon. Hauts bassins de l'Erieux, descend au Cheylard, Saint-Martin-de-Valamas. Haut bassin de l'Ardèche : Ray-Pic, rocher d'Avran, Tanargue, Cuze. Bassin de l'Espezonnette au mont Gros. — Juillet-août. — P.C.

622. S. granulata L. — Pâturages de la région siliceuse et volcanique. — Partout. — Avril-mai. — C.C.

623. S. tridactylites L. — Rochers, vieux murs de la région calcaire et volcanique, jusqu'à 400 m. — Vallée de l'Ardèche, où il remonte à Aubenas, Vesseaux, Saint-Julien-du-Serre, Saint-Privat à Louyre, etc. Les basses pentes du Coiron. Bassins de l'Ardèche, de l'Escoutay. Côte du Rhône et vallée de l'Ouvèze. — Mars-avril. — C.

624. S. pedatifida All. — Rochers siliceux, volcaniques, de 1.000 à 1.600 m. — Haut bassin de l'Ardèche : rocher d'Avran, le Tanargue. Bassin du Chassezac : des Vans à Villefort au plan de l'Elze ; de Laviolle à Mézilhac. Vallée de la Loire : Gerbier-de-Jonc. — Juin-juillet. — R.

625. S. hypnoides L. — Rochers, éboulis siliceux et volcaniques, de 200 à 1.600 m. — Dans la plus grande partie du département. Région septentrionale, de Serrières à Tournon. Châteaubourg, d'où il monte jusqu'à la chaîne des Boutières. Environs du Mézenc, d'où il descend dans les bassins de l'Erieux et de l'Ouvèze. Bassin de l'Ardèche, Tanargue, Coiron volcanique. — Mai-juillet. — C.

Sur les pentes inférieures du Coiron, Rochemaure, Jordan et Fourreau ont décrit les six formes suivantes :

S. helviensis, S. indivisa, S. vivariensis, S. vulcanorum, C. basaltica, S. laeta.

M. l'abbé Coste a trouvé à Mayres, en montant au rocher d'Avran :

× *S. Souliei* Coste *(hypnoides × pedatifida)* parmi les parents. Altitude, 1.000 m.

626. S. Aizoon Jacq. — Rochers basaltiques, éboulis volcaniques, de 900 à 1.500 m. — Bassin de l'Ardèche : de Péreyres au Ray-Pic, Lachamp-Raphaël. Vallée de la Loire : Mézenc, Pradoux. Vallon de la Véradeyre, Rieutord, Lapalisse à la Baraque. — Juillet-août. — A.R.

CHRYSOSPLENIUM L.

627. S. Chrysosplenium alternifolium L. — Rochers humides, bords des cours d'eau de la région montagneuse, siliceuse et volcanique, de 1.000 à 1.700 m. — Vallée de la Loire : Mézenc, Chartreuse-de-Bonnefoy, les Pradoux, Suc-de-Bauzon, Suc-de-la-Graille, près Saint-Cirgues-en-Montagne, forêt de Mazan, ravin de Gage. Haut bassin de l'Ardèche : rocher d'Avran, forêt de Bauzon. — Avril-juin. — R.

628. C. oppositifolium L. — Mêmes régions que le précédent, mais plus commun. — Bassin de l'Ardèche, jusqu'à Aubenas. Le Coiron. Bassin de l'Ouvèze, jusqu'au mont Charray et la Roche-de-Gourdon. Vallée de l'Erieux jusqu'au Cheylard. Bassin du Doux et Boutières. — Avril-mai. — A.C.

Famille XLVIII. — OMBELLIFÈRES

Astrantia L.

629. Astrantia major L. — Prairies, pâturages des montagnes de la région volcanique. — Mézenc (Lamotte). — Juin-août. — R.R.

Sanicula L.

630. Sanicula europæa L. — Bois, ravins ombragés de la région centrale et septentrionale, de 200 à 1.200 m. — De Serrières à Tournon. — Mai-juillet. — A.R.

Turgenia Hoffm.

631. Turgenia latifolia Hoffm. — Champs, moissons des terrains calcaires. Vallée de l'Ouvèze. De Privas à Chomérac. Plaine du Lac. Basse vallée de l'Ardèche : Berrias, Vals-les-Bains, Bessas, Vagnas. Côte du Rhône : Saint-Remèze, Bidon, Larnas, etc. — Juin-août. — R.

Caucalis Hoffm.

632. Caucalis daucoides L. — Vignes, moissons, champs incultes. — Dans tout le département, **jusqu'à 700 m.** — Juin-juillet. — C.C.

633. C. leptophylla L. — Moissons, vignes, endroits pierreux de la région méridionale. — Toute la Côte du Rhône jusqu'à Sarras. Vallée de l'Ardèche jusqu'à Aubenas, Ucel, Saint-Julien-du-Serre, Saint-Andéol-de-Bourlenc, Saint-Privat, l'Escrinet à 700 m., Vesseaux. Vallée de l'Ouvèze jusqu'à Privas. Basses vallées des affluents du Rhône, vallon de Celles-les-Bains. — **Juin-août**. — A.C.

Torilis Adans.

634. Torilis Anthriscus Gmel. — Bords des chemins, terrains incultes. Tout le département, jusqu'à 800 m. — Juin-août. — C.

635. T. arvensis Gren. (*A. helvetica* Gmel.). — Bords des chemins, moissons, surtout calcaires et argileux, de 80 à 400 m. — Dans tout le département. — Juin-juillet. — C.

636. T. heterophylla Guss. — Lieux arides, surtout de la région siliceuse et volcanique méridionale. — Vallée de l'Ardèche jusqu'à Aubenas, Vals, bois de Cuze, volcan de Craux, Genestelle, Saint-Andéol-de-Bourlenc, Saint-Julien-du-Serre, Saint-Michel-de-Boulogne, Ucel. Côte du Rhône septentrionale : Sarras, Arras, Vion, Tournon. Vallée du Doux. — Juin. — P.C.

637. T. nodosa Gærtn. — Bords des chemins, lieux pierreux de toute la région méridionale. — Vallon, Pont-d'Arc, Aubenas, Vals, Prades, Saint-Privat, Saint-Julien-du-Serre, Saint-Andéol-de-Bourlenc. Côte du Rhône. Vallée de l'Ouvèze jusqu'à Privas. Vallées de l'Erieux, du Doux, etc. — Mai-juin. — A.C.

Daucus L.

638. Daucus Carota L. — Prairies et moissons. — Dans tout le département. — Juin-septembre. — C.C.

Var. exigua Herm. — Forme naine des lieux arides. — C.

Orlaya Hoffm.

639. Orlaya grandiflora Hoffm. — Moissons, broussailles, rochers en tous terrains, de 80 à 400 m. — Tout le bassin de l'Ardèche, jusqu'à Aubenas, Vals-les-Bains, Saint-Julien-du-Serre. Coiron. Vallée de l'Ouvèze, du Pouzin au mont Charray. Toute la Côte du Rhône. D'Annonay à Lalouvesc. La plus grande partie du département. — Juin-août. — A.C.

640. O. platycarpos Koch. — Moissons de la région méridionale. — Bassin de la Cèze : Bessas, Saint-André-de-Cruzières, Vagnas, Beaulieu, Vallon. — Juin-septembre. — A.R.

Thapsia L.

641. Thapsia villosa L. — Rochers calcaires de la vallée inférieure de l'Ardèche. — Pont-d'Arc (Ab. Soulié). — Mai-juin. — R.R.

Laserpitium L.

642. Laserpitium latifolium L. — Bois, rochers des montagnes siliceuses et volcaniques, de 1.000 à 1.700 m. — Mézenc, Montfol, Chartreuse-de-Bonnefoy, Gerbier-de-Jonc. De Montpezat au Pal. Bois de Cuze. Massif du Tanargue, rocher d'Avran, etc. — Juillet-août. — A.R.

643. L. gallicum L. — Rochers des montagnes calcaires. — Côte du Rhône : de Cruas à Tournon. Vallon de Celles-les-Bains. — Juin-juillet. — R.

644. L. pruthenicum L. — Prés et bois humides, au-dessus de 1.000 m. — Mazan, Suc-de-Bauzon. — Juillet-août. — R.R.

Angelica L.

645. Angelica silvestris L. — Bois, broussailles humides, saulaies bordant les cours d'eau. — Vallée de la Loire. Hauts bassins de l'Ardèche, de l'Espezonnette, de l'Erieux, de l'Ouvèze ; descend aux bords du Rhône. — Juillet-août. — C.

Var. A. montana Schl. — Bords des cours d'eau au-dessus de 1.000 m. — Bords de la Loire, de Sainte-Eulalie à Lapalisse. — R.

646. A. pyrenæa Spreng. *(Selinum pyrenaeum* Gouan.). — Pâturages, prairies de la région siliceuse et volcanique, au-dessus de 1.000 m. — Vallée de la Loire : Mazan, Chartreuse-de-Bonnefoy, Gerbier-de-Jonc, Cros-de-Géorand, Mazan, lac d'Issarlès. Haut bassin de l'Ardèche : Champ-de-Mars, massif du Tanargue, rocher d'Avran, forêt de Bauzon, Ray-Pic, etc. Vallée de l'Espezonnette : Saint-Etienne-de-Lugdarès. Vallée de la Bourne : Saint-Laurent-les-Bains, etc. — Juillet-septembre. — P.R.

Levisticum Koch.

647. Levisticum officinale Koch. — Cultivé dans les jardins de la région montagneuse sous le nom de « l'*âpi bastard, herbo di plourèsi* ». Ruines de la Chartreuse-de-Bonnefoy, où il est subspontané. — Juillet-août.

Peucedanum L.

648. Peucedanum carvifolium Vill. — Pâturages humides des sols volcaniques, vers 1.000 m. — Roche-de-Gourdon. — Juillet-août. — R.R.

649. P. glaucum Gaud. (*P. Cervaria* Cuss.). — Rochers, pelouses des coteaux calcaires arides. — Toute la Côte du Rhône. Vallée de l'Ardèche, jusqu'à Lanas, Vogüé, Saint-Sernin, Aubenas, Saint-Julien-du-Serre, etc. Le Coiron. Vallée de l'Ouvèze. — Août-septembre. — A.C.

650. P. Oreoselinum Mœnch. — Bois, prairies humides, surtout de la région siliceuse et volcanique. — Dans tout le département, jusqu'au Mézenc. — Août-septembre. — C.

651. P. alsaticum L. — Haies, talus, endroits pierreux. — Côte du Rhône : Ozon, Sarras, Vion, Tournon, partie méridionale près du confluent de l'Ardèche. Lavoulte, vallon de Celles-les-Bains. — Juillet-août. — R.

652. P. Ostruthium Koch. — Bords des eaux des hautes montagnes. — Mézenc, Chartreuse-de-Bonnefoy, Gerbier-de-Jonc, le Béage, lac d'Issarlès. Bords de la Loire à Lapalisse, Saint-Cirgues-en-Montagne, Mazan. Hauts bassins de l'Ardèche et de l'Erieux, Lachamp-Raphaël, Ray-Pic, le Tanargue. — Juillet-août. — P.C.

Pastinaca L.

653. Pastinaca silvestris Mill. (*P. pratensis* Jord.). — Prés, lieux frais de la plaine. — Toute la Côte du Rhône et basses vallées de ses affluents. — Juillet-août. — C.

Var. P. *teretiuscula* Jord. — Côte du Rhône septentrionale : Andance, Sarras, Arras, Tournon. — C.

654. **P. opaca** Bernh. — Lieux frais, chemins. — Vallée de l'Ardèche, jusqu'à Aubenas, Vals-les-Bains, Mercuer, etc. — Août-septembre. — C.

655. **P. urens** Req. — Lieux cultivés et incultes autour de Privas. — Juillet-septembre. — R.

Heracleum L.

656. **Heracleum Sphondylium** L. — Prés, bois humides. — Dans tout le département, de 400 à 1.200 m., autour du Suc-de-Bauzon. Chaîne des Boutières, etc. — Juin-juillet. — C.

657. **H. Lecoqii** Gr. G. — Prés, bois humides. — Dans toute la région montagneuse, où il est souvent mêlé au précédent. S'élève à 1.600 m. autour du Mézenc, d'où il descend dans toutes les vallées y prenant naissance. Hauts bassins de l'Ardèche et de l'Espezonnette. — Juin-juillet. — C.

Tordylium L.

658. **Tordylium maximum** L. — Lieux secs, terres incultes. — Toute la vallée de l'Ardèche, de 180 à 500 m. : Saint-Didier-sous-Aubenas, Saint-Sernin, Aubenas, Vals, Saint-Andéol-de-Bourlenc, Asperjoc, Ucel, Saint-Julien-du-Serre, Mercuer, etc. Vallée de l'Ouvèze jusqu'à Privas. Vallée du Doux. — Juin-août. — P.C.

Meum Jacq.

659. **Meum athamanticum** Jacq. — Toutes les prairies de la région siliceuse et volcanique au-dessus de 900 m., jusqu'au Mézenc, Gerbier-de-Jonc, et vallées y prenant naissance. Bassins de l'Erieux, de l'Ouvèze. Montagnes autour des sources de l'Ardèche, forêt de Bauzon, rocher d'Avran, etc. — Juillet-août. — A.C.

Silaus Bernh.

660. Silaus pratensis Bess. — Fossés, prairies humides. — Bords du Rhône. Vallée de l'Ardèche jusqu'à Aubenas, Labégude, Ucel, Saint-Julien-du-Serre. Vallée de l'Ouvèze. — Juillet-septembre. — C.

Seseli L.

660bis. Seseli montanum L. — Coteaux secs, surtout calcaires. Côte du Rhône : le Teil, le Pouzin, Lavoulte, Arras. — Juillet-octobre. — R.R.

661. Seseli tortuosum L. — Toute la partie calcaire de la Côte du Rhône. — Vallée de l'Ardèche et bas Coiron jusqu'au rocher de Jastre, Lavilledieu, Vogüé, Rochecolombe, etc. — Juillet-septembre. — A.C.

662. S. elatum L. — Rocailles calcaires et volcaniques de la région méridionale de la Côte du Rhône. — Saint-Remez à la Dent-de-Retz ; Rochemaure. — Août-septembre. — R.

Æthusa L.

663. Æthusa Cynapium L. — Moissons, décombres, jardins. Lapalisse, dans le village. — Eté-automne.

Fœniculum Adans.

664. Fœniculum officinale All. — Coteaux arides, talus des voies ferrées. — Toute la Côte du Rhône. Du Teil à Aubignas, Aubenas, Vesseaux, Balazuc. Partie méridionale. — Juillet-août. — A.C.

Œnanthe L.

665. Œnanthe peucedanifolia Poll. — Prairies humides. — Vallon d'Oise à Saint-Andéol-de-Bourlenc, Genestelle, Saint-Joseph-des-Bancs. Vallée de la Loire : entre Montfol et les Jallades. — Juin-juillet. — R.

665bis. Œ. fistulosa L. — Marais et fossés. — De Vernoux à Boffres. — Juin-septembre. — R.

Bupleurum L.

666. Bupleurum rotundifolium L. — Vignes, champs caillouteux de la région calcaire de tout le département, jusqu'à 400 m. — Mai-juillet. — C.

667. B. protractum Link et Hoffm. — Vignes, champs de la région calcaire méridionale. — Bessas, Vagnas, Saint-André-de-Cruzières, Saint-Sauveur-de-Cruzières. Vallée du Chassezac : Païolive. Vallée de l'Ardèche, jusqu'à Joyeuse. Côte du Rhône jusqu'à Baix. — Juin-juillet. — P.C.

668. B. junceum L. — Rochers, lieux pierreux, de 80 à 500 m. — Dans tout le département. — Juillet-août. — A.C.

669. B. aristatum Bartl. — Lieux secs, pierreux et calcaires, de 80 à 400 m. — Côte du Rhône : Peyraud, Tournon, le Pouzin, Saint-Remèze. Vallée de l'Ardèche : de Saint-Martin-d'Ardèche au Pont-d'Arc, Joyeuse, Mont-Vinobre à Saint-Sernin, Vogüé, Aubenas, Rochecolombe, Ucel, Saint-Julien-du-Serre, Vesseaux. Basses pentes du Coiron. Vallée de l'Ouvèze. — Juin-août. — P.C.

670. B. ranunculoides L. — Rochers phonolitiques de la pente Est du Mézenc, vers 1.740 m. — Juillet-août. — R.R.

671. B. falcatum L. — Bois, coteaux calcaires de la région méridionale, jusqu'à 500 m. — Vallée de l'Ouvèze, jusqu'au mont Charray. Limite du Gard. Basse vallée de l'Ardèche. Côte du Rhône. — Juillet-octobre. — P.C.

672. B. fruticosum L. — Coteaux arides de la région méridionale. — Joyeuse, Saint-Paul-le-Jeune, limites S.-O. de l'Ardèche vers le Gard, Tournon. — Juillet-septembre. — R.R.

Trinia Hoffm.

673. Trinia vulgaris D. C. — Pelouses des coteaux calcaires, arides, de 100 à 500 m. — Côte du Rhône jusqu'à Peyraud. Vallée de l'Ardèche jusqu'à Aubenas, Saint-Privat, Mercuer, Saint-Julien-du-Serre. Basses pentes du Coiron. Vallées de l'Escoutay et de l'Ouvèze. — Mai-juin. — A.C.

Petroselinum Hoffm.

674. Petroselinum sativum Hoffm. — Cultivé dans les jardins. — Subspontané.

Apium L.

675. Apium graveolens L. — Cultivé dans les jardins.

Ptychotis Koch.

676. Ptychotis heterophylla Koch. — Coteaux arides, pierrailles. — Côte du Rhône méridionale, d'où il remonte jusqu'à Viviers, le Teil, Baix, le Pouzin, Tournon. Le Coiron, l'Escrinet. Vallée de l'Ouvèze. — Juillet-août. — P.C.

Helosciadium Koch.

677. Helosciadium nodiflorum Koch. — Fossés, sources, jusqu'à 500 m. — Dans tout le département. — Juin-août. — C.C.

Ægopodium L.

678. Ægopodium Podagraria L. — Haies, bois, prés humides, jusqu'à 800 m. — Dans la plus grande partie du département. — Mai-juin. — C.

Pimpinella L.

679. Pimpinella saxifraga L. — Pâturages, rochers. — Tout le département. — Juillet-octobre. — C.C.

Var. rotundifolia Beck. — Rochers, éboulis calcaires de la Côte du Rhône méridionale, jusqu'au Teil, Cruas, le Pouzin, Lavoulte. Basses pentes du Coiron. Basses vallées de l'Ardèche, de l'Ouvèze, etc. — Juillet-octobre. — A.R.

Conopodium Koch.

680. Conopodium denudatum Koch. — Prairies, sol détritique des forêts de la région siliceuse et volcanique.— Dans tout le département. — Mai-août. — C.

Ammi L.

681. Ammi majus L. — Champs de la région calcaire méridionale. — Côte du Rhône, où il remonte vers Viviers. Basses pentes du Coiron. Vallée de l'Ardèche : Saint-Etienne-de-Fontbellon, Lachapelle-sous-Aubenas, Saint-Sernin, Vinezac, Rochecolombe, Vogüé, Mercuer, Vals, Joyeuse. — Juillet-août. — P.C.

Bunium L.

682. Bunium Bulbocastanum L. — Champs des terrains calcaires de la région méridionale. — Bessas, Vagnas, Labastide-de-Virac, Saint-André et Saint-Sauveur-de-Cruzières, Païolive. Pont-d'Arc au vallon du Fons. Côte du Rhône méridionale. Bassin du Doux : Lamastre. — Juin-juillet. — R.

683. B. verticillatum G. G. — Prairies humides des terrains siliceux et volcaniques, au-dessus de 900 m. — Tout le plateau ardéchois des bassins de la Loire, de l'Ardèche, de l'Erieux, du Doux. Chaîne des Boutières, etc. Mézenc, Borée, Saint-Martial, Gerbier-de-Jonc, Montfol, le Béage, lac d'Issarlès, Lachamp-Raphaël, Mézilhac, le Cheylard, Saint-Etienne-de-Lugdarès, Saint-Laurent-les-Bains. Champis, etc. — Juin-septembre. — A.C.

684. B. Carvi Bieb. *(Carum Carvi* L.*)*. — Prairies des montagnes. — Tous les bassins de la Loire, de l'Ardèche, de l'Espezonnette, de l'Erieux : de Montpezat au Pal. Cratère de Lavestide-du-Pal, le Béage, Rieutord, Usclades, Mézenc, Borée, Saint-Laurent-les-Bains. — Mai-août. — P.C.

Sium L.

685. Sium latifolium L. — Marais, eaux stagnantes. — Côte du Rhône septentrionale. — Juin-septembre. — R.

686. S. angustifolium L. *(Berula angustifolia* Koch.). — Fossés, ruisseaux. — Dans tout le département, jusqu'à 400 m. — Juillet-septembre. — C.

Scandix L.

687. Scandix Pecten-Veneris L. — Moissons, vignes. — Tout le département, jusqu'à 900 m. — Mai-juin. — C.C.
688. S. australis L. — Rocailles, rochers calcaires de la région méridionale. — Côte du Rhône. Vallée de l'Ardèche, jusqu'au mont Vinobre, à Saint-Sernin, Rocher de Jastre à Aubenas. — Mai-juin. — R.

Anthriscus Hoffm.

689. Anthriscus vulgaris Pers. — Lieux incultes, broussailles, prairies, décombres. — Tout le département, jusqu'à 600 m. — Mai-juin. — C.
690. A. Cerefolium Hoffm. — Cultivé. Subspontané.
691. A. silvestris Hoffm. — Prés, bois humides, jusqu'à 1.500 m. — Dans tout le département. — Mai-juin. — C.C.
   Var. *A. alpinus* Jord. — Pâturages des Estables au Mézenc. — Juillet. — A.C.

Myrrhis Scop.

692. Myrrhis odorata Scop. — Prés humides des montagnes. — Péreyres, Ray-Pic, Chartreuse-de-Bonnefoy. Souvent cultivé dans les jardins de la région montagneuse. — Juin-juillet. — R.

Chærophyllum L.

693. Chærophyllum aureum L. — Pâturages, prés, bois, de la région siliceuse et volcanique, de 1.000 à 1.600 m. — Monts du Coiron : Roche-de-Gourdon ; de Montpezat au Pal, Coucouron, Mézenc, Chartreuse-de-Bonnefoy. — Juin-juillet. — R.

694. C. Cicutaria Vill. — Prairies humides de la région avoisinant le Mézenc, Gerbier-de-Jonc, Montfol, Coucouron, etc. — Juin-août. — P.C.
695. C. temulum L. — Haies, champs. — Commun jusqu'à 5oo m. — Juin-juillet. — C.C.

Conium L.

696. Conium maculatum L. — Décombres, voisinage des habitations, bords des eaux jusqu'à 4oo m. — Côte du Rhône. — Juin-août. — R.

Eryngium L.

697. Eryngium campestre L. — Chemins, voisinage des habitations. — Partout jusqu'à 1.200 m. — Juin-octobre. — C.C.

Famille XLIX. — ARALIACÉES

Hedera L.

698. Hedera Helix L. — Vieux murs, bois, chemins. — Dans tout le département, jusqu'à 1.200 m. — Fruits, février-mars. — Fleurs, septembre-octobre. — C.C.

Cornus L.

699. Cornus mas L. — Haies, bois des terrains calcaires. — Côte du Rhône, jusqu'à Viviers. Vallée de l'Ardèche, jusqu'à Saint-Privat à Louyre. Aubenas au rocher de Jastre. — Fleurs, février-mars. — Fruits, septembre-octobre. — P.C.
700. C. sanguinea L. — Haies, broussailles. — Tout le département, jusqu'à 5oo m. — Fleurs, mai-juin. — Fruits, septembre-octobre. — C.C.

Troisième Classe. — MONOPÉTALES

Famille LI. — CAPRIFOLIACÉES

Adoxa L.

702. Adoxa Moschatellina L. — Bois de la région montagneuse, de 1.000 à 1.700 m. — Suc-de-Bauzon, Lanarce, Mazan, Saint-Cirgues-en-Montagne, Montfol, Chartreuse-de-Bonnefoy, le Bez. Sources du Mézayon, Mézenc. Plateau du Tanargue, rocher d'Avran. — Mai-juin. — P.C.

Sambucus L.

703. Sambucus Ebulus L. — Chemins, champs incultes. — Tout le département, surtout dans la région calcaire et argileuse, jusqu'à 400 m. — Juin-août. — C.

704. S. nigra L. — Haies et bois. — Dans la plus grande partie du département, jusqu'à 1.000 m., où il n'est le plus souvent que subspontané. — Juin-juillet. — A.C.

705. S. racemosa L. — Bois de la région siliceuse et volcanique, de 900 à 1.400 m. — Vallée de la Loire : Mazan, Suc-de-Bauzon, Suc-de-la-Graille, Saint-Cirgues-en-Montagne. Plateau du Tanargue, rocher d'Avran. — Avril-mai. — P.C.

Viburnum L.

706. Viburnum Lantana L. — Haies, lisières des bois, surtout calcaires. — Côte du Rhône. Partie septentrionale du département : de Limony à Tournon. Bas Coiron. Vallées de l'Ardèche, de l'Ouvèze, etc. — Mai. — C.

Lonicera L.

707. Lonicera etrusca Santi. — Bois, coteaux secs de la région calcaire méridionale. — Toute la Côte du Rhône. Vallée de l'Ardèche, jusqu'à Saint-Sernin, Saint-Privat. Vesseaux. Coiron. Vallée de l'Ouvèze, jusqu'à Privas,

Saint-Remèze, Berrias, Bessas. Vallée du Doux, etc. — Mai-juillet. — P.C.

708. L. implexa Arr. — Coteaux, lieux secs de la région méridionale. — Saint-Martin-d'Ardèche. Basses vallées de l'Ardèche, de l'Escoutay. — Mai-juin. — R.

709. L. Periclymenum L. — Haies, bois. — Partout. — Mai-juillet. — C.

710. L. Xylosteum L. — Haies, bois. — Mai-juin. — C.C.

711. L. nigra L. — Haute vallée de la Loire : Suc-de-Bauzon, Mazan, Lanarce, Chartreuse-de-Bonnefoy. Plateau du Tanargue. — Mai-août. — R.

712. L. cærulea L. — Bois, vers 1.300 m. — Mézenc, Gerbier-de-Jonc, Chartreuse-de-Bonnefoy. — Mai-juillet.— R.

713. L. alpigena L. — Eboulis volcaniques. — Bois d'Andéol, près le Montfol. Gerbier-de-Jonc, Mézenc. — Juin-juillet. — P.C.

Famille LII. — RUBIACÉES.

Sherardia L.

714. Sherardia arvensis L. — Champs, rocailles. — Mai-juillet. — C.

Asperula L.

715. Asperula odorata L. — Sol détritique des bois montagneux au-dessus de 1.000 m., dans la plus grande partie du département. Plateau du Tanargue, rocher d'Avran, forêts de Bauzon, de Mazan, Suc-de-Bauzon, Saint-Cirgues-en-Montagne, Lanarce, Lachamp-Raphaël, Sainte-Eulalie, Chartreuse-de-Bonnefoy. Vallée de l'Allier. Monts des Boutières, etc. — Juin-août. — A.C.

716. A. cynanchica L. — Pelouses sèches, pierreuses. — Partout, jusqu'à 1.600 m. — Juin-septembre. — C.C.

717. A. arvensis L. — Moissons, vignes, surtout des terrains calcaires, jusqu'à 900 m. — Dans tout le département. — Avril-juillet. — C.

718. A. galioides M. B. (*Galium glaucum* L.). — Rochers calcaires des basses vallées du Chassezac et de l'Ardèche : Païolive, Beaulieu. Région méridionale : Bessas, Labastide-de-Virac, Saint-André et Saint-Sauveur-de-Cruzières. — Mai-juillet. — R.

Crucianella L.

719. Crucianella angustifolia L. — Coteaux, rochers siliceux et volcaniques. — Toute la Côte du Rhône siliceuse. Vallée de l'Ardèche, jusqu'à 600 m. : Genestelle, Saint-Andéol-de-Bourlenc, vallon du Boulogne. Le Coiron. Vallées de l'Ouvèze, de l'Erieux, du Doux, de la Cance, de l'Ay, etc. — Mai-juillet. — C.

Rubia L.

720. Rubia tinctorum L. — Subspontané. — Juin-juillet. — R.
721. R. peregrina L. — Bois, rochers, pierrailles, surtout calcaires. — La plus grande partie de la Côte du Rhône. Région septentrionale, sur micaschiste. Tout le département, jusqu'à 500 m. — Juin-juillet. — A.C.

Galium L.

722. Galium Cruciata Scop. — Haies, bords des chemins, prés. — Dans tout le département. — Avril-juin. — C.C.
723. G. rotundifolium L. — Pelouses, clairières des bois de la région montagneuse, au-dessus de 1.200 m. — Haute vallée de la Loire : Suc-de-Bauzon, Chartreuse-de-Bonnefoy, bois d'Andéol, Gerbier-de-Jonc, le Béage, Sainte-Eulalie, lac d'Issarlès, Mazan. — Juillet-août. — P.R.
724. G. verum L. — Prairies, pâturages. — Dans tout le département, jusqu'à 1.700 m. — Juin-juillet. — C.C.
   Var. *alpinum* Timbal. — De Montfol au Mézenc, dans les pâturages.
725. G. Mollugo L. (*G. elatum* Thuil.). — Broussailles, pâturages humides de la vallée de la Loire. — Juillet-septembre. — C.

Var. *G. dumetorum* Jord. — Rocailles de la région septentrionale. — Serrières, Andance, Tournon. — P.C.

726. G. erectum Huds. — Rochers, pâturages de la région siliceuse, volcanique, de 700 à 1.200 m. — Saint-Joseph-des-Bancs à Prat-Berthon, Champ-de-Mars. Bords de la Loire à Lapalisse. Côte du Rhône : Champis, Saint-Péray, Saint-Romain-de-l'Air. — Juillet-août. — P.C.

727. G. rigidum Vill. — Rochers et pierrailles en tous terrains. — Région méridionale, jusqu'à Aubenas, Ucel, Saint-Privat, Saint-Julien-du-Serre. Le Coiron. Côte du Rhône. Vallée de l'Ouvèze : du Pouzin au mont Charray. Vallée inférieure de l'Erieux. — Juillet-août. — A.C.

728. G. corrudæfolium Vill. — Rochers, éboulis calcaires de la région méridionale, d'où il remonte à Rochecolombe, Lanas, Balazuc, Vogüé, Lavilledieu, Aubenas, Saint-Privat. Basses pentes du Coiron. Vallée de l'Escoutay. Côte du Rhône, jusqu'à Celles-les-Bains et Châteaubourg. — Juin-août. — A.R.

Var. *G. viridulum* Jord. — Eboulis, rochers siliceux. — Côte du Rhône septentrionale : de Tournon à Serrières. Vallée inférieure du Doux. — Juin-août. — A.R.

729. G. obliquum Vill. (*G. myrianthum* Jord.). — Pelouses, rocailles des coteaux calcaires arides de la région méridionale jusqu'à Saint-Sernin, Aubenas, Ucel, Saint-Julien-du-Serre. Côte du Rhône : Viviers, le Teil, jusqu'à Châteaubourg. Vallée de l'Ouvèze, du Pouzin à Privas. — Juin-juillet. — A.R.

Var. *G. luteolum* Jord. — Chênaies, broussailles de la basse région calcaire méridionale, jusqu'à 350 m. — Coiron. Vallée de l'Ardèche, jusqu'à Saint-Privat, Vesseaux, Saint-Julien-du-Serre. — Juin-juillet. — R.

730. G. Jordani Loret. — Pelouses des coteaux arides, surtout calcaires. — Mont Vinobre à Saint-Sernin. Vogüé, Lachapelle-sous-Aubenas. Rocher de Jastre. Basses pentes du Coiron. Côte du Rhône. Vallée de l'Ouvèze. — Juin-juillet. — A.C.

Var. G. collinum Jord. — Collines calcaires de la Côte du Rhône méridionale, jusqu'à Châteaubourg, Tournon. — Juin. — P.C.

731. G. silvestre Poll. — Pâturages, chemins de la région siliceuse et volcanique, de 400 à 1.700 m. — Partout. — Juin-juillet. — C.

Var. G. montanum Vill. — Région montagneuse. — Montfol, Gerbier-de-Jonc, Mézenc, Suc-de-Bauzon, rocher d'Avran. — R.

Var. G. commutatum Jord. *(G. laeve* Th.*)*. — Montfol, Gerbier-de-Jonc, les Pradoux, Mézenc. — R.

732. G. saxatile L. *(G. hercynicum* Weigg.*)*. — Toute la région siliceuse et volcanique, de 1.000 à 1.700 m. — Bassin de la Loire : Lanarce, Gerbier-de-Jonc, Montfol, Chartreuse-de-Bonnefoy, Mézenc. Bassins de l'Ardèche et de l'Allier. Massif du Tanargue. Chaîne du Gerbier-de-Jonc au Coiron. Haut bassin de l'Erieux. — Juillet-août. — P.C.

733. G. palustre L. — Tourbières et marécages, jusqu'à 1.000 m. — Partout. — Juin-septembre. — A.C.

Var. G. elongatum Presl. — Marais, fossés humides. — Mêmes stations. — A.C.

734. G. uliginosum L. — Prairies marécageuses. — Juin-septembre. — A.C.

735. G. divaricatum Lamk. — Moissons, pelouses sablonneuses et volcaniques. — Coiron : sommet de la Roche-de-Gourdon, mont Charray. — Juin-juillet. — R.

736. G. anglicum Huds. — Lieux secs et pierreux de la région septentrionale. — Côte du Rhône : Andance, Sarras, Arras. — Juin-juillet. — R.

Var. G. litigiosum D. C. *(G. parisiense* L., *var. vestitum* G. G.*)*. — Pelouses sèches des coteaux chauds de la vallée de l'Ardèche : Saint-Julien-du-Serre au Gras. Ucel, autour de l'église. Vals. — Juillet. — R.

737. G. Aparine L. — Champs, haies, jusqu'à 900 m. — Dans tout le département. — Mai-août. — C.C.

738. G. tricorne With. — Moissons de la région calcaire méridionale, jusqu'à 200 m. — Limites du département du Gard, jusqu'à Vallon, Saint-Remèze, Joyeuse. Côte du Rhône : du Teil à Jovyac et Rochemaure. — Juin-septembre. — R.

Vaillantia D. C.

739. Vaillantia muralis L. — Rocailles calcaires de la région basse. — Berrias, Casteljau, Païolive (Aud.), Aubenas à Lasuel (Girod). — Juin. — R.

Famille LIII. — VALÉRIANÉES

Valeriana L.

740. Valeriana officinalis L. — Bois, haies, rochers humides. — De la Côte du Rhône au Mézenc. — Juin-août. — C.C.

Var. latifolia Vahl. — Vallée de l'Ardèche : vallon du Luolp à Saint-Julien-du-Serre. — P.C.

Var. angustifolia Tausch. — Anfractuosités des rochers schisteux. — Côte du Rhône, au ravin d'Arras. — Mai-juin. — R.

741. V. dioica L. — Toutes les prairies et pâturages humides du plateau, au-dessus de 1.000 m. — Bassin de la Loire. Chaîne des Boutières, etc.— Mai-juillet.— C.C.

742. V. tuberosa L. — Rochers, pelouses des basses montagnes calcaires. — Vallée de l'Ouvèze. Basses pentes du Coiron : Chomérac. — Mai-juillet. — R.R.

743. V. tripteris L. — Rochers, éboulis de toute la région siliceuse et volcanique, au-dessus de 1.000 m. — Chaîne des Boutières. Le Coiron. Bassins de l'Espezonnette, de l'Allier, de l'Ardèche, Ouvèze, Erieux, Doux, Loire, etc. — Juin-août. — A.C.

Valerianella Hall.

744. Valerianella olitoria Poll. — Rochers, pâturages, prairies. — Avril-mai. — C.C.

745. V. carinata Lois. — Terrains sablonneux. — La plus grande partie du département. — Avril-mai. — A.C.

746. V. auricula D. C. — Champs sablonneux. — Dans la plus grande partie du département. — Avril-juin. — C.C.

747. V. pumila D. C. — Coteaux calcaires de la région méridionale. — Vallée de l'Ardèche, jusqu'à Aubenas, Saint-Privat. Côte du Rhône, de Baix à Tournon. — Mai-juin. — P.C.

748. V. Morisonii D. C. — Champs de la Côte du Rhône septentrionale. — Eclassan, Sarras. — Juillet-août. — R.

749. V. coronata D. C. — Champs. — Vallée de l'Ardèche. — Vals-les-Bains, Vallon, Saint-Remèze. Côte du Rhône, où elle est fugace dans la région méridionale. Du Teil à Jovyac. — Mai-juin. — R.

750. V. eriocarpa Desv. — Champs, pierrailles de la basse région méridionale, jusqu'à 200 m. — Avril-mai. — A.R.

Centranthus D. C.

751. Centranthus Lecoqii Jord. — Rochers, éboulis calcaires. — Vallée du Chassezac à Païolive, Bessas, Saint-André et Saint-Sauveur-de-Cruzières. — Juillet-août. — R.R.

752. C. ruber D. C. — Rochers, vieux murs, surtout de la région calcaire, dans la plus grande partie du département, de 100 à 400 m. — Vallée de l'Ardèche jusqu'à Pont-de-Labeaume, Vals, Antraigues, châteaux d'Aubenas, de Boulogne, de Tournon, etc. — Juin-août. — A.C.

753. C. Calcitrapa Dufr. — Rochers, éboulis calcaires, vieux murs. — Toute la Côte du Rhône méridionale, jusqu'à Tournon. Vallée du Doux. Vallée de l'Ardèche : de Vallon à Aubenas, Saint-Julien-du-Serre, Saint-Privat à Louyre, de Thueyts à Mayres, Montpezat, rocher de Jastre. Coiron, au mont Combier, Labégude. — Mai-juin. — A.R.

Famille LIV. — DIPSACÉES

Dispacus L.

754. Dipsacus silvestris Mill. — Bords des routes, lieux humides. — Juillet-septembre. — C.C.

Cephalaria Schrad.

755. Cephalaria leucantha Schr. — Eboulis, pierrailles des coteaux calcaires. — Toute la Côte du Rhône calcaire. Basses pentes du Coiron. Toute la région calcaire des vallées de l'Ardèche, Conche, Escoutay, Ouvèze, etc. — Juillet-septembre. — C.

Knautia Coult.

756. Knautia hybrida Coult. — Champs, prairies de la région méridionale siliceuse, de 100 à 400 m. — Vallée de l'Ardèche, jusqu'à Aubenas, Vals, Labégude, Saint-Andéol-de-Bourlenc, Saint-Julien-du-Serre. — Juin-juillet. — R.
   Var. *integrifolia* G. G. *(Scabiosa integrifolia* L.). — Mêmes stations.

757. K. arvensis L. Coult. — Prairies, chemins. — Partout. — Juin-septembre. — C.
   Var. *agrestis* Coult. — Mêmes stations.
   Var. *pratensis* Coult. — Mêmes stations.

758. K. dipsacifolia Schultz. — Bois, prairies et pâturages. — Bassins de la Loire, de l'Ardèche, de l'Erieux, de l'Espezonnette : Mézenc, Gerbier-de-Jonc, Lachamp-Raphaël, Mazan, Saint-Cirgues-en-Montagne. — Juillet-août. — P.R.

759. K. silvatica Duby *(K. cuspidata* Jord.). — Bois du bassin de la Loire : Suc-de-Bauzon, Mazan, Cros-de-Géorand à Lapalisse. — Juillet-août. — A.R.

760. K. longifolia Koch. — Bois, au-dessus de 1.200 m., dans la région volcanique. — Champ-de-Mars, Chartreuse-de-Bonnefoy, Gerbier-de-Jonc. — Juillet-août. — R.

Scabiosa L.

761. Scabiosa maritima L. — Pelouses de la région calcaire méridionale. — Basse vallée de l'Ardèche, jusqu'au Pont-d'Arc. Vallons de la Claisse, de la Gagnière. — Août-septembre. — R.

762. S. columbaria L. — Pâturages, bords des chemins. — Partout. — Juin-juillet. — C.

    Var. *S. patens* Jord. — Bruyères, bords des bois, landes de la plus grande partie du département. — Vallées de l'Ardèche, de l'Erieux, du Doux. — Juin-juillet. — A.C.

    Var. *S. spreta* Jord. — Presque toujours avec la var. *S. patens*. — A.C.

763. S. gramuntia L. — Bruyères, bois de pins maritimes de la région méridionale siliceuse, d'où elle remonte jusqu'à Vals-les-Bains. — Juillet-août. — P.C.

764. S. Succisa L. — Pâturages, bois humides, bords des cours d'eau. — Partout, jusqu'à 600 m. — Juillet-septembre. — C.

Famille LV. — COMPOSÉES

Eupatorium L.

765. Eupatorium cannabinum L. — Bords des cours d'eau. — Dans tout le département, jusqu'à 500 m. — Juillet-septembre. — C.C.

Adenostyles Cass.

766. Adenostyles albifrons Rchb. — Bois humides, rochers de la région élevée. — Bassin de la Loire : Chartreuse-de Bonnefoy. Le Mézenc, Gerbier-de-Jonc, Sainte-Eulalie, forêt de Mazan, Suc-de-Bauzon, Saint-Cirgues-en-Montagne. Hauts bassins de l'Ardèche, Ray-Pic, de l'Allier, de l'Erieux. Plateau du Tanargue, etc. — Juillet-août. — P.C.

Petasites Adans.

767. Petasites albus Gærtn. — Lieux mouillés. — Sources du Mézenc, Chartreuse-de-Bonnefoy, le Grangeas, rocher d'Avran. — Avril-mai. — R.

768. P. fragrans L. — Cultivé dans les jardins. — Trouvé subspontané de Privas à Coux.

Tussilago L.

769. Tussilago Farfara L. — Sols argileux humides. — Dans tout le département. — Mars-mai. — C.

Solidago L.

770. Solidago Virga-aurea L. — Bois, rochers des coteaux siliceux. — Dans tout le département. Environs d'Aubenas, Vals, etc. — Juillet-août. — C.

Var. *S. alpestris* W. et K. — Bois des montagnes au-dessus de 1.100 m. — Chartreuse-de-Bonnefoy, Gerbier-de-Jonc, Montfol, Lapalisse au bord de la Loire. — Juillet-août. — A.R.

Var. *S. serratifolia* Bor. — Bois des montagnes. — Suc-de-Bauzon, cratère de Lavestide-du-Pal, forêt de Mazan, etc. — R.

Var. *S. monticola* Jord. — Hautes herbes des plantations du Mézenc, vers 1.600 m. — R.R.

Var. *S. latifolia* Rouy. — Bois de la partie septentrionale du département : d'Arras, Eclassan à Lalouvesc.

771. S. glabra Desf. — Bords des eaux. — Toute la Côte du Rhône. — Juin-août. — C.

Linosyris D. C.

772. Linosyris vulgaris D. C. (*Chrysocoma Linosyris* L.). — Bois, pâturages de la région calcaire. — Monts du Coiron : de Saint-Jean-le-Centenier à Saint-Pons (Girod). — Septembre-octobre. — R.

Phagnalon Cass.

773. Phagnalon sordidum D. C. — Rochers, vieux murs de la région calcaire méridionale. — Ruoms, Vallon, Pont-d'Arc, Bessas, de Largentière à Valgorge (Coste). Côte du Rhône : Tournon. — Mai-juin. — R.

Erigeron L.

774. Erigeron canadensis L. — Champs, vignes, chemins. — Dans tout le département, jusqu'à 600 m. — Juin-octobre. — C.C.

775. E. acris L. — Chemins, champs incultes. — Partout. — Juin-août. — C.C.

Aster L.

776. Aster Amellus L. — Eboulis volcaniques et siliceux. — Vallée de la Volane : d'Antraigues à Aizac et à Laviolle. Pentes du Coiron dans la vallée de l'Ouvèze, vers Chomérac. — Août-octobre. — R.

777. A. brumalis Nees. — Bords des cours d'eau. — Bords du Rhône, de l'Ardèche, de l'Ouvèze. — Septembre-octobre. — P.C.

778. A. acris L. — Rocailles calcaires et volcaniques de la région basse. — Côte du Rhône : de Baix au Pouzin. Vallée de l'Ardèche : Vallon, Pont-d'Arc, Vals-les-Bains. — Septembre-octobre. — R.

Bellis L.

779. Bellis perennis L. — Toute la Côte du Rhône. — La région septentrionale et centrale du département, où il est très commun. Plus rare dans la partie méridionale. — Avril-octobre. — C.

Doronicum L.

780. Doronicum plantagineum L. — Rochers siliceux et volcaniques de la vallée de l'Ardèche. — De Labégude à Lalevade, de Vals-les-Bains à Asperjoc. — Mai-juillet. — R.

781. D. cordatum Lamk. (*D. Pardalianches* Willd part.). — Rochers, bords des eaux en sol siliceux et volcanique, de 800 à 1.600 m. — Coiron : mont Combier, bords du Mézayon, de Creysselles à Pourchères, Roche-de-Gourdon. Vallée de la Loire : lac d'Issarlès, Chartreuse-de-Bonnefoy, Mézenc. — Mai-juillet. — A.R.

782. **D. austriacum** Jacq. — Rochers humides, bords des cours d'eau du haut Vivarais. — Bassin de la Loire : forêt de Mazan, Saint-Cirgues-en-Montagne, Usclades, Lapalisse, Sagnes-et-Goudoulet, Sainte-Eulalie, lac d'Issarlès, Mézenc, etc. Bassin de l'Ardèche : plateau du Tanargue, forêt de Bauzon, de Mayres au rocher d'Avran, Lanarce, de Laviolle à Mézilhac, Ray-Pic. Champ-de-Mars. Bassin de l'Erieux, les Boutières. — Juillet-août. — A.C.

Arnica L.

783. **Arnica montana** L. — Prairies, pâturages, bords des bois, dans toute la région siliceuse et volcanique, au-dessus de 900 m. — Bassin de la Loire : très commun. Hauts bassins de l'Allier, de la Bourne, de l'Erieux, de l'Ardèche, du Doux. — Juillet-septembre. — C.

Senecio L.

784. **Senecio vulgaris** L. — Champs, vignes, etc. — Dans tout le département. — Mai-octobre. — C.C.

785. **S. viscosus** L. — Chemins, décombres, vieux murs. — Dans toute la région siliceuse et volcanique. — Juin-octobre. — C.C.

786. **S. silvaticus** L. — Région gneissique, granitique, de 200 à 700 m. — Bassin de l'Ardèche : Vals-les-Bains, Antraigues, Prades, Pont-de-Labeaume, Mayres, Montpezat, Ucel, Saint-Julien-du-Serre, Saint-Michel-de-Boulogne, Saint-Andéol-de-Bourlenc, Genestelle, Saint-Joseph-des-Bancs. Bassins du Chassezac supérieur, de l'Erieux, de l'Ouvèze. Basses Boutières, Valgorge, Dompnac, etc. — Mai-juin. — P.C.

Var. S. denticulatus Müll. — Forme naine, mêlée au type.

787. S. lividus L. — Mêmes stations que le précédent. — Dans le bassin de l'Ardèche seulement, mais plus rare et ne s'élevant guère au-dessus de 500 m. — Mai-juin. — A.R.

La plante ardéchoise est *S. nebrodensis* D. C.

788. S. gallicus Chaix. — Champs, vignes des terrains graveleux, de 40 à 400 m. — Région calcaire méridionale. Coiron, vallées de l'Ardèche, de l'Ouvèze, etc.— Toute la Côte du Rhône. — Juin-juillet. — A.C.

Var. difficilis D. C. — Partie calcaire méridionale de la vallée de l'Ardèche, jusqu'à Saint-Sernin, Vogüé, Lavilledieu. Basses pentes calcaires du Coiron. Aubenas au rocher de Jastre. — A.R.

789. S. adonidifolius Lois. — Bruyères, genêts, landes de toute la région siliceuse et volcanique, de 600 à 1.750 m. — Juillet-août. — C.

790. S. aquaticus Huds. — Prairies humides. — Le long du Rhône, en aval du confluent de l'Isère. — Juin-août. — P.C.

791. S. Jacobæa L. — Prairies, fossés, haies. — Dans tout le département. — Juin-août. — C.C.

Var. S. nemorosus Jord. — Bois, lieux couverts.
Var. S. flosculosus Jord. — Avec le type. — P.R.

792. S. erucifolius L. — Bois, haies, prairies humides de la région calcaire méridionale, jusqu'à 200 m. — Basse vallée de l'Ardèche, jusqu'à Joyeuse, Labeaume, Lanas. Côte du Rhône jusqu'au Teil, Rochemaure, Tournon. Vallée de la Conche. — Juillet-août. — A.R.

793. S. leucophyllus D. C. — Eboulis phonolitiques des pen- Ouest, S.-O. et sommet Sud du Mézenc. — Juillet-septembre. — R.R.

× *S. mirabilis* Rouy *(adonidifolius × leucophyllus).* — Vers le sommet Sud du Mézenc, avec les parents (Coste, 5 août 1904). — R.R.R. — *Une seule touffe.*

794. S. paludosus L. — Lieux humides, marais. — Bords du Rhône de la région septentrionale : de Serrières à Tournon. — Juillet-août. — A.R.

795. S. Fuchsii Gmel. — Rochers, bois, ruines de la région volcanique, siliceuse et montagneuse, de 1.000 à 1.600 m. — Bassin de la Loire : Suc-de-Bauzon, Suc-de-la-Lauzière, près le Gerbier-de-Jonc, le Béage, forêt de Mazan. Ruines de la Chartreuse-de-Bonnefoy et de l'abbaye de Mazan. Plateau du Tanargue, rocher d'Avran. — Juin-août. — P.C.

Var. *S. salicifolius* Wallr. — Saint-Cirgues-en-Montagne. Vallée du Vernazon.

796. S. Gerardi G. G. — Eboulis, pelouses des coteaux calcaires de la région méridionale. — Vallée de l'Ardèche, basses pentes du Coiron : Lanas, Lachapelle-sous-Aubenas, Saint-Sernin, Vogüé, Aubenas au rocher de Jastre, Vesseaux. — Mai-juin. — A.R.

797. S. arvernensis Rouy (race réduite de *S. spathulaefolius* D. C.). — Pâturages et prairies humides de la région supérieure du bassin de la Loire. — De Saint-Cirgues-en-Montagne à Issanlas (Girod) ; de Sainte-Eulalie au Gerbier-de-Jonc (Besson). — Juin-juillet. — R.R.

Artemisia L.

798. Artemisia Absinthium L. — Lieux incultes de la région montagneuse. — Chartreuse-de-Bonnefoy, des Estables au Mézenc. Coiron : Roche-de-Gourdon. — Juillet-août. — P.C.

799. A. camphorata Vill., Var. *A. rhodanense* Jord. et F. — Rochers calcaires de la Côte du Rhône : Crussol (Fourr.). — Août-septembre. — R.

Var. *A. virgatum* Jord. et F. — Côte du Rhône : Cruas (Fourr.). — R.

Var. *A. viridulum* Jord. et F. — Côte du Rhône : le Pouzin. — R.

800. A. vulgaris L. — Bords des chemins, terrains sablonneux, jusqu'à 500 m. — Dans tout le département. — Juillet-septembre. — C.

801. A. campestris L. — Rochers, éboulis siliceux. — Partout. — Juillet-août. — C.C.

Tanacetum L.

802. Tanacetum vulgare L. — Lieux incultes, saulaies. — Bords du Rhône : Arras, Vion, Baix. Vallée de l'Ardèche et monts du Coiron : Darbres, etc. — Juin-août. — P.C.

803. T. Balsamita L. — Cultivé. Subspontané. — R.

Calendula L.

804. Calendula arvensis L. — Vignes, champs de la région calcaire méridionale, jusqu'au Coiron. — Vallée de l'Ardèche, à Saint-Sernin, Saint-Didier-sous-Aubenas, Aubenas, Ucel. Vallée de l'Ouvèze. Côte du Rhône. — Avril-octobre. — P.R.

Helianthus L.

805. Helianthus tuberosus L. — Cultivé en grand. — Juillet-septembre.

806. H. annuus L. — Cultivé. — Juillet-septembre.

Leucanthemum Adanson.

807. Leucanthemum vulgare Lamk. — Prés, bois. — Dans tout le département. — Juin-juillet. — C.C.

Var. *L. villosum* Nob.— Chemins, champs, pâturages bordant le Rhône, dans la région septentrionale, de Serrières, Andance, Sarras, Arras, Vion, St-Jean-de-Muzols à Tournon. Vallée inférieure du Doux. —A.C.

808. L. pallens D. C. — Coteaux arides et pierreux, bois de la région méridionale, jusqu'à 500 m. — Vallée de l'Ardèche, jusqu'à Thueyts. Côte du Rhône et vallées de la région calcaire y aboutissant, de Saint-Martin-d'Ardèche à Viviers, le Teil, Cruas, Lavoulte, etc. — Mai-juin. — A.C.

Var. *pubescens* Loret. — Vignes, vieux murs, champs incultes des coteaux calcaires et volcaniques ensoleillés, jusqu'à 400 m. — Vallée de l'Ardèche, jusqu'à Aubenas, Vogüé, Saint-Privat, Mercuer, Saint-

Julien-du-Serre, Ucel. Cratère de la Coupe de Jaujac. Basses pentes du Coiron, vers Lussas, Mirabel, Aubignas, etc. — P.R.

809. L. subglaucum Laramb. (*L. occitanicum* Sudre). — Bois taillis, rochers, surtout des terrains calcaires et volcaniques, jusqu'à 700 m. — Dans tout le département. Toute la Côte du Rhône. Vallée de l'Ardèche méridionale, où il abonde dans la région volcanique. Pont-de-Labeaume, Neyrac, Thueyts, Jaujac, Montpezat, Burzet, Ray-Pic. Région septentrionale : Tournon, Saint-Félicien, Lamastre, Annonay, etc. — Juin-août. — P.R.

810. L. atratum D. C. (*L. cuneifolium* Le Grand). — Sommet et plantations de la pente Ouest du Mézenc. — Août-septembre. — R.

811. L. graminifolium Lamk. — Coteaux calcaires de la région méridionale (Saint-Lag.). — Juin-juillet. — R.

812. L. cebennense D. C. (*L. palmatum* Lamk.). — Rochers siliceux et volcaniques, de 150 à 1.600 m. — Vallée de l'Ardèche : Pont-de-Labeaume, Neyrac, Thueyts, de Mayres au rocher d'Avran, Ray-Pic. Vallée de la Volane : Vals, Asperjoc, Antraigues, Laviolle. Vallée de la Loire : Montfol, Sépoux, Gerbier-de-Jonc, Pradoux. Côte du Rhône : Arras sur micaschiste. Vallée du Doux : Colombier-le-Vieux. — A.R.

813. L. corymbosum G. G. — Bois des coteaux herbeux, surtout calcaires, jusqu'à 300 m. — Dans la plus grande partie du département. Côte du Rhône. Vallées de l'Ardèche, de l'Ouvèze. Coiron. Toute la région méridionale : Vogüé, Saint-Sernin, Aubenas, Vals, etc. — Juin-août. — P.C.

Var. *L. Pourretii* Timb. et Lag.— Coteaux secs sur micaschiste. — Ravin d'Arras, Tournon. — P.C.

814. L. Parthenium G. G. — Vieux murs, graviers des cours d'eau, décombres. — Dans tout le département, jusqu'à 1.000 m. — Juin-août. — A.C.

Chrysanthemum D. C.

815. L. Chrysanthemum segetum L. — Moissons, champs cultivés de la région méridionale. — Saint-Martin-d'Ardèche, Saint-Marcel-d'Ardèche, Labastide-de-Virac, Bessas. Basse vallée de l'Ardèche, jusqu'à Vallon, Chassagne, etc. — Juin-octobre. — A.R.

Matricaria L.

816. Matricaria Chamomilla L. *(Camomille)*. — Moissons, terrains sablonneux. — Aubenas, Vals-les-Bains, les Vans, Saint-Paul-le-Jeune. — Avril-juillet. — P.C.

817. M. inodora L. — Moissons, champs incultes, surtout des terrains siliceux et volcaniques. — Partout. — Juin-octobre. — C.C.

Anthemis L.

818. Anthemis arvensis L. — Moissons, bords des champs, chemins. — Dans tout le département. — Juin-septembre. — C.C.

819. A. Cotula L. *(A. fœtida* Lamk.). — Moissons, voisinage des habitations, jusqu'à 1.000 m., à la Roche-de-Gourdon. — Partout. — Mai-septembre. — C.C.

820. A. montana L. (forme *A. collina* Jord.). — Rocailles arides des collines siliceuses. — Toute la région septentrionale du département : Tournon, Saint-Félicien, Lamastre, Saint-Martin-de-Valamas, Annonay, etc. — Mai-juillet. — A.R.

Cota Gay *in* Guss.

821. Cota altissima Gay. — Moissons, lieux stériles de la région méridionale bordant le Gard. — Saint-André et Saint-Sauveur-de-Cruzières, Bessas, Labastide-de-Virac. Bassin de l'Ardèche à Vallon. Côte du Rhône jusqu'à Bourg-Saint-Andéol. — Mai-août. — R.

822. C. tinctoria Gay. — Talus des chemins, voies ferrées, broussailles, champs incultes, jusqu'à 300 m. — Toute la Côte du Rhône. Vallon de Celles-les-Bains.

Vallées de l'Ouvèze jusqu'à Privas, de l'Ardèche jusqu'à Aubenas, Saint-Julien-du-Serre, Vals, Mercuer, de Peyraud à Annonay. Vallée du Doux. — Juin-septembre. — P.R.

La forme discoïde se rencontre çà et là, à Saint-Julien-du-Serre, Celles-les-Bains, etc.

Achillea L.

823. **Achillea tomentosa** L. — Rochers, pelouses rocailleuses calcaires et volcaniques. — Monts du Coiron : Saint-Jean-le-Centenier, Saint-Gineys-en-Coiron, Berzème, etc. Pentes de la vallée de l'Ouvèze et de la Côte du Rhône, jusqu'à Rochemaure et Viviers. Côte du Rhône septentrionale : Peyraud, Serrières, Sarras. — Mai-juin. — P.R.

824. **A. odorata** L. — Lieux secs et arides de la région calcaire méridionale. — Vallée de l'Ardèche : Berrias, Païolive. Côte du Rhône : Saint-Remèze (Saint-Lag.). Celles-les-Bains, Lavoulte. — Juillet-août. — R.

825. **A. Millefolium** L. — Lieux incultes, bords des bois, des chemins. — Dans tout le département. — Juin-octobre. — C.C.

Var. *A. pannonica* Scheel. — Coteaux calcaires de la région méridionale. — Aubenas au rocher de Jastre, Lavileldieu, Lussas. — Juin-août. — R.

Var. *A. setacea* W. et K. — Pelouses des coteaux siliceux, rocailleux. — Vallée de l'Ardèche, où il remonte jusqu'à 500 m., vers Aubenas, Labégude, Lalevade-d'Ardèche, Mercuer, Saint-Julien-du-Serre, Saint-Michel-de-Boulogne. Vallée de l'Ouvèze. — P.R.

826. **A. nobilis** L. — Coteaux calcaires. — Côte du Rhône : Lavoulte, le Pouzin. — Juillet-août. — R.

827. **A. Ptarmica** L. — Prés humides, fossés, jusqu'à 1.600 m. — Partout. — Juin-août. — C.

Bidens L.

828. **Bidens tripartita** L. — Fossés, bords des eaux, marécages, jusqu'à 400 m. — Partout. — Juin-octobre. — C.

Var. minor W. et Gr. — Bords du ruisseau d'Oise : Saint-Andéol-de-Bourlenc, Genestelle.

829. B. cernua L. — Fossés, lieux humides. — Bords du Rhône, de l'Ardèche, de l'Erieux.— Juillet-oct.— A.R.

Buphtalmum L.

830. Buphtalmum aquaticum L. *(Asteriscus aquaticus* Less.). — Fossés, lieux humides de la région calcaire méridionale. — Saint-Martin, Saint-Marcel-d'Ardèche, Vallon, jusqu'à Saint-Sernin, Aubenas, à Saint-Pierre et Ville. — Juin-août. — R.

831. B. spinosum L. *(Asteriscus spinosus* G. G.). — Bords des chemins, lieux incultes de la région méridionale. — Bessas, Saint-André et Saint-Sauveur-de-Cruzières, Vallon, Joyeuse, Saint-Didier-sous-Aubenas, Berrias, Païolive. Côte du Rhône : Bourg-Saint-Andéol, Viviers. — Juin-août. — A.R.

Inula L.

832. Inula Helenium L. — Cultivé dans les jardins comme plante vétérinaire. — Juillet-août.

833. I. Conyza D. C. — Rochers, terrains pierreux, jusqu'à 600 m. — Dans tout le département. — Juin-août. — C.

Var. rubescens de Mart. — Terrains incultes, rochers. — Toute la Côte du Rhône.

834. I. squarrosa L. (*I. spiræifolia* L.). — Bois, buissons de la région calcaire méridionale, jusqu'à 400 m. — De Saint-Martin et Saint-Marcel-d'Ardèche à Saint-Sernin, Vogüé, Aubenas, Saint-Etienne-de-Fontbellon, Rochecolombe, Ucel, Saint-Julien-du-Serre. Basses pentes du Coiron. Vallée de l'Ouvèze. Côte du Rhône calcaire. — Juillet-août. — A.C.

835. I. salicina L. — Bois, prairies, pâturages de la région calcaire et volcanique, jusqu'à 500 m. — Dans tout le département. — Juillet-août. — C.

836. I. Vaillantii Vill. — Bois, pâturages humides. — Côte du Rhône. —Tournon. — Août-septembre. — R.

837. **I. montana** L. — Coteaux arides, surtout calcaires, jusqu'à 600 m. — Monts du Coiron. Partie calcaire méridionale. Toute la Côte du Rhône. Vallée de l'Ardèche jusqu'à Vesseaux, Saint-Julien-du-Serre, Ucel, etc. Vallée de l'Ouvèze jusqu'à Privas. Vallée du Doux. — Juin-août. — A.C.

838. **I. britannica** L. —Saulaies. — Toute la Côte du Rhône. — Août-septembre. — P.R.

PULICARIA Gærtn.

839. **Pulicaria dysenterica** Gærtn. — Fossés, lieux marécageux, jusqu'à 350 m. — Dans tout le département. — Juillet-septembre. — C.

840. **P. vulgaris** Gærtn. — Prairies humides, lieux inondés pendant l'hiver, de 80 à 300 m. — Côte du Rhône et basses vallées y aboutissant. — Juillet-août. — P.C.

CUPULARIA Godr. et Gren.

841. **Cupularia graveolens** G. G. — Terrains, rochers humides, fossés de la région siliceuse. — Côte du Rhône : Sècheras, Saint-Jeurre-d'Ay, Eclassan, Andance. Vallon de Celles-les-Bains. Vallée de l'Ouvèze : Flaviac, Privas. Vallée de l'Ardèche, jusqu'à Aubenas, Vals-les-Bains, Antraigues, Laviolle, Ucel, Saint-Julien-du-Serre, Mercuer, Ailhon, de Lalevade-d'Ardèche à Prades, Saint-Cirgues-de-Prades, Jaujac, etc. — Août-septembre. — A.C.

842. **C. viscosa** G. G. — Lieux incultes de la région méridionale, jusqu'à 200 m. — De Bourg-Saint-Andéol à Vallon. Les Vans. — Août-septembre. — R.

JASONIA D. C.

843. **Jasonia tuberosa** D. C. — Rochers, éboulis calcaires de la région méridionale : Païolive, Saint-André et Saint-Sauveur-de-Cruzières, Bessas, Labastide-de-Virac, Joyeuse, Saint-Maurice-d'Ibie, mont Vinobre à Lachapelle-sous-Aubenas et Saint-Sernin. — Juillet-août. — R.

Helichrysum D. C.

844. Helichrysum Stœchas D. C. — Coteaux secs, surtout siliceux. — Dans tout le département, jusqu'à 700 m. — Juillet-août. — C.

Var. *H. rigens* Jord. — Côte du Rhône : de Tournon à Limony. — P.R.

Gnaphalium L.

845. Gnaphalium luteo-album L. — Rochers et sables humides des sols siliceux, jusqu'à 200 m. — Vallée de l'Ardèche : d'Ucel à Vals-les-Bains ; du Pont-d'Aubenas à Labégude, Joyeuse. — Côte du Rhône : Sarras, Eclassan, Arras. — Juillet-octobre. — A.R.

846. G. silvaticum L. — Bois, bruyères de la région siliceuse et volcanique, au-dessus de 900 m., jusqu'au Mézenc. — Juin-septembre. — C.

Var. *rectum* Duby. — Tout le bassin de la Loire. — C.

Var. *prostratum* Foucaud et Revol. — Formant de larges touffes étalées sur le sol des champs incultes. — Entre Burzet et Sainte-Eulalie (Coste), Suc-de-Bauzon, Rieutord à Chanlatier et Rochessac. — Août-septembre. — R.

847. G. norvegicum Gunn. — Pelouses, clairières des plantations autour du Mézenc. — Juillet-août. — R.

848. G. uliginosum L. — Fossés, bords des eaux, endroits fangeux. — Des bords du Rhône à 1.500 m. — Juillet-septembre. — C.C.

849. G. dioicum L. (*Antennaria dioica* Gærtn). — Pelouses des montagnes siliceuses et volcaniques. — Partout, au-dessus de 800 m. — Mai-juillet. — A.C.

Filago L.

850. Filago spathulata Presl. — Champs pierreux, chemins, surtout dans la région calcaire méridionale. — Toute la Côte du Rhône. Vallée de l'Ardèche, jusqu'à 400 m.

Vogüé, Saint-Privat, Saint-Sernin, Vesseaux. Vallée de l'Ouvèze. Basses pentes du Coiron. — Juillet-octobre. — A.C.

× *Filago Costei* Revol *(apiculata × spathulata)*. — Plante de 1-3 dm. dressée, peu rameuse et seulement vers le sommet, à rameaux dressés, blanche, cotonneuse, ainsi que les feuilles ; celles-ci dressées, imbriquées, élargies et subspatulées au sommet ; involucre laineux à la base à cinq angles très saillants, à folioles extérieures cuspidées, à pointe jaunâtre, les intérieures mutiques ; 10-20 capit. dans 1 glomérule globuleux plus ou moins dépassé par les f. involucrales au nombre de 3-6. — Champs incultes, moissons sur grès du trias et calcaire. — Saint-Julien-du-Serre : du Buis et Salavert à Fromenteyrol. — Avec les parents. —Juillet-août. — R.

851. F. germanica L. — Moissons, champs incultes de la région siliceuse jusqu'à 600 m. — Juillet-octobre. — C.C.

M. Le Grand, dans *la Flore de France* de M. l'abbé Coste, remplace *F. germanica* par les deux variétés suivantes, qu'il élève au rang d'espèces :

Var. *F. canescens* Jord. — Mêmes stations que *F. germanica*.

Var. *F. apiculata* G. E. Sm. *(F. lutescens* Jord.; *F. germanica* L. p. p.). — Mêmes stations.

852. F. arvensis L. — Moissons et champs incultes de la région siliceuse. — Dans tout le département. — Juin-septembre. — C.C.

× *F. mixta* Holuby *(arvensis × germanica)*. — Moissons sur grès du trias. — Saint-Julien-du-Serre, Ucel. — Juillet-août. — R.

853. F. minima L. — Champs sablonneux, jusqu'à 1.600 m. — Juillet-août. — C.

854. F. gallica L. *(F. subulata* Cass.). — Moissons des terrains sablonneux jusqu'à 700 m. — Juillet-octobre. — C.

Micropus L.

855. Micropus erectus L. — Champs pierreux de la région calcaire méridionale. — Bessas, Vagnas. Bassin de l'Ardèche jusqu'à Vallon, Pont-d'Arc, Saint-Remèze. — Juin-juillet. — R.

Echinops L.

856. Echinops sphærocephalus L. — Coteaux calcaires. — Du Pont-d'Aubenas à Aubenas. Voie ferrée d'Aubenas à Labégude. Vallée de l'Ouvèze : Alissas. — Juillet-septembre. — R.

857. E. Ritro L. — Coteaux calcaires, jusqu'à 400 m. — Partout. Région septentrionale, de Tournon à Serrières, sur micaschiste et gneiss. — Juillet-août. — A.C.

Var. monocephalum Lobb. — Mêmes stations.

Silybum Vaill.

858. Silybum Marianum Gærtn. — Lieux incultes, décombres de la région méridionale. — Aubenas, Ucel, Ruoms, Bourg-Saint-Andéol. — Juillet-août. — R.

Onopordon L.

859. Onopordon Acanthium L. — Lieux incultes, bords des routes, jusqu'à 400 m. — Toute la Côte du Rhône. Vallées de l'Ardèche jusqu'à Aubenas, Labégude ; de l'Ouvèze, jusqu'à Privas, etc. — Juillet-août. — P.R.

860. O. illyricum L. — Lieux incultes, bords des routes de la région calcaire et volcanique méridionale, jusqu'aux basses pentes du Coiron, vers 300 m. — Saint-Jean-le-Centenier. Vallée de l'Ardèche, jusqu'à Aubenas, Saint-Julien-du-Serre. — Juillet-août. — R.

Picnomon Cass.

861. Picnomon Acarna Cass. — Lieux incultes de la région méridionale calcaire. — Basses pentes du Coiron, vers Lussas, Rochemaure, Cruas. — Juin-juillet. — R.

Cirsium Adans.

862. Cirsium lanceolatum Scop. — Bords des chemins, lieux incultes, jusqu'à 900 m. — Par tout le département. — Juin-septembre. — C.C.

 Var. *ramosissimum* Cariot (*C. myrianthum* Gaudry). — Pelouses humides des montagnes siliceuses, vers 1.000 m. — Coiron : la Roche-de-Gourdon. Vallée de la Borne : Saint-Laurent-les-Bains. — R.

863. C. ferox D. C. — Coteaux calcaires, jusqu'à 750 m. — Toute la Côte du Rhône. Vallon de Celles-les-Bains. Toute la région méridionale, jusqu'aux basses pentes du Coiron : Viviers, Alba, Aubignas, Villeneuve-de-Berg, Lussas. Vallée de l'Ardèche, jusqu'à Aubenas, Ucel, Saint-Julien-du-Serre, Mercuer, Lalevade-d'Ardèche. Vallée de l'Ouvèze : Mont Charray, etc. — Juillet-août. — A.C.

864. C. eriophorum Scop. — Lieux incultes, pâturages, surtout de la région volcanique, de 800 m. au Mézenc. — Partout. — Juillet-septembre. — A.C.

865. C. palustre Scop. — Lieux humides, prairies tourbeuses. — Dans tout le département, jusqu'à 1.600 m. — Juillet-août. — C.C.

866. C. monspessulanum All. — Bords des ruisseaux de la région siliceuse et volcanique. — De Montpezat au Suc-de-Bauzon (Girod). Vallée de la Loire : du Cros-de-Géorand au Béage. — Juillet-août. — R.

 × *C. Neyrae* G. Camus (*monspessulanum* × *palustre*). — Lieux humides. — Cros-de-Géorand, de Chambaud à Lavalette. — R.

867. C. Erisithales Scop. — Bois des montagnes siliceuses et volcaniques de 900 à 1.700 m. — Bassin de la Loire : Mézenc, Gerbier-de-Jonc, bois d'Andéol. Bords de la Loire, à Lapalisse. Forêt de Mazan. Vallée du Vernazan et de son affluent : Neyrenet. Bassin de l'Ardèche : rocher d'Avran (Coste). — Juillet-août. — R.

 × *C. Huteri* Haussm. (*Erisithales*   *palustre*). — Bois humides des vallons de Vernazon, Neyrenet.

Bords de la Loire, en face Lapalisse. — Juillet-août. — R.

868. C. bulbosum D. C. — Prés humides, bois des marnes calcaires. Vallée du Chassezac : Chassagne à Païolive (Audigier). Limites du Gard, de Saint-André-de-Cruzières à Bessas. — Juin-août. — R.

869. C. rivulare Link. — Prairies humides de la haute région siliceuse et volcanique de la vallée de la Loire : Coucouron, lac d'Issarlès, le Béage, Sainte-Eulalie, Lachamp-Raphaël, Gerbier-de-Jonc, Montfol, Mézenc. Hauts bassins de l'Erieux, de l'Ardèche, de l'Espezonnette, de la Borne. — Juin-août. — A.R.

× *C. subalpinum* Gaud. (*palustre* × *rivulare*). — Avec les parents. — Lac d'Issarlès, le Béage, Montfol. — Juillet-août. — R.

870. C. acaule All. — Lieux incultes, jusqu'à 1.000 m. — Dans tout le département. — Juin-août. — C.C.

Var. *C. caulescens* D. C. (*Carduus Roseni* Willd). — Pâturages frais de la même région. — P.R.

871. C. arvense Scop. — Moissons, chemins, vignes. — Dans tout le département, jusqu'à 1.200 m. — Juillet-août. — C.C.

Carduus L.

872. Carduus tenuiflorus Curt. — Décombres, voisinage des habitations, jusqu'à 900 m. — Dans tout le département. — Juin-août. — C.

873. C. pycnocephalus L. — Lieux incultes, bords des routes de la région méridionale, jusqu'à Bourg-Saint-Andéol, Vallon, Joyeuse. — Juillet-août. — R.

874. C. acanthoides L. — Vallée de l'Ouvèze : Privas (Saint-Lag.). — Juillet-août. — R.

875. C. nutans L. — Lieux incultes, bords des chemins de la région siliceuse et volcanique, de 800 à 1.700 m. — Toute la vallée de la Loire, où il est commun, jusqu'au Mézenc. Hauts bassins de l'Ardèche, de l'Espezonnette, de l'Erieux. Chaîne des Boutières, jusqu'à Lalouvesc et Satillieu. — Juillet-septembre. — C.

876. **C. nigrescens** Vill. — Coteaux arides de la région calcaire et volcanique, jusqu'à 700 m., sur les pentes du Coiron : à Vesseaux, Saint-Laurent-sous-Coiron, l'Ardèche jusqu'au mont Vinobre, rocher de Jastre. Vallée de l'Ouvèze jusqu'à Privas. Côte du Rhône jusqu'au Pouzin. — Juin-juillet. — A.C.

877. **C. spiniger** Jord. (*C. hamulosus* G. G., non Ehrh.). — Coteaux chauds et arides de la région méridionale, de 80 à 500 m. — Vallée de l'Ardèche, jusqu'à Aubenas, Labégude, Mercuer, Vals-les-Bains, Lalevade-d'Ardèche, Pont-de-Labeaume, Saint-Cirgues-de-Prades. Coupe de Jaujac, Saint-Michel-de-Boulogne, Genestelle. Vallée de l'Ouvèze et Côte du Rhône, jusqu'à Serrières. — Juin-août. — P.R.

Var. C. australis Jord. — Pelouses, rocailles des coteaux arides méridionaux, jusqu'à Saint-Julien-du-Serre, Saint-Michel-de-Boulogne, vers les ruines du château. — R.

878. **C. vivariensis** Jord. — Lieux incultes, broussailles, chemins de toute la région siliceuse et volcanique, de 100 à 1.600 m. — De Tournon, Celles-les-Bains aux bords du Rhône, au Tanargue, le Béage, Lachamp-Raphaël, Mézenc. Commun dans la vallée de la Loire et les bassins de l'Espezonnette, de l'Ardèche, de l'Erieux, du Doux, etc. — Juillet-août. — A.C.

Centaurea L.

879. **Centaurea amara** L. — Pelouses des coteaux secs, surtout calcaires, jusqu'à 500 m. — Coiron. Côte du Rhône. Vallées de la Conche, de l'Escoutay, de l'Ardèche, Ouvèze, Erieux, Doux, Cance, etc. — Août-octobre. — C.

Var. microcephala Coste. — Sables des cours d'eau. Saint-Julien-du-Serre. Côte du Rhône. — P.R.

Var. linearifolia D. C. — Coteaux arides de toute la Côte du Rhône et de la région méridionale jusqu'au Coiron. — A.R.

880. C. Jacea L. — Prairies, pâturages. — Dans tout le département. — Mai-juillet. — C.C. — Polymorphe.

Var. γ *tomentosa* Rouy. — Prairies humides sur grès du trias, vers 340 m. — Saint-Julien-du-Serre à Savignon.

881. C. pratensis Thuill. (*C. serotina* Bor.). — Chemins, rochers de la région siliceuse de la vallée de l'Ardèche, jusqu'à 400 m. — Aubenas, Ucel, Mercuer, Prades, Lalevade-d'Ardèche, Vals-les-Bains. Côte du Rhône. — Août-octobre. — P.R.

882. C. microptilon Gren. — Prairies, bords des chemins. — Aubenas, Vals-les-Bains, Saint-Julien-du-Serre, Saint-Andéol-de-Bourlenc. — Juin-juillet. — R.

883. C. nigra L. — Prairies, pâturages, bois de la région siliceuse et volcanique, de 600 m. à Saint-Andéol-de-Bourlenc, Antraigues, Laviolle, etc., jusqu'à 1.700 m. — Partout. — Juillet-août. — C.C.

884. C. pectinata L. — Rochers, pâturages, bois de toute la région siliceuse et volcanique, jusqu'au Mézenc. — Juin-août. — C.

Var. *C. acutifolia* Jord. — Mayres, Saint-Julien-du-Serre, le Coiron. — C.

Var. *comata* Jord. — Vallée de l'Ardèche : Mayres. — C.

Var. *C. fuscata* Jord. — Vallée de l'Ardèche : Pont-de-Labeaume, Neyrac-les-Bains, Meyras, Thueyts. — C.

Var. *C. rufescens* Jord. — Toute la Côte du Rhône. Vallée de la Loire : Montfol, Gerbier-de-Jonc, Mézenc. Monts du Coiron : mont Combier. Vallée de l'Ouvèze. Vallée de l'Ardèche : Vals-les-Bains, Ucel. — A.C.

Var. *C. supina* Jord. — Coupe de Jaujac. — R.

885. C. montana L. — Pâturages des hautes régions volcaniques et siliceuses. — Montfol, Mézenc. — Juillet-août. — R.

886. C. lugdunensis Jord. — Prairies, bords des champs des terrains siliceux, volcaniques. Bassin de l'Ardèche : Roche-de-Gourdon ; de Montpezat, Le Roux au Suc-de-Bauzon, Lavestide-du-Pal. Vallée de la Loire : Usclades, Sagnes-et-Goudoulet, Sainte-Eulalie. — Juin-juillet. — P.R.

Var. C. intermedia Cariot. — Pâturages, rocailles des basses pentes du Coiron, vers Rochemaure. — R.

887. C. Cyanus L. — Moissons, champs de la région siliceuse et volcanique. — Partout. — Juin-août. — C.C.

888. C. Scabiosa L. — Champs, terrains incultes, de 200 à 1.600 m. — Dans tout le département. — Juillet-août. — C.

Var. C. tenuifolia Schleich.— Champs, moissons de la région montagneuse autour du Mézenc : Chartreuse-de-Bonnefoy, Gerbier-de-Jonc. — R.

889. C. maculosa Lamk. — Rochers volcaniques, bords des routes, des rivières. — Monts du Coiron, Saint-Laurent-sous-Coiron, Darbres. Vallée de l'Ardèche : Chauzon, Vals-les-Bains. — Juillet-août. — A.R.

890. C. leucophæa Jord. *Var. C. subalbida* Jord. — Rochers, pierrailles calcaires de la région méridionale. — Vallée du Chassezac : les Vans, Banne (Jord.), Berrias (Loret), Joyeuse (Lamot.), Païolive (N. Roux). — Juillet-août. — R.

Var. C. Mierghii Jord. — Les Vans, Joyeuse (Jord.). — R.

891. C. paniculata L. — Coteaux arides, surtout calcaires, bords des routes, champs, vignes, jusqu'à 400 m. — Dans tout le département. — Juillet-août. — C.C.

Var. congesta Saint-Lager. — Aubenas aux rochers de Baza.

892. C. polycephala Jord. — Rochers, lieux incultes de la région méridionale. — Côte du Rhône jusqu'à Viviers, le Teil. Vallée de l'Ardèche jusqu'à Vallon, Joyeuse, Vogüé. — Juillet-août. — A.R.

893. C. collina L. — Champs des coteaux calcaires de la région méridionale, de 80 à 500 m. — Côte du Rhône : Rochemaure. Vallée de l'Ardèche : Païolive, Vogüé, Aubenas, Ucel, Saint-Julien-du-Serre, etc. Coiron : Lussas, Lavilledieu. Vallée de l'Ouvèze : mont Charray, Chomérac. Vallée de l'Erieux : Saint-Pierreville. — Juillet-août. — P.R.

894. C. aspera L. — Lieux stériles, bords des routes. — Toute la Côte du Rhône et basses vallées y aboutissant. Vallée de l'Ardèche : Vallon. — Juin-septembre. — C.

Var. *C. prœtermissa* Martr. Don. — Vallée de l'Ouvèze : Privas. — R.

895. C. Calcitrapa L. — Chemins, lieux stériles, jusqu'à 600 m. — Juin-août. — C.C.

896. C. solsficialis L. — Champs de toute la région méridionale. — Coiron jusqu'à 500 m. — Côte du Rhône jusqu'au Teil. — Vallée de l'Ardèche jusqu'à Aubenas, etc. — Juillet-septembre. — C.

× *C. Pouzini* D. C. *(aspera × Calcitrapa)*. — Bords des chemins de la région septentrionale du département. — Arras, Vion. — Août. — R.R.

× *C. Loreti* Coste et Sennen *(Calcitrapa × paniculata)*. — Rochers calcaires. — Aubenas aux rochers de Baza. Entre Vallon et Pont-d'Arc (Rouy). — Août. — R.R.

× *C. vivariensis* Revol *(Jacea × pectinata)*. — Rochers gneissiques. — De Labégude à Lalevade-d'Ardèche. — Juin-juillet. — R.R.

Kentrophyllum Neck.

897. Kentrophyllum lanatum D. C. — Lieux incultes, calcaires, bords des routes, jusqu'à 400 m. — Toute la Côte du Rhône. Vallée de l'Ardèche jusqu'à Aubenas, Ucel, Saint-Julien-du-Serre, Prades, Pont-de-Labeaume, Vals-les-Bains. Coiron. Vallée de l'Ouvèze, jusqu'à Chomérac, Privas. Vallées de l'Erieux, du Doux, etc. — Juillet-août. — A.C.

Crupina Cass.

898. Crupina vulgaris Cass. — Coteaux pierreux du Midi, jusqu'à 400 m. — Vallée de l'Ardèche : Saint-Privat à Louyre, Vesseaux, Saint-Etienne-de-Fontbellon, rocher de Jastre, Rochecolombe. — Juillet-août. — A.R.

Serratula L.

899. Serratula tinctoria L. — Bois, broussailles. — Vallée de l'Ardèche : Saint-Julien-du-Serre au vallon du Boulogne. Vallée de l'Ouvèze : environs de Privas. — Juillet-août. — P.C.

Var. S. monticola Bor. — Pâturages, plantations vers la base Ouest du Mézenc. — Juillet-août. — R.

Leuzea D. C.

900. Leuzea conifera D. C. — Coteaux calcaires pierreux et chauds de la région méridionale. — Toute la Côte du Rhône. Vallée de l'Ardèche, jusqu'à Saint-Privat, Saint-Sernin, Vesseaux. Coiron. Vallée de l'Ouvèze jusqu'à Privas. — Juin-juillet. — P.C.

Stæhelina L.

901. Stæhelina dubia D. C. — Région calcaire méridionale, jusqu'à 200 m. — Basses pentes du Coiron sur la Côte du Rhône : Cruas. Vallée de l'Ardèche : de Vallon à Rochecolombe. — Juin-juillet. — R.

Carlina L.

902. Carlina vulgaris L. — Champs incultes, bruyères, bords des routes. — Partout, jusqu'à 1.000 m. — Juillet-septembre. — C.

Var. C. orophila Lamt. — Région siliceuse et volcanique, de 900 à 1.400 m. — Tout le bassin de la Loire. Hauts bassins de l'Erieux, de l'Ardèche, de l'Ouvèze, etc. Chaine des Boutières. — Juillet-sept.— P.C.

903. C. corymbosa L. — Région méridionale, jusqu'à 400 m. — Tantôt sur calcaire, au rocher de Jastre, Vogüé, Vesseaux, tantôt sur silice, à Saint-Julien-du-Serre, Saint-Andéol-de-Bourlenc, de Lalevade-d'Ardèche à Prades, Saint-Cirgues-de-Prades, Fabras ; sur sol volcanique dans la Coupe de Jaujac. — Juillet-sept.— R.

904. C. acanthifolia All. — Rocailles calcaires et volcaniques de la région méridionale, jusqu'à 500 m. — Vallée de l'Ardèche : Aubenas, Vesseaux, Saint-Laurent-sous-Coiron, l'Escrinet, Joyeuse, Thueyts, Coupe de Jaujac. Pentes du Coiron, dans le bassin de l'Ouvèze : mont Charray, mont Combier. — Juin-août. — A.R.

Lappa Adans.

905. Lappa minor D. C. — Bords des chemins, décombres. — Tout le département, jusqu'à 1.100 m. — Juin-août. — C.C.

906. L. major Gærtn. — Mêmes stations que le précédent, moins commun. — Juin-septembre. — C.

Xeranthemum L.

907. Xeranthemum inapertum Willd. — Moissons, champs incultes, rocailleux de la région calcaire méridionale. — De Bourg-Saint-Andéol à Saint-Remèze. Bassin de l'Ardèche : Vallon, Joyeuse, Aubenas à Lasuel, Saint-Privat, Saint-Julien-du-Serre. Coiron : Lussas, l'Escrinet. Bassin de l'Ouvèze : du Pouzin au mont Charray. — Juin-juillet. — A.R.

908. X. cylindraceum Sibth. — Lieux incultes, rocailles calcaires de la basse vallée du Chassezac : Païolive. — Juillet-août. — R.R.

Catananche L.

909. Catananche cærulea L. — Coteaux calcaires de toute la région méridionale, jusqu'au Coiron. — Vallée du Rhône jusqu'à Celles-les-Bains, Châteaubourg. Vallée de l'Ardèche jusqu'à Aubenas, Mercuer, Saint-Julien-du-Serre. Le Coiron jusqu'à 500 m. Vallée de l'Ouvèze jusqu'à Privas, mont Charray, etc. — Juin-août. — A.C.

Cichorium L.

910. Cichorium Intybus L. — Fossés, bords des chemins, voisinage des habitations. — Dans tout le département, jusqu'à 600 m. — Juin-août. — C.C.

Var. hirsutum Grenier. — Toute la région méridionale, jusqu'au Coiron. — A.C.

910bis. **C. Endivia** L. — Cultivé.

Tolpis Gærtn.

911. **Tolpis barbata** Willd. — Pierrailles, bords des chemins de la région siliceuse, de 100 à 500 m. — Vallée de l'Ardèche : Vals-les-Bains, Asperjoc, Saint-Julien-du-Serre, Saint-Andéol-de-Bourlenc, Genestelle ; de Lalevade-d'Ardèche à Jaujac, Fabras et Mayres. — Mai-août. — P.C.

Var. T. dichroa Jord. et F. — Celles-les-Bains. — R.

Rhagadiolus Scop.

912. **Rhagadiolus stellatus** Gærtn. — Rocailles, coteaux pierreux de la région calcaire méridionale, jusqu'à 300 m. — Vallée de l'Ardèche : Vallon, Pont-d'Arc, Joyeuse, Ruoms, Labeaume, Vogüé, Lavilledieu, Ucel, Saint-Julien-du-Serre. Vallée de l'Ouvèze à Privas. Côte du Rhône : Saint-Remèze, Rochemaure, le Pouzin. — Juin-juillet. — R.

Arnoseris Gærtn.

913. **Arnoseris pusilla** Gærtn. — Champs des terrains siliceux et volcaniques, de 300 à 1.700 m. — Dans tout le département. — Juin-août. — C.C.

Lampsana L.

914. **Lampsana communis** L. — Lieux incultes, décombres. — Dans tout le département. — Juin-août. — C.C.

Hypochoeris L.

915. **Hypochœris glabra** L. — Terrains caillouteux, siliceux, bords des chemins, prairies, jusqu'à 500 m. — Dans tout le département. — Juin-juillet. — C.C.

916. **H. radicata** L. — Prairies, pâturages, surtout siliceux. — Dans tout le département. — Juin-août. — C.C.

Var. heterocarpa Moris. — Vignes de la partie septentrionale de la Côte du Rhône.

917. **H. maculata** L. — Prairies, pâturages des sols siliceux et volcaniques, de 300 à 1.700 m. — Bassin de l'Ardè-

che : de Saint-Julien-du-Serre à la Roche-de-Gourdon, Mayres, rocher d'Avran. Bassin de la Loire, jusqu'au Gerbier-de-Jonc. Montfol et Mézenc. Le Coiron. Massif du Tanargue. Côte du Rhône. Vallée du Doux, etc. — Juin-août. — A.C.

THRINCIA Roth.

918. Thrincia hirta Roth. — Champs, sables des cours d'eau, surtout de la région siliceuse, jusqu'à 400 m. — Dans tout le département. — Juin-octobre. — C.C.

LEONTODON L.

919. Leontodon autumnalis L. — Prairies, pâturages. — Partout, jusqu'à 1.400 m. — Juin-octobre. — C.C.
920. L. pyrenaicus Gouan. — Prairies, pâturages de la haute région volcanique, de 1.500 à 1.700 m. — Montfol, Mézenc, Gerbier-de-Jonc, Lanarce, Mazan, rochers d'Avran. Plateau du Tanargue. — Juillet-août. — R.
    Var. *oligocephalus* Dumas-Dam. — Tiges bi- et trifurquées. — Mézenc. — R.
921. L. proteiformis Vill. — Prairies, pâturages. — Dans tout le département. — Juin-octobre. — C.
    Var. *L. glabratus* Koch. — Pâturages humides du bassin de l'Ardèche, de 200 à 600 m. — Le Coiron, etc. — C.
    Var. *L. hispidum* L. — Très commun dans les prairies et les pâturages de tout le département. — C.C.
    Var. *L. crispatus* Grisb. — Le Coiron. Bassin de la Loire, Ray-Pic, etc. — C.
922. L. Villarsii Lois. — Coteaux secs, surtout calcaires, de toute la région méridionale, jusqu'à 400 m. — Le Coiron. Vallée de l'Ouvèze. Côte du Rhône, jusqu'à Serrières, etc. — Juin-août. — C.
923. L. crispus Vill. — Collines sèches et chaudes de la région méridionale calcaire. — Toute la vallée de l'Ardèche, de 100 à 600 m. — Vallon, Joyeuse, Aubenas à Jastre, Vesseaux, Saint-Julien-du-Serre. Toutes les pentes du Coiron. Vallée de l'Ouvèze. Côte du Rhône, jusqu'au

Pouzin, Celles-les-Bains, Crussols, de Bourg-Saint-Andéol à Saint-Remèze, etc. — Juin-août. — P.C.

PICRIS Juss.

924. Picris pauciflora Willd. — Champs arides et pierreux de la basse région méridionale, jusqu'à 200 m. — Bassin de l'Ardèche, Berrias. — Mai-juin. — R.R.

925. P. hieracioides L. — Décombres, voisinage des habitations, champs. — Partout, jusqu'à 1.200 m. — Juillet-septembre. — C.C.

Var. P. gracilis Jord. — Coteaux secs et chauds de la région méridionale, de 100 à 500 m. — Toute la région méridionale jusqu'au Coiron. Côte du Rhône jusqu'à Tournon. Vallées de l'Ouvèze, de l'Erieux, etc. — Juillet-septembre. — A.C.

926. P. sonchoides Vest. (*P. crepoides* Sauter). — Voisinage des habitations, pâturages de la région montagneuse volcanique et siliceuse, de 1.200 à 1.300 m. — Bois de Cuze, entre Laviolle et Lachamp-Raphaël. Champ-de-Mars à Mézilhac (Testard); Chassagne (Saint-Lager). — Août-septembre. — R.R.

HELMINTHIA Juss.

927. Helminthia echioides Gærtn. — Prairies artificielles, fossés, chemins de la région calcaire, jusqu'à 300 m. — Toute la Côte du Rhône. Région méridionale jusqu'à Aubenas. Ucel. Le Coiron. Vallée de l'Ouvèze à Privas. — Août-septembre. — P.C.

UROSPERMUM Juss.

928. Urospermum Dalechampii Desf. — Pâturages, chemins des coteaux secs et chauds siliceux et calcaires, jusqu'à 500 m. — Tout le bassin de l'Ardèche. Région méridionale et pentes du Coiron. Côte du Rhône, de Bourg-Saint-Andéol à Tournon. Vallée de l'Ouvèze — Juin-juillet. — A.C.

929. U. picroides Desf. — Pierrailles, anfractuosités des rochers, surtout calcaires. — Basses pentes calcaires du

Coiron : Alba, Viviers, le Teil. Vallée de l'Ardèche : Vallon, Pont-d'Arc, Saint-Privat à Louyre, Vogüé, Rochecolombe. A Labégude et Ucel, il végète sur granit porphyroïde. — Juin-juillet. — R.

Scorzonera L.

930. **Scorzonera hirsuta** L. — Coteaux calcaires pierreux, jusqu'à 600 m. — Toute la région méridionale et Coiron : Aubenas, Ucel, Saint-Privat, Saint-Julien-du-Sere, Vesseaux, Saint-Laurent-sous-Coiron. Vallée de l'Ouvèze jusqu'à Privas. Côte du Rhône jusqu'à Viviers, le Teil, de Bourg-Saint-Andéol à Saint-Remèze. — Juin-juillet. — P.C.

931. **S. austriaca** Willd. — Prairies, pâturages humides des hautes régions volcaniques, de 1.400 à 1.700 m. — Gerbier-de-Jonc, Montfol, Mézenc. — Juin-juillet. — A.C.

932. **S. humilis** L. *(S. plantaginea* Schleich.*)*. — Pâturages humides de la région siliceuse et volcanique, de 900 à 1.300 m. — Haut bassin de l'Ardèche : Mézilhac, Lachamp-Raphaël, Suc-de-Bauzon, Lavestide-du-Pal. Vallée de la Loire : Mazan, Saint-Cirgues-en-Montagne, le Béage. Bassin de l'Allier. Massif du Tanargue, forêt de Bauzon, Saint-Etienne-de-Lugdarès, Saint-Laurent-les-Bains. Bassin de l'Erieux : le Cheylard, etc. — Juin-août. — P.R.

933. **S. hispanica** L. *(Var. S. glastifolia* Willd.*)*.— Pelouses des coteaux calcaires de la région méridionale. — Vallée de l'Ardèche au Rocher de Jastre. Vogüé. — Mai-août. — R.

Podospermum D. C.

934. **Podospermum laciniatum** D. C. — Champs, vignes de la région calcaire jusqu'à 500 m. — Dans tout le département. — Mai-août. — C.

Var. *integrifolium* G. G. *(Sc. subulata* Lamk.*)*. — Mêlé au type : Ucel, Saint-Sernin, Saint-Privat, Vogüé, etc. — C.

Var. P. calcitrapaefolium D. C. — Champs, vignes des terrains calcaires jusqu'à 3oo m. — Région méridionale : Saint-Martin-d'Ardèche, Bessas, Saint-Remèze, Viviers. Vallée de l'Ardèche : Vallon, Joyeuse, Labeaume, Rochecolombe, Vogüé, Saint-Sernin, Aubenas, Saint-Julien-du-Serre. Basses pentes du Coiron. Vallée de l'Ouvèze et Côte du Rhône jusqu'au Pouzin. — Mai-juillet. — A.C.

Tragopogon L.

935. **Tragopogon pratensis** L. — Prairies, pâturages. — Dans tout le département, jusqu'à 1.000 m. — Mai-juin. — C.

936. **T. orientalis** L. — Prairies, où il est souvent associé avec le précédent. — Mai-septembre. — C.

937. **T. crocifolius** L. — Coteaux calcaires secs, rocailleux et chauds de la région méridionale, jusqu'à 4oo m., vers Saint-Julien-du-Serre, Vesseaux. — Basses pentes du Coiron, dans les vallées de l'Escoutay, du Rhône, de l'Ouvèze. Bessas, Joyeuse, Vallon, Saint-Sernin, Saint-Marcel-d'Ardèche, Saint-Remèze, Viviers, etc. — Juin-juillet. — P.R.

938. **T. porrifolius** L. — Cultivé. — Souvent subspontané.

939. **T. australis** Jord. — Vignes, champs pierreux des coteaux calcaires et volcaniques. — Dans les mêmes stations que *T. crocifolius* L., mais plus rare. — Mai-juin. — R.

940. **T. major** Jacq. — Coteaux pierreux calcaires, jusqu'à 6oo m. — Toute la Côte du Rhône. Vallée de l'Ardèche, jusqu'à Saint-Etienne-de-Fontbellon, Aubenas, Saint-Privat, Vesseaux. Toutes les pentes du Coiron. Vallée de l'Ouvèze jusqu'à Privas. Vallée de la Volane jusqu'à Laviolle. — Mai-juin. — C.

Chondrilla L.

941. **Chondrilla juncea** L. — Bords des routes, rochers, lieux arides, chemins. — Partout jusqu'à 6oo m. — Juin-septembre. — C.C.

Taraxacum Juss.

942. Taraxacum officinale Webb. (*T. dens-leonis* Desf.). — Espèce polyphorme, dont les formes suivantes ont été observées dans le département :

Var. *T. laevigatum* D. C. — Vignes, pelouses des coteaux calcaires arides. — Vallée de l'Ardèche : Aubenas, Vals, Vesseaux, Lussas, etc. Vallée de l'Erieux : le Cheylard. — C.

Var. *T. erythrospermum* Andrz. — Très commun dans toute la région calcaire.

Var. *T. rubrinerve* Jord. — Bords des chemins, lieux incultes. — C.

T. obovatum D. C. — Pelouses des coteaux secs et chauds. — Rochecolombe, Vogüé, Lussas, Saint-Julien-du-Serre. — P.C.

943. T. palustre D. C. — Endroits humides, bords des eaux. — Toute la Côte du Rhône. Vallée de l'Ardèche : Saint-Julien-du-Serre, Saint-Privat, Vals-les-Bains, etc.

Var. *T. udum* Jord. — Mêmes stations que le précédent.

Var. *T. maculatum* Jord. — Mêmes stations que le précédent.

Lactuca L.

944. Lactuca viminea Link. — Toute la zone calcaire du département, jusqu'à 800 m. — Juin-août. — C.

945. L. chondrillæflora Bor. — Rocailles, chemins de la région calcaire et volcanique, jusqu'à 1.000 m. — Le Coiron. Vallée de l'Ardèche jusqu'à la Roche-de-Gourdon, l'Escrinet. Vallée de la Beaume : de Largentière à Valgorge. Vallée de l'Ouvèze, jusque sur les pentes du mont Charray. Toute la Côte du Rhône. Sur micaschiste et gneiss dans la partie septentrionale. Vallon de Celles-les-Bains. Vallées de l'Erieux, du Doux, etc. — Août-septembre. — A.C.

946. L. saligna L. — Vignes, champs, chemins de la région calcaire méridionale, jusqu'à 500 m. — Dans la plus grande partie du département. Pentes du Coiron dans les vallées de l'Ardèche, de l'Escoutay, du Rhône et de l'Ouvèze. Toute la Côte du Rhône jusqu'à Tournon. Vallée de l'Erieux. — Juillet-août. — C.

947. L. Scariola L. — Vignes, décombres, chemins sur les coteaux pierreux calcaires de la région méridionale du département, jusqu'au Coiron, vers 500 m. Côte du Rhône et vallée de l'Ouvèze. — Juin-sept. — A.C.

948. L. virosa L. — Lieux incultes et pierreux. — Dans tout le département, jusqu'à 500 m. — Juillet-sept.— A.C.
Var. L. flavida Jord. — Lieux incultes, décombres de la vallée de l'Ardèche jusqu'à Aubenas, Ucel, Saint-Privat, Vals, Prades, etc. — Côte du Rhône jusqu'à Cruas, Baix, le Pouzin, etc. Vallée de l'Ouvèze : Chomérac, Privas, etc. — Juillet-septembre. — A.C.

949. L. sativa L. — Cultivé. — Juin-août.

950. L. muralis Fres. — Sols détritiques des forêts et anfractuosités des rochers, de 200 à 1.400 m. — Dans tout le département. Commun à Vals-les-Bains, Suc-de-Bauzon, etc. — Juillet-août. — C.

951. L. perennis L. — Champs, vignes, rochers de toute la région calcaire du département, jusqu'à 600 m. sur les pentes du Coiron. — Avril-juin. — C.C.

PRENANTHES L.

952. Prenanthes purpurea L. — Forêts de la région siliceuse et volcanique, de 1.000 à 1.700 m. — Tout le bassin de la Loire. Hauts bassins de l'Allier, du Chassezac, de l'Ardèche, de l'Erieux. Les Boutières, monts du Coiron au mont Combier, etc. — Juillet-août. — A.C.

SONCHUS L.

953. Sonchus oleraceus L. — Champs, vignes. — Dans tout le département, jusqu'à 1.200 m. — Juin-automne. — C.C.

954. S. asper Vill. — Mêmes stations que le précédent. — Juin-automne. — C.C.

Var. *S. spinosus* Lamk. — Bords des champs, décombres. — Bassin de l'Ardèche : Saint-Andéol-de-Bourlenc, Genestelle, Vals-les-Bains. — Juin-août.

955. **S. arvensis** L. — Champs, vignes, surtout calcaires, jusqu'à 1.000 m. — Dans tout le département. — Juillet-septembre. — C.

Mulgedium D. C.

956. **Mulgedium Plumieri** D. C. — Forêts de la région siliceuse et volcanique, au-dessus de 1.200 m. — Bassin de la Loire : Chartreuse-de-Bonnefoy. Les Pradoux, forêt de Mazan. — Juillet-août. — R.R.

Picridium Desf.

957. **Picridium vulgare** Desf. — Rochers calcaires et granitiques jusqu'à 400 m. Sur micaschiste dans la région septentrionale du département: Saint-Jean-de-Muzols, Vion, Arras, Sarras, jusque vers Annonay, Preaux, Saint-Félicien, Serrières. Vallée du Doux. Sur granit : Ucel, Vals. Sur calcaire : toute la région méridionale jusqu'au Coiron. Vallée de l'Ouvèze et Côte du Rhône. — Avril-juin. — A.C.

Pterotheca Cass.

958. **Pterotheca nemausensis** Cass. — Chemins, champs, pelouses, en tous terrains, jusqu'à 600 m. — Avril-juin. — C.C.

Var. *gracilis*. — Endroits secs des sols siliceux. — C.C.

Crepis L.

959. **Crepis taraxacifolia** Thuill. — Prés, pâturages, alluvions. — Dans tout le département, jusqu'à 850 m. — Mai-juin. — C.C.

960. **C. setosa** Hall. — Champs incultes, chemins, prairies artificielles. — Toute la Côte du Rhône. Vallée de l'Ouvèze jusqu'à Privas. Région méridionale jusqu'au Coiron. — Rare ailleurs. — Juillet-septembre. — A.C.

961. **C. fœtida** L. (*Barkhausia fœtida* D. C.). — Chemins,

champs incultes, vignes, jusqu'à 1.000 m. — Dans tout le département. — Juin-août. — C.C.

962. C. biennis L. — Prairies jusqu'à 500 m. — Dans tout le département. — Mai-juin. — A.C.

963. C. virens Cass. — Prairies, bords des eaux, jusqu'à 1.000 m. — Tout le département. — Juin-octobre. — C.

Var. C. agrestis Bor. — Bassin de la Loire : Saint-Cirgues-en-Montagne à Lapalisse. Vallée de l'Ardèche : Vals, Aubenas, vers 200 m. — P.C.

Var. C. stricta D. C. — Commun dans les endroits sablonneux.

Var. C. diffusa D. C. — Champs, prairies, sables des rivières. — Vallées du Rhône, de l'Ardèche, à Aubenas, Vals, Labégude, etc. Vallées de l'Ouvèze : Chomérac, Privas, etc. ; de l'Erieux, du Doux. — A.C.

963bis. C. nicæensis Balb. — Prés, herbages des saulaies. — Toute la Côte du Rhône. Vallées de la Cance et du Doux. — Mai-juin. — A.C.

964. C. pulchra L. — Vignes, champs de la région calcaire méridionale, jusqu'à 400 m. — Saint-Martin-d'Ardèche, Bessas, Labastide-de-Virac, Berrias, Joyeuse, Vogüé, Villeneuve-de-Berg, Lavilledieu, Lussas, Vesseaux, Saint-Julien-du-Serre, Vals, Labégude, Mercuer, Aubenas, etc. Basses pentes du Coiron vers Aubignas, Alba, Viviers, le Teil, Cruas, Baix. Vallée de l'Ouvèze, etc. — Mai-juillet. — A.R.

965. C. succisæfolia Tausch. — Prairies, pâturages de la haute région siliceuse et volcanique, au-dessus de 1.100 m. — Bassins de l'Ardèche et de l'Erieux : Champ-de-Mars, Mézilhac. Bassins de l'Allier, du Chassezac : forêt de Bauzon. Tanargue, rocher d'Avran. Bassin de la Loire et de l'Erieux : Lachamp-Raphaël, Gerbier-de-Jonc, Mézenc. Chaîne des Boutières. — Juillet-août. — A.R.

Var. nuda G. G. (*C. hieracioides* W. K.).— Gerbier-de-Jonc, Montfol, Chartreuse-de-Bonnefoy, **Mézenc**. — R.

966. C. grandiflora Tausch. — Prairies, pâturages. — Région siliceuse et volcanique au-dessus de 900 m. — Hauts bassins de l'Erieux, de l'Ardèche, de la Loire, de l'Allier : Champ-de-Mars, Mézilhac, Marcols, Saint-Pierreville, le Cheylard, Saint-Cierge-sous-le-Cheylard, Gerbier-de-Jonc, Saint-Martial, Borée, Larochette, Mézenc, Montfol, lac d'Issarlès, Mazan, forêt de Bauzon, Tanargue, Saint-Laurent-les-Bains, Loubaresse, Borne, etc. Chaîne des Boutières. — Juillet-août. — A.C.

967. C. paludosa Mœnch. — Tourbières, bords des eaux, au-dessus de 1.000 m. — Ray-Pic, Lachamp-Raphaël, Gerbier-de-Jonc, Montfol. Chartreuse-de-Bonnefoy, le Béage, Coucouron, lac d'Issarlès, de Mayres au rocher d'Avran. Valgorge, sur les pentes du Tanargue. — Juillet-août. — A.R.

Heracium L.

968. Hieracium Pilosella L. — Pâturages, prairies, chemins, rochers. — Dans tout le département. — Mai-septembre. — C.C.

Var. robustius Koch. — Bruyères, champs incultes siliceux. — Aubenas, Ucel, Saint-Julien-du-Serre. Côte septentrionale du Rhône : Vion, Tournon, Arras, Sècheras, Eclassan, etc.

Var. canescens A. T. — Région siliceuse, entre 100 et 500 m. — Vallée de l'Ardèche, jusqu'à Vals, Mercuer, Prades, Saint-Cirgues-de-Prades, Jaujac, Thueyts, etc. Côte du Rhône et partie septentrionale du département : Sarras, Andance jusqu'à Tournon. Vallée du Doux.

Var. pulchella Scheele. — Pâturages de la région volcanique, au-dessus de 1.000 m. — Roche-de-Gourdon, Champ-de-Mars, Chartreuse-de-Bonnefoy.— A.C.

Var. H. niveum Müller (*H. tardans* Naegeli et Peter). — Pâturages sur micaschiste, gneiss et alluvions du Rhône. — Vallée du Doux. De Tournon à Vion, Arras, Sarras. Andance, Eclassan, St-Jeurre-d'Ay, etc.— P.R.

× *H. Schultesii* Fréd. Schl. *(Pilosella* × *Auricula)* *(H. stoloniflorum* Auct. plur.). — Pelouses, prairies avec les parents. — Saint-Julien-du-Serre à Miolaure. —R.R. — Mai-juin.

Obs. — M. Sudre dit : « *Plante à pollen parfait et non hybride.* »

969. **H. Auricula** L. — Pâturages, prairies, champs incultes, éboulis. — Partout. — Mai-septembre. — C.C.

Var. minus Grisb. — Pâturages de la région siliceuse et volcanique au-dessus de 1.000 m. — Roche-de-Gourdon. Du Champ-de-Mars à Mézilhac. — Juillet-août. — R.

970. **H. amplexicaule** L. — Rochers basaltiques au-dessus de 1.000 m. — Bassin de la Loire : Volcan de Cherchemus au ravin de Gage, Saint-Cirgues-en-Montagne. Bassin de l'Ardèche : de Laviolle à Mézilhac, de Montpezat et Burzet au Ray-Pic, Mayres, Valgorge sur les pentes du Tanargue. Roche-de-Gourdon. — Juillet-août. — P.C.

F^a *depressa, reducta* A. T. — Rochers bordant la Loire : Lapalisse, près Saint-Cirgues-en-Montagne.

Var. H. speluncarum A. T. *(H. pulmonarioides v. amplexifolium* A. T.). —Rochers siliceux et basaltiques de la vallée moyenne de l'Ardèche : Labégude, Lalevade-d'Ardèche, Pont-de-Labeaume, Thueyts. Vallée de la Volane : Vals-les-Bains, Asperjoc, Antraigues, Laviolle. — Juin-août. — A.C.

971. **H. myagrifolium** A. T., *var. depilatum* A. T. — Rochers phonolitiques aux bords de la Loire, vers 1.000 m. — Lapalisse, près Saint-Cirgues-en-Montagne. — Juillet-août. — R.R.

972. **H. Pseudocerinthe** Koch. — Anfractuosités des falaises basaltiques vers 1.000 m. — Roche-de-Gourdon. — Juillet-août. — R.R.

973. **H. onosmoides** Fries *(H. subrude* A. T.). — Anfractuosités des rochers de granit porphyroïde, vers 200 m. — De Vals-les-Bains à Ucel. — Mai-juin. — R.R.

Var. H. buglossoides A. T. — Bords des bois, pâturages de la région volcanique au-dessus de 1.100 m. — Base Sud-Est du Champ-de-Mars. — Juillet-août. — R.

974. H. candicans Tausch.

Var. H. cyaneum A. T. — De 100 à 1.200 m., par les genêts, bruyères, landes et rocailles. — Tout le département. — Juin-août. — C.

Var. oblongatum A. T. — Région calcaire méridionale jusqu'à Saint-Sernin, Aubenas et basses pentes du Coiron.

Var. graniticum A. T. — Région siliceuse, de 200 à 800 m. — Vallée de l'Ardèche : Saint-Julien-du-Serre, Saint-Andéol-de-Bourlenc, Genestelle, Saint-Joseph-des-Bancs.

Var. H. comatulum Jord. — Coteaux de la région méridionale, jusqu'à 350 m. — Vallée de l'Ardèche : Jastre, Saint-Privat, Vesseaux, Saint-Julien-du-Serre. — Avril-juin. — A.R.

Var. titanophilum Sud. — Coteaux calcaires de la même région, jusqu'au Coiron, vers 400 m. — R.

Var. asperatum. — Mêlée aux précédents.

Var. H. brunellaeforme A. T. — Pâturages des hautes régions siliceuses ou volcaniques, de 1.000 à 1.750 m. — Bassin de la Loire : Mézenc, pentes et sommet. — C. Bassin de l'Ardèche : Champ-de-Mars. — R.R. Bassin de l'Allier : de Saint-Etienne-de-Lugdarès à Luc (Lozère). — Juillet-août.

Var. trachyticum A. T. — Sommet du Mézenc.

Var. calcareum A. T. — Eboulis calcaires, vers 300 m. — Saint-Julien-du-Serre au Chambon et Combe-Meyras.

Var. H. prasinophyllum Sudre. — Coteaux calcaires, éboulis, landes, dans toute la région méridionale. Remonte par la vallée de l'Ardèche à Joyeuse, Balazuc, Saint-Sernin, Vogüé, rocher de Jastre à Aubenas, Vesseaux, Saint-Julien-du-Serre. Pentes du Coiron dans la vallée de l'Escoutay, vers Aubignas, Viviers, le Teil. — Mai-juin. — A.C.

975. H. bifidum Kit. — Région siliceuse, jusqu'à 800 m. — Pâturages, genêts et bruyères. — Dans tout le département. — Vallée de l'Ardèche : Aubenas, Largentière, Chazeaux, Jaujac, Vals-les-Bains, Antraigues, Genestelle, Saint-Julien-du-Serre, Ucel, etc. — Partie septentrionale où il est commun sur gneiss et micaschiste : de Tournon à Limony jusqu'à 800 m., vers Annonay, Preaux, Saint-Félicien. Vallée du Doux jusque vers Lamastre. Vallée de l'Erieux jusqu'au Cheylard. — Mai-août. — C.

Var. *H. Planchonianum* Loret et Timb. — Coteaux secs jusqu'à 300 m. — Ucel, Vals-les-Bains, Arras, Eclassan, Vion. — P.R.

Var. *H. lepidum* A. T. — Talus des champs en gradins de la région volcanique, vers 1.000 m. — Saint-Joseph-des-Bancs : de Ranc-de-Veyre au Champ-de-Mars. — Juillet-août. — R.

Var. *H. arachnophyllum* A. T. (inédit). — Marnes calcaires des pentes arides de la Côte du Rhône. — Vallon de Celles-les-Bains à Lavoulte. — Juin-août. — R.

Var. *H. sagittibifidum* A. T. — Eboulis siliceux ou volcaniques entre 300 et 1.000 m. — Vallée de l'Ouvèze : mont Charray, Roche-de-Gourdon. Vallée de l'Ardèche : Vesseaux, Labégude, Lalevade-d'Ardèche, etc. — Juin-août. — P.C.

Var. *sublacteum* A. T. (*H. sublacteum* A. T. et Gaut). — Rochers de granit porphyroïde. — De Vals-les-Bains à Ucel. — R.

Var. *H. naevibifidum* A. T. *f^a depressa* A. T. — Landes, châtaigneraies de la région granitique, entre 300 et 600 m. — Vallée de l'Erieux : le Cheylard, Saint-Cierge-sous-le-Cheylard, le Pouzat, Saint-Jean-Roure, Saint-Martin-de-Valamas. — Avril-juin. — P.R.

Var. *H. setibifidum* A. T. et Gaut. — Pelouses, anfractuosités des rochers de la région siliceuse, entre 200 et 1.300 m. — Vallée de l'Ardèche : Saint-Joseph-des-Bancs, du Moulet à Prat-Berthon, en montant au Champ-de-Mars. Coupe de Jaujac, Saint-Cirgues-de-Prades, Lasouche, Neyrac, Meyras, Thueyts, Mayres, Valgorge, Dompnac. Côte du Rhône septentrionale : Arras, Eclassan, Lemps, Sècheras. — Juillet-août. — A.R.

Var. *reducta gracilenta* A. T. et Gaut. — Mêmes stations.

Var. *reducta pusilla* A. T. Sur micaschiste : Saint-Laurent-les-Bains, Bornes, etc.

Var. *gracillimum* A. T. — Pentes du Tanargue, Dompnac.

976. **H. albulum** Jord. — Anfractuosités des falaises basaltiques, de 300 à 1.000 m. — Vallée de la Loire : Lapalisse, près Saint-Cirgues-en-Montagne, Lachapelle-Grailhouze. Vallée de l'Ardèche : Thueyts (Jord.). Mayres, Neyrac, Meyras, Pont-de-Labeaume, Lalevade-d'Ardèche. — Sur granit : Labégude au Malpas. — Juin-août. — P.R.

977. **H. cinerascens** Jord. — Bruyères, landes, bords des bois de la région volcanique et siliceuse, de 200 à 1.400 m. — Dans tout le département. — Mai-juillet. — C.C.

Var. *H. tenuiflorum* A. T. *in* Clarence Bicknell : *Flora of Bordighera and San Remo.* — Pâturages, vieux murs, ruines de la région volcanique et siliceuse au-dessus de 1.000 m. — Mézenc. Ruines de la Chartreuse-de-Bonnefoy, Saint-Laurent-les-Bains, Saint-Etienne-de-Lugdarès. — Juillet-août. — P.R.

978. **H. fragile** Jord., Fries. — En tous terrains, de 100 à 400 m. — Dans tout le département. — Commun dans la région méridionale, d'où il remonte sur les pentes du Coiron : Vesseaux, Saint-Laurent-sous-Coiron, Saint-Gineys-en-Coiron, etc. Vallée de l'Ardèche : Saint-Sernin, Rochecolombe. Vallée de l'Ouvèze jusqu'à Privas, mont Charray. Vallée de l'Erieux jusque vers le Cheylard. Vallée du Doux jusqu'à Lamastre. Toute la Côte du Rhône, etc. — Avril-juin. — C.C.

Var. *H. glaucinum* Jord. — Pâturages, bruyères, bois de la région siliceuse et volcanique, de 100 à 1.300 m. — Champ-de-Mars, château de Boulogne, Saint-Julien-du-Serre. — Côte du Rhône septentrionale : Vion, Tournon, Arras. Vallée du Doux jusqu'à Boucieu-le-Roi, Lamastre, Champis. — Juin-août. — A.C.

Var. *H. adscitum* Jord. — Chartreuse-de-Bonnefoy. — Juillet. — R.

Var. *H. pinicolum* Jord. (*H. praecox* var. *chartaceum* A. T.). — Forêts du Mézenc (Jord.).

Var. *H. ambifarium* Sudre. — Vieux murs, éboulis calcaires. — Région méridionale jusqu'à Aubenas et Jastre, Saint-Julien-du-Serre, Vesseaux. — Avril-juin. — P.R.

Var. *H. praecox* Schultz-Bip. — Tous terrains, rochers, landes, bruyères, bois taillis. — De la plaine à 1.350 m. au Suc-de-Bauzon. Commun dans la vallée de l'Ardèche, autour d'Aubenas, Vals-les-Bains, château de Boulogne, etc. — Tout le département. — Avril-juin. — C.C.

Var. *H. pilosissimum* A. T. — Vesseaux, Saint-Julien-du-Serre, Coiron jusqu'à 500 m. — A.C.

Var. *H. dolichellum* A. T. f^a *substellata* A. T. — Saint-Julien-du-Serre aux Gras, Vesseaux.

Var. *reducta* A. T. — Vieux murs. — Arras.

Var. *H. subpraecox* A. T. et Gaut. — Bords des chemins, landes. — De Saint-Cirgues-en-Montagne au pont de Lapalisse. — Septembre.

Var. *H. pallidifrons* Sudre. — Eboulis siliceux. — Saint-Julien-du-Serre à Miolaure.

Var. *H. gladiatum* de Martr. D. — Pâturages, broussailles de la région siliceuse et volcanique, de 400 à 1.300 m. — De Saint-Julien-du-Serre au Champ-de-Mars à la Roche-de-Gourdon. — Mai-juillet. — A.R.

979. H. prasinifolium Jord. — Champs incultes, landes, châtaigneraies, de 300 à 400 m. — Saint-Julien-du-Serre, du Buis à Fromenteyrol. — Juin-juillet. — R.

980. H. belgicum A. T. — Anfractuosités des rochers gneissiques, de 300 à 400 m. — Saint-Julien-du-Serre, Saint-Andéol-de-Bourlenc. — Avril-mai. — R.

981. H. petiolare Jord. — Pâturages, genêts de la région siliceuse et volcanique, de 300 à 1.300 m. — Saint-Julien-du-Serre, Vesseaux, Saint-Michel-de-Boulogne, Saint-Joseph-des-Bancs. Champ-de-Mars. — Mai-juillet. — P.C.

Var. *H. furcillatum* Jord. — Bois de pins, éboulis des rochers siliceux. — Saint-Julien-du-Serre, Vesseaux, dans les vallons du Boulogne, du Luolp. — Mai-juillet. — A.C.

Var. *H. pallidulum* Jord. — Eboulis gneissiques, entre 600 et 1.000 m. — Saint-Joseph-des-Bancs au Moulet. Champ-de-Mars à Ranc-de-Veyre, Saint-Agrève et chaîne des Boutières. — Juillet. — A.R.

982. H. murorum L. — Bois, pâturages, bords des chemins. — Dans tout le département. — Juin-août. — C.C.

Var. *subatratum* A. T. — Pentes du Mézenc, vers 1.700 m. — R.

Var. *H. exotericum* Jord. — Pâturages, bois des terrains siliceux ou volcaniques, de 1.000 à 1.500 m. — Saint-Cirgues-en-Montagne, Mazan. Mézenc, près du Chalet. — Juillet-août. — P.C.

Var. *reducta* Sud. — Bords des plantations du Mézenc.

Var. *H. nemorense* Jord. — Plantations du Mézenc, de 1.600 à 1.700 m. — P.C.

Var. *H. nervulosum* A. T. *f. membranacea* A. T. — Saint-Julien-du-Serre, Ucel.

Var. *subcanens* A. T. *f^a maculata* A. T. — Saint-Julien-du-Serre, Saint-Privat, Ucel.

Var. *subpubens* A. T. *f^a cruentata* A. T. — Saint-Julien-du-Serre aux Viviers.

983. H. divisum Jord. (*H. pallescens* A. T., non W. et Kit.). — Murs, rochers, pâturages de la région volcanique ou siliceuse, au-dessus de 1.000 m. — Du Béage au lac d'Issarlès. — Juillet-septembre. — A.R.

Var. *H. tinctum* Jord. — Pâturages, bruyères, vers 3oo m. — Ucel, Vals-les-Bains, Saint-Julien-du-Serre. — Juin-juillet. — A.R.

Var. *H. cruentum* Jord. (*H. pallescens* var. *cruentatum* A. T.). — Bruyères, châtaigneraies, surtout sur grès du trias. — Dans les environs d'Aubenas, Mercuer, Vals-les-Bains, Saint-Julien-du-Serre, Saint-Andéol-de-Bourlenc. — Mai-août. — A.C.

Var. *H. pectinatum* A. T. var. *cruentatum* A. T. — Saint-Andéol-de-Bourlenc à la Bertoile, sur gneiss, vers 4oo m. — Juin. — R.

Var. *submaculatum* A. T. — Rochers basaltiques bordant les ruisseaux de Vernazon et Neyrenet, près de Saint-Cirgues-en-Montagne, vers 1.ooo m. — Juillet-août. — P.C.

Var. *commixtum* Jord. var. *intersitum* Jord.— Landes et broussailles de la haute région volcanique. — Champ-de-Mars, Mézilhac, Lachamp-Raphaël, Chartreuse-de-Bonnefoy, Mézenc. — Juillet-août. — A.R.

Var. *H. laevicaule* Jord. var. *H. partitum* Jord. — Rochers basaltiques bordant la Loire à Lapalisse, près de Saint-Cirgues-en-Montagne. — Juillet-août. — A.R.

984. H. vulgatum Fries. — Clairières des bois, rochers siliceux ou volcaniques. — Dans tout le département, jusqu'à 1.6oo m. — Juillet-septembre. — C.

F^a *obscura* A. T. et Gaut. — Chartreuse-de-Bonnefoy, vers 1.6oo m. — Juillet-août. — R.

Var. *alpestre* A. T. — Vers le sommet du cratère du Suc-de-Bauzon.

Var. *membranacea* A. T. — Suc-de-Bauzon, sous-bois vers Rieutord, Mazan.

Var. *subellipticum* A. T. f^a *subpulverulenta* A. T. — Saint-Julien-du-Serre à Fromenteyrol, Ucel. — R.

Var. *subacuminatum* A. T. — Chartreuse-de-Bonnefoy. — R.

Var. *H. approximatum* Jord. — Eboulis calcaires de la région méridionale jusqu'aux pentes du Coiron :

Aubenas, Ucel, Vesseaux, Saint-Julien-du-Serre. — Juin-août. — P.R.

Var. H. naeuuliferum Jord. — Région calcaire méridionale, **jusqu'**à 500 m. sur les pentes du Coiron. — Vallée de l'Ouvèze et Côte du Rhône jusqu'au Pouzin. — Juin-août. — P.R.

Var. H. acuminatum Jord. — Pâturages et broussailles de la haute région volcanique, de 1.300 à 1.600 m. — Du Champ-de-Mars à la Chartreuse-de-Bonnefoy. — Juillet-août. — R.R.

Var. H. festinum Jord. — Clairières bordant le cratère du Suc-de-Bauzon, vers 1.450 m. — Août. — A.R.

Var. H. erubescens Jord. — Mêmes stations.

Var. H. acanthodon A. T. et Gaut. — Anfractuosités des rochers de granit porphyroïde, vers 200 m. — De Vals à Ucel. — Mai-juin. — R.R.

Var. H. ericicolum A. T. — Hautes herbes au sommet du cratère du Suc-de-Bauzon. — Juillet-août. — R.R.

985. H. lanceolatum Vill., *var. strictissimum* A. T. (*H. strictissimum* Frœl.). — Anfractuosités des rochers phonolitiques de la pente Est du Mézenc, vers 1.740 m. — Juillet-septembre. — R.

986. H. heterospermum A. T. (*H. provinciale* Jord., etc.), *var. subbarbatum* A. T. — Eboulis volcaniques à la Gravenne-de-Thueyts. — Août-septembre. — P.C.

Var. H. basalticarum Rouy. — Rochers basaltiques bordant l'Ardèche à Thueyts (Rouy), Mayres. — Juillet-août. — R.

987. H. rigidum Hartm. — Hautes herbes, rochers des montagnes volcaniques, de 1.200 à 1.450 m. — Cratère du Suc-de-Bauzon. — Juillet-août. — A.C.

Var. deltophyllum A. T. f^a *maculata subhirsuta* A. T. — Bruyères, châtaigneraies, de 200 à 400 m. — Vallon du Sandron : Ucel, Vals-les-Bains, Saint-Julien-du-Serre. — Juillet-août. — R.

Var. pseudogothicum A. T. — Rochers volcaniques

de 1.000 à 1.450 m. — Bords de la Loire et de Vernazon, près de Saint-Cirgues-en-Montagne. — Sommet et pentes du cratère du Suc-de-Bauzon. — Juillet-août. — A.R.

Var. H. gothicum Fries f^a gracilenta A. T. — Sur micaschiste, vers 1.100 m. — Saint-Etienne-de-Lugdarès, Saint-Laurent-les-Bains. — Juillet-août. — R.

F^a subgracilenta A. T. — Rochers basaltiques au confluent de la Loire et de Vernazon, vers 980 m.— R.

Var. H. cebennense A. T. f^a elata A. T. — Anfractuosités des rochers siliceux ou volcaniques, de 300 à 1.300 m. — Vallée de l'Ardèche : de Labégude au Malpas et à Salindres, vers Lalevade-d'Ardèche. Vallée de la Loire à Lapalisse. — Juin-juillet. — R.R.

F^a gracilentum A. T. et var. cruentalum A. T. — Mêmes stations.

Var. reducta alpestris A. T. — Par les Vaccinium myrtillus, au Champ-de-Mars, vers 1.300 m. — R.R.

988. H. tridentatum Fries. — Eboulis volcaniques, de 1.300 à 1.450 m. — Cratère du Suc-de-Bauzon. — Juillet-août. — A.R.

989. H. boreale Fries (H. commutatum Beck. et Lindeb.). — Sur tous terrains. — Partout jusqu'à 600 m. — Août-septembre. — C.

Var. H. obliquum Jord. — Rochers basaltiques, châtaigneraies. — Vallée de l'Ardèche, vers 400 m. : Thueyts (Jord.).

Var. H. virgultorum Jord. — Bois, broussailles, rochers de la région siliceuse ou volcanique méridionale de 200 à 500 m. — Saint-Julien-du-Serre, Vals-les-Bains, Labégude, Ucel, Pont-de-Labeaume, Neyrac, Meyras, Thueyts. Côte du Rhône septentrionale : Arras, Eclassan, Sècheras, Preaux, etc. — Juillet-septembre. — P.R.

Var. H. scabiosum Sudre, var. latifolium Sud. — Bois, broussailles des terrains siliceux, entre 200 et 400 m. — Saint-Julien-du-Serre, Vesseaux, Ucel, Vals-les-Bains. — Juillet-août. — A.R.

Var. H. quercetorum Jord. — Bois taillis de la région calcaire méridionale, jusqu'aux basses pentes du Coiron et Vesseaux, Saint-Privat, Saint-Julien-du-Serre. — Août-septembre. — A.R.

Var. H. occitanicum Jord.— Eboulis, rochers gneissiques, vers 450 m. — Saint-Michel-de-Boulogne. — Août-septembre. — R.

Var. H. fruticetorum Jord. — Chênaies des coteaux calcaires, vers 300 m. — Basses pentes du Coiron : Vesseaux à Valette. — Juillet-août.

Var. H. eminens Jord. — Bois de pins maritimes, rochers siliceux de 200 à 500 m. — Vallée de l'Ardèche : environs d'Aubenas, Mercuer, Labégude, Ucel, Vals-les-Bains, Saint-Andéol-de-Bourlenc, Pont-de-Labeaume, Meyras. — Août-septembre. — P.R.

Var. H. vivariensis Jord. — Vallée de l'Ardèche, par les coteaux siliceux, de 200 à 500 m. — Thueyts (Jord.), Labégude, Vals-les-Bains, Ucel, Saint-Julien-du-Serre. — Août-septembre. — A.R.

Var. H. vasconicum Jord. — Chênaies des coteaux calcaires chauds, vers 300 m. — Basses pentes du Coiron : Vesseaux. — Août-septembre. — A.R.

Var. H. ericetorum A. T. et Gaut. — Rochers gneissiques. — Vallée de l'Ardèche : Meyras, Neyrac, Thueyts. Côte du Rhône septentrionale : Vion, Arras, Eclassan, Sècheras, Sarras, etc. — Août-septembre. — P.R.

Var. H. dispalatum Jord., *var. conicum* Sud. — Landes, rochers sur grès du trias, vers 350 m. — Saint-Julien-du-Serre au Cuberty. — Août-septembre. — R.

Var. H. vagum Jord. — Pierrailles, landes de la région siliceuse ou volcanique, vers 600 m. — Mayres (Jord.). — Août-septembre. — R.

990. H. umbellatum L. — Toute la région siliceuse et volcanique, jusqu'à 1.000 m. — Le type dans la zone de 800 à 1.000 m. — Août-septembre. — C.C.

Les variétés de cette espèce sont nombreuses dans

la région méridionale, surtout de 70 à 500 m. Les plus remarquables sont :

Var. *H. serum* Jord. (*H. posteratum* Jord.). — Rochers volcaniques bordant le ruisseau de Vernazon, de Saint-Cirgues-en-Montagne à Lapalisse. — Août-septembre. — P.C.

Var. *H. ericetorum* A. T. — Bois de pins maritimes, broussailles, de 100 à 400 m. — Vallée de l'Ardèche : Saint-Julien-du-Serre, Ucel, Labégude, Mercuer, Saint-Cirgues-de-Prades, etc. Côte du Rhône septentrionale sur micaschiste : Arras, Sècheras, Eclassan. Vallées du Doux et de la Cance. — Août-septembre. — A.R.

Var. *angustifolia* A. T. — Mêmes stations.

Var. *H. umbelliforme* Jord. — Bois de pins sur micaschiste, vers 300 m. — Ravin d'Arras, Eclassan, Sècheras, Cheminas, Preaux, Lemps, Ozon, Sarras. — Septembre. — P.C.

Var. *H. Loreti* Rouy (var. *latifolium* Loret et Barrandon). — Rochers siliceux et volcaniques, de 300 à 1.000 m. — Vallée de l'Ardèche : Saint-Julien-du-Serre, Ucel. Vallée de la Loire : de Saint-Cirgues-en-Montagne à Lapalisse. — Juillet-septembre. — R.

991. **H. halimifolium** Fries. — Bruyères, châtaigneraies, rochers sur grès du trias, vers 300 m. — Vallée de l'Ardèche : Saint-Julien-du-Serre à Jumel, Ucel au vallon du Sandron, Vals-les-Bains, de Prades à Fabras. — Août-septembre. — A.R.

F^a *heterophylla* A. T. — Broussailles des coteaux siliceux de la même région que le précédent.

Var. *H. ilicetorum* Jord. (*H. brevifolium* Frœl p. p. non Tausch.). — Coteaux siliceux de 200 à 400 m., dans la région méridionale. — Vallée de l'Ardèche : Saint-Julien-du-Serre, Mercuer, Fabras, Pont-de-Labeaume, Meyras. — Août-septembre. — A.R.

Var. *H. brevifolium* A. T. f^a *sublatifolia* A. T. (*H. latifolium* Spreng.). — Saint-Julien-du-Serre à Jumel.

Var. *H. verbenacum* A. T. (*H. umbellatum* var. *Ja-*

cobaefolium A. T.). — Coteaux de la région méridionale, jusqu'à 200 m. — Août-septembre. — R.
992. **H. brevifolium** Tausch. (*H. umbellatum, var. brevifolium* Auct.). — Bois de pins maritimes, base des rochers sur grès du trias par les coteaux bien ensoleillés, vers 300 m. — Saint-Julien-du-Serre à Jumel, Ucel au vallon du Sandron. — Août-septembre. — R. — Récolté en 1898. — Déterminé par M. Arvet-Touvet.

Andryala L.

993. **Andryala sinuata** L. — Sols rocailleux, jusqu'à 500 m. — Dans tout le département. — Juillet-septembre. — C.
Var. *A. integrifolia* L. — Mêmes stations que le précédent.

Scolymus L.

994. **Scolymus hispanicus** L. — Endroits pierreux, bords des chemins, voisinage des habitations. — Région méridionale jusqu'à Aubenas. Côte du Rhône jusqu'à Arras, Sarras. — Juillet-août. — P.C.

Famille LVI. — AMBROSIACÉES

Xanthium L.

995. **Xanthium strumarium** L. — Décombres, saulaies, champs. — Basse vallée de l'Ardèche, jusqu'à 300 m., à Lavilledieu, Aubenas. Toute la Côte du Rhône. — Juin-septembre. — P.C.
996. **X. macrocarpum** D. C. — Champs, saulaies. — Tout le long du Rhône. Vallée de l'Ardèche : Vallon. — Août-septembre. — P.R.
997. **X. spinosum** L. — Chemins, décombres, lieux incultes, jusqu'à 300 m. — Labégude au Malpas (Girod), Vals-les-Bains, Ucel, Saint-Privat, Aubenas, Privas. Côte du Rhône. — Août-octobre. — A.C.

Famille LVII. — CAMPANULACÉES

Jasione L.

998. Jasione montana L. — Bruyères, landes, de 100 à 1.500 m. — Dans tout le département. — Juin-sept. — C.C.

999. J. perennis L. — Bords des chemins, pâturages, éboulis de la région siliceuse et volcanique au-dessus de 900 m. — Bassin de la Loire. Hauts bassins de l'Allier, de l'Ardèche, de l'Erieux, du Doux. Les Boutières. — Juillet-septembre. — A.C.

Var. J. Carioni Bor. — Eboulis, pâturages, de 1.000 à 1.200 m. — Saint-Cirgues-en-Montagne, Lanarce, Issanlas. — R.

Phyteuma L.

1000. Phyteuma hemisphæricum L. — Anfractuosités des rochers, pelouses rocailleuses des hautes montagnes volcaniques au-dessus de 1.000 m. — Mézenc, Gerbier-de-Jonc, Montfol, Taupernas, Sépoux, Pradoux, vers Saint-Martial, Borée, Lachamp-Raphaël. Champ-de-Mars, Roche-de-Gourdon, rochers d'Avran. — Juillet-août. — A.R.

1001. P. orbiculare L. — Prairies, pâturages, broussailles de la région siliceuse, volcanique, au-dessus de 800 m. Le Coiron. Vallée de l'Ardèche : Roche-de-Gourdon, Champ-de-Mars, Mayres. Les Boutières. Massif du Tanargue, etc. — Juillet-août. — A.C.

Var. ellipticum G. G. *(P. ellipticum* Vill.). — Montfol, Chartreuse-de-Bonnefoy, Gerbier-de-Jonc.

Var. cordatum G. G. *(P. cordatum* Vill.).— Champ-de-Mars.

1002. P. spicatum L. — Prairies, pâturages, bords des eaux. — Dans tout le département, de 200 à 1.000 m. — La forme typique à fleurs jaunes : de Montpezat au Pal, de Burzet aux Sagnes-et-Goudoulet et au Ray-Pic. — Juin-juillet. — P.C.

Var. *caerulescens* Bor. (*P. nigrum* G. G., non Schmidt). — Prairies et pâturages de la région siliceuse et volcanique jusqu'à 1.000 m. — Dans la plus grande partie du département. Vallée de l'Ardèche : rocher d'Avran, Coiron et chaîne des Boutières. — Juin-août. — A.C.

1003. P. Halleri All., var. *caerulescens* Bonnet. — Région siliceuse et volcanique, de 800 à 1.700 m. — Vallon du Sandron : de Genestelle au Champ-de-Mars et Roche-de-Gourdon. Vallée de l'Erieux ; du Cheylard au Mézenc, Mézilhac, Lachamp-Raphaël. Bassin de la Loire : Montfol, Gerbier-de-Jonc, Suc-de-Bauzon, Mazan, Chartreuse-de-Bonnefoy. Hauts bassins de l'Ardèche et de l'Allier : le Tanargue. — Juillet-août. — P.R.

SPECULARIA Heist.

1004. Specularia Speculum Al. D. C. — Champs, moissons. — Dans tout le département, jusqu'à 1.000 m. — Juin-juillet. — C.C.

1005. S. hybrida Alph. D. C. (*S. parviflora* Saint-Lag.). — Champs et coteaux pierreux calcaires. — Dans tout le département, jusqu'à 400 m. — Vallée de l'Ardèche jusqu'aux basses pentes du Coiron : Lavilledieu, Lussas, Vesseaux, Aubenas, Saint-Privat, etc. Pentes vers l'Escoutay, le Rhône, l'Ouvèze. — Avril-mai. — A.C.

CAMPANULA L.

1006. Campanula Medium L. — Coteaux bordant le Rhône, à Baix (Saint-Lag.). — Juin-juillet. — R.R.

1007. C. speciosa Pourr. — Anfractuosités et broussailles des basses pentes calcaires du Coiron et de la région méridionale.— Vallée de l'Ardèche: Vallon, Rochecolombe, Saint-Privat à Louyre. Aubenas à Ville et à Jastre, Vesseaux. Saint-Julien-du-Serre. Bassin de la Cèze : Bessas, Labastide-de-Virac. — Mai-juin. — A.R.

1008. C. glomerata L. — Prairies, pâturages, broussailles des terrains siliceux et volcaniques, de 100 à 1.400 m. — Dans tout le département. — Juin-septembre. — C.C.

Var. farinosa Koch. — Coteaux secs jusqu'à 400 m. — Partout.

Var. aggregata Mut. *(C. aggregata* W.). — Prairies, bois des montagnes volcaniques, de 1.000 à 1.500 m. — Roche-de-Gourdon, Champ-de-Mars, Chartreuse-de-Bonnefoy.

1009. **C. Trachelium** L. — Haies, bois. — Dans la plus grande partie du départ. jusqu'à 800 m.— Juillet-août.— A.C.

1010. **C. Rapunculus** L. — Rochers, lieux secs, vieux murs de toute la région siliceuse et volcanique, jusqu'à 600 m. — Vallée de l'Ardèche : de Vallon à Saint-Michel-de-Boulogne, Saint-Andéol-de-Bourlenc, Vals, Pont-de-Labeaume, Thueyts, Montpezat, Burzet, Laviolle, etc. Côte du Rhône jusqu'aux basses pentes des Boutières. — Mai-août. — C.C.

1011. **C. patula** L. — Bois de la région siliceuse septentrionale. — De Satillieu à Lalouvesc ; d'Antraigues à Laviolle. — Mai-août. — A.R.

1012. **C. Erinus** L. — Rocailles, vieux murs, surtout de la région calcaire, jusqu'à 500 m., sur les pentes du Coiron. — Vallée de l'Ardèche et Coiron : Vallon, Aubenas, Saint-Julien-du-Serre, Ucel, Vesseaux, Mirabel, Saint-Laurent-sous-Coiron. Toute la Côte du Rhône et partie septentrionale du département : Arras, Sarras, Andance, Serrières. Vallée de l'Ouvèze jusqu'à Privas. Massif du Tanargue. Pentes au-dessus de Valgorge. — Avril-juin. — A.C.

1012bis. **C. linifolia** Lamk. — Prairies, pâturages de la région siliceuse, volcanique, au-dessus de 1.000 m., jusqu'à 1.700 m. — Toute la vallée de la Loire. Hauts bassins de l'Allier, de l'Ardèche, de l'Erieux. Les Boutières et vallée du Doux. — Juin-août. — C.

Var. ovalifolia Saint-Lag. — Prairies du Mézenc, vers Borée, Sainte-Eulalie, Lachamp-Raphaël, le Béage, lac d'Issarlès, Coucouron, Mazan, etc.

1013. **C. rotundifolia** L. — Pâturages, rochers. — Dans tout le département, jusqu'à 1.200 m. — Juin-septembre. — C.C.

1014. C. persicifolia L. — Pâturages, rochers, broussailles. — Dans tout le département, jusqu'à 1.000 m. — Juin-août. — C.

Var. lasiocarpa L. *(C. subpyrenaica* Timb.).— Taillis de la Côte du Rhône septentrionale. — De Tournon à Arras, Sarras, Eclassan, Lemps, etc.

Famille LVIII. — VACCINIÉES

Vaccinium L.

1015. Vaccinium Myrtillus L. — Bois des montagnes siliceuses et volcaniques au-dessus de 800 m. — Dans tout le département. — Fleurs, mai-juin. — Fruits, juillet-août. — C.C.

1016. V. uliginosum L. — Bois, rochers humides de la haute région siliceuse et volcanique au-dessus de 1.200 m. — Le Béage, Chartreuse-de-Bonnefoy, sommet du Mézenc. Gerbier-de-Jonc, rocher d'Avran.— Fleurs, mai-juin. — Fruits, août-septembre. — A.R.

1017. V. Vitis-idæa L. — Bois, pâturages, bruyères, vers 1.100 m. — Cros-de-Géorand. — Fleurs, mai-juin. — Fruits, août-septembre. — R.

Famille LIX. — ERICINÉES

Arbutus L.

1018. Arbutus Unedo L. — Rochers siliceux de la région méridionale, jusqu'à 300 m. — Vallée de l'Ardèche : Mercuer au Crouzet. Vallée du Chassezac : les Vans, les Assions, la Figère, Gravières, etc. Çà et là dans les rochers aux environs d'Aubenas. — Oct.-févr. — P.R.

1019. A. Uva-ursi L. *(Arctostaphylos Uva-ursi* Spreng). — Rochers des hautes montagnes volcaniques au-dessus de 1.400 m. — Montfol, Sépoux, Gerbier-de-Jonc, Taupernas, Mézenc et montagne de l'Ambre. — Fleurs, avril-mai. — Fruits, août. — P.R.

Var. microphylla Coste. — Tapisse le sommet du Mézenc.

Calluna Salisb.

1020. Calluna vulgaris Salisb. — Toute la région siliceuse et volcanique du département. — Juillet-septembre. — C.C.

Erica L.

1021. Erica cinerea L. — Région siliceuse, de 100 à 800 m. — Dans toutes les valléesd u Chassezac, de l'Ardèche, de l'Ouvèze, de l'Erieux. Côte du Rhône. Rare au nord de Tournon. — Juin-septembre. — C.

1022. E. arborea L. — Rochers, éboulis siliceux, jusqu'à Antraigues, vers 400 m. — Vals, Ucel, Saint-Julien-du-Serre, Vesseaux et la partie méridionale. — Fleurs, avril. — Fruits, juin. — A.C.

1023. E. scoparia L. — Pentes des coteaux siliceux, jusqu'à 400 m. — Tout le bassin de l'Ardèche méridionale, jusqu'à Aubenas, Fons, Ailhon, Chazeaux, Mercuer, Prades, Vals, Ucel, Saint-Julien-du-Serre. Côte du Rhône : du Teil à Jovyac. Bois du Lavoul. Très abondant sur la plus grande partie du banc de grès du trias qui traverse le département du Nord au Sud, et presque toujours avec *E. cinerea* L. — Mai-juin. — A.C.

Famille LX. — PIROLACÉES

Pirola L.

1024. Pirola minor L. — Bois, broussailles de la région siliceuse et volcanique au-dessus de 1.000 m. — Champ-de-Mars, bois de Roset au-dessus de Marcols, Suc-de-Bauzon, Lavestide-du-Pal, le Béage, lac d'Issarlès. Massif du Tanargue. — Juin-août. — A.R.

1025. P. secunda L. — Bois de sapins et de hêtres au-dessus de 1.000 m. — Suc-de-Bauzon, Mazan, lac d'Issarlès. Rocher d'Avran, Tanargue, Saint-Laurent-les-Bains. — Juin-août. — P.R.

Famille LXI. — MONOTROPÉES

Monotropa L.

1026. Monotropa Hypopithys L. — Humus des bois de sapins et de hêtres au-dessus de 1.200 m. — Dans tout le département. — Juillet-août. — A.C.

Quatrième Classe. — COROLLIFLORES

Famille LXII. — LENTIBULARIÉES

Pinguicula L.

1027. Pinguicula vulgaris L. — Prairies marécageuses, rochers mouillés de la région volcanique et siliceuse, de 700 à 1.700 m. — Du Ray-Pic à Burzet. Tout le bassin de la Loire. Commun sur les rochers bordant la Loire, de Rieutord au lac d'Issarlès, sur les bords du Vernazon, de Mazan à Lapalisse, etc. — Mai-juillet. — A.C.

Var. *macrantha* Lamt. (Var. *alpestris* Genty). — Le Mézenc, bords du Neyrenet, Vernazon, de la Loire, Mazan, etc. — A.R.

Famille LXIII. — PRIMULACÉES

Primula L.

1028. Primula vulgaris Huds. (*P. grandiflora* Lamk.). — Prairies, pâturages, bords des bois, de 80 à 500 m. — Vallée de l'Ouvèze jusqu'à Privas, Veyras. Côte du Rhône : le Teil, Cruas, Baix, le Pouzin. Vallées de l'Erieux, du Doux. Région septentrionale. — Février-mai.

1029. P. elatior Jacq. — Prairies, landes, bois de la région siliceuse et volcanique, de 500 à 1.300 m. — Vallées de la Pourseille et de la Fontaulière jusqu'au Suc-de-Bauzon. Vallées de la haute Ardèche, de l'Espezonnette, de l'Erieux. Les Boutières. De Thueyts à Lanarce ; de

Burzet aux Sagnes-et-Goudoulet. — Mars-mai. — P.C.

1030. P. officinalis Jacq. — Prés, pâturages, bois, jusqu'à 800 m. — Tout le département. — Mars-mai. — C.C.

× *P. variabilis* Goupil *(officinalis × vulgaris)*. — Privas, Chomérac. — R.R.

Androsace L.

1031. Androsace carnea L., *form. A. rosea* Jord. et Fourr. — Rocailles de la haute région siliceuse et volcanique au-dessus de 1.400 m. — Rocher d'Avran (Audig.). Les Pradoux (Besson). — Juin-juillet. — R.R.

Cyclamen L.

1032. Cyclamen europæum L. — Bois au-dessus de 1.000 m. — Saint-Laurent-les-Bains. — Août-octobre. — R.R.

Le Syndicat d'Initiative du Vivarais a fait planter le *C. europaeum* dans les bois avoisinant Lalouvesc.

Soldanella L.

1033. Soldanella alpina L. — Rocailles et pelouses humides. — Vers le sommet du Mézenc. — Avril-mai. — R.R.

Asterolinum Link. et Hoffm.

1034. Asterolinum stellatum Link. et Hoffm. — Coteaux calcaires arides de la région méridionale. — Vallée de l'Ardèche : Vallon, Pont-d'Arc, Saint-Sernin, Vogüé, rocher de Jastre. Côte du Rhône : de Tournon à Andance. — Avril-mai. — R.

Lysimachia L.

1035. Lysimachia vulgaris L. — Bords des eaux, jusqu'à 500 m. — Dans tout le département. — Juin-août. — C.

1036. L. Nummularia L. — Grèves des cours d'eau, fossés, de 200 à 500 m. — Vals-les-Bains. Bords du Rhône. — Juin-août. — A.C.

1037. L. nemorum L. — Sol détritique, de 400 à 1.400 m. — Pont-de-Labeaume, Thueyts, Chartreuse-de-Bonnefoy. — Mai-juillet. — R.

Coris L.

1038. Coris monspeliensis L. — Coteaux calcaires de la région méridionale jusqu'aux pentes du Coiron, vers 400 m. — Bessas, Saint-Sauveur et Saint-André-de-Cruzières, Pont-d'Arc. Lussas, Villeneuve-de-Berg, le Teil et vers les vallées de l'Escoutay, du Rhône, de l'Ouvèze, Baix, etc. — Avril-juillet. — P.R.

Centunculus L.

1039. Centunculus minimus L. — Bois humides, sablonneux. Vallée de l'Ardèche : Vals-les-Bains. — Juin-juillet. — R.R.

Anagallis L.

1040. Anagallis arvensis L. — Champs. — Dans tout le département, jusqu'à 1.300 m. — Mai-octobre. — C.C. Le plus souvent, les deux var. *A. phœnicea* Lamk. et *A. cœrulea* Lamk. croissent ensemble.

Samolus L.

1041. Samolus Valerandi L. — Marais, prés humides de la région méridionale jusqu'à 200 m. — Bassin de la Cèze : Bessas, Vagnas, Labastide-de-Virac. — Mai-septembre. — R.

Famille LXIV. — OLÉACÉES

Fraxinus L.

1042. Fraxinus excelsior L. — Bois, bords des cours d'eau, jusqu'à 1.600 m. — Fleurs, avril-mai. — Fruits, septembre. — C.C.

1043. F. oxyphylla Bieb. — Bois de la région siliceuse septentrionale. — Pentes des Boutières, d'où il descend à Eclassan, Sècheras, Arras. — Fleurs, mars-avril. — Fruits, juin-juillet. — R.

Lilac Juss.

1044. Lilac vulgaris Lamk. — Cultivé. Subspontané.

Ligustrum L.

1045. Ligustrum vulgare L. — Bois, haies, rochers bordant les cours d'eau, jusqu'à 700 m. — Dans tout le département, mais plus commun dans la région septentrionale. — Fleurs, mai-juillet. — Fruits, septembre. — C.C.

Olea L.

1046. Olea europæa L. — Rochers, pierrailles de la région méridionale jusqu'au Coiron, vers 400 m., où il n'est que subspontané. Cultivé. Côte du Rhône jusqu'à Cruas, Baix. Vallée de l'Ouvèze. A Tournon, Sarras, de beaux pieds fructifient assez régulièrement. — Fleurs, mai. — Fruits, octobre-novembre. — C.

Phillyrea L.

1047. Phillyrea angustifolia L. — Coteaux calcaires de la basse région méridionale. — Bassin de la Cèze : Labastide-de-Virac. Vallée de l'Ardèche : Pont-d'Arc. — Fleurs, mai. — Fruits, septembre-octobre. — R.

1048. P. media L. — Rochers calcaires de la région méridionale, schisteux dans le Nord, jusqu'à 300 m. — Toute la Côte du Rhône. Partie méridionale jusqu'aux basses pentes du Coiron, vers Saint-Privat, Aubenas, Vogüé, Rochecolombe. Vallée de l'Escoutay. Bois du Lavoul, entre Saint-Remèze et Bourg-Saint-Andéol. Vallée de l'Ouvèze. — Fleurs, avril-mai. — Fruits, octobre-novembre. — P.C.

Famille LXV. — JASMINÉES

Jasminum L.

1049. Jasminum fruticans L. — Rochers des coteaux surtout calcaires, de 80 à 400 m. — Côte du Rhône jusqu'à Tournon. Vallon du Doux. Vallée de l'Ardèche jusqu'à Aubenas à Jastre, mont Vinobre à Saint-Sernin, Rochecolombe, Saint-Privat à Louyre. Basse vallée de l'Ouvèze. — Mai-juin. — A.C.

1050. J. officinale L. — Cultivé. — Subspontané. — Juin-septembre.

Famille LXVI. — APOCYNÉES

Nerium L.

1051. Nerium Oleander L. — Cultivé dans la basse région méridionale jusqu'à 100 m.

Vinca L.

1052. Vinca minor L. — Haies, bois, rochers ombragés, jusqu'à 600 m. — Dans tout le département. — Mars-mai. — C.

1053. V. major L. — Haies, vieux murs, rochers ombragés, jusqu'à 500 m. — Côte du Rhône. Vallée de l'Ardèche et basses pentes du Coiron : Aubenas, Ucel, Vals, Saint-Julien-du-Serre, Antraigues, etc. Vallée de l'Ouvèze : du Pouzin à Privas. Vallée de l'Erieux jusqu'au Cheylard. — Avril-mai. — P.C.

Famille LXVII. — ASCLÉPIADÉES

Vincetoxicum Mœnch.

1054. Vincetoxicum officinale Mœnch. — Lieux secs, pierreux, pâturages jusqu'à 800 m. — Au sommet de la Coupe d'Aizac. — Partout. — Juin-septembre.

Asclepias L.

1055. Asclepias Cornuti D. C. — Originaire de l'Amérique du Nord. Naturalisé dans les champs sablonneux bordant le Rhône. — D'Andance à Baix. — Juin-août. — A.C.

Famille LXVIII. — GENTIANÉES

Erythræa Rich.

1056. Erythræa pulchella Horn. — Pelouses humides, vers 300 m. — Ucel, Saint-Julien-du-Serre. Côte du Rhône septentrionale : Andance, Sarras, Annonay. — Juin-septembre. — A.R.

1057. **E. Centaurium** Pers. — Bois, pâturages, bords des eaux, jusqu'à 400 m. — Dans tout le département. Environs d'Aubenas. Vallée de l'Ouvèze jusqu'à Privas. Toute la Côte du Rhône. Vallées de l'Erieux, du Doux, de la Cance, etc. — Juin-septembre. — A.C.

Chlora L.

1058. **Chlora perfoliata** L. — Rochers et lieux humides, surtout calcaires, jusqu'à 400 m. — Dans tout le département. — Juin-septembre. — C.
1059. **C. serotina** Koch. — Lieux humides, prairies tourbeuses, de 80 à 200 m. — Côte du Rhône. Région méridionale, vers les limites du Gard. — Juin-août. — R.

Gentiana L.

1060. **Gentiana lutea** L. — Pâturages, bois de toute la région siliceuse et volcanique au-dessus de 900 m. — Partout. — Juin-août. — C.C.
1061. **G. cruciata** L. — Bois et pâturages calcaires. — Monts du Coiron au mont Combier. — Juin-septembre. — R.R.
1062. **G. Pneumonanthe** L. — Landes, bois humides de la région siliceuse et volcanique au-dessus de 1.000 m. — Tout le bassin de la Loire : Mézenc, Montfol, Cherchemus, Gerbier-de-Jonc, Suc-de-Bauzon. Haut bassin de l'Allier : Saint-Etienne-de-Lugdarès, Saint-Laurent-les-Bains. Vallée de l'Erieux, où elle descend dans les environs de Vernoux (Saint-Lag.). — Juillet-octobre. — P.C.

Var. *minor* Brot. (*G. humilior* Bor.). — Prairies humides. — Du Suc-de-Bauzon à Saint-Cirgues-en-Montagne ; d'Usclades au Gerbier-de-Jonc. — A.R.
1063. **G. campestris** L. — Prairies, pâturages de la région siliceuse et volcanique au-dessus de 900 m. — Dans tout le département. — Juin-septembre. — C.C.

Var. à fleurs blanches. — Base Ouest du Mézenc.

1064. C. ciliata L. — Rocailles calcaires du Coiron, jusqu'à 800 m. — L'Escrinet (Testard), de Saint-Privat à Vesseaux et à Saint-Etienne-de-Boulogne. — Août-septembre. — R.R.

SWERTIA L.

1065. Swertia perennis L. — Tourbières au-dessus de 1.200 m. — Vers le Gerbier-de-Jonc et le Mézenc. — Juillet-août. — R.R.

MENYANTHES L.

1066. Menyanthes trifoliata L. — Marais, prairies tourbeuses, de 900 à 1.400 m. — Dans toute la région siliceuse et volcanique. — Bassin de la Loire : Mazan, Saint-Cirgues-en-Montagne, Usclades, Sagnes-et-Goudoulet. Cros-de-Géorand, lac d'Issarlès, le Béage, Sainte-Eulalie, Lanarce. Haut bassin de l'Allier, vers Saint-Etienne-de-Lugdarès. Vallée de la Borne. Haut bassin de l'Erieux, en descendant à Saint-Martin-de-Valamas et au Cheylard. — Avril-juillet. — A.C.

LIMNANTHEMUM Gmel.

1067. Limnanthemum nymphoides Link. — Mares au bord du Rhône. — Dans presque tout le département : Limony, Andance, Sarras, Arras, Vion, Tournon, Mauves, Glun, etc. — Juillet-septembre. — P.R.

Famille LXIX. — CONVOLVULACÉES

CONVOLVULUS L.

1068. Convolvulus sepium L. — Haies des terrains frais, saulaies. — Partout, jusqu'à 800 m. — Avril-octobre. — C.C.

1069. C. arvensis L. — Vignes, bords des chemins. — Partout jusqu'à 1.400 m. — Avril-octobre. — C.C.

1070. C. cantabrica L. — Coteaux chauds. — Partout, de 80 à 500 m. — Plus abondant dans la région méridionale jusqu'à Aubenas, Vogüé, Saint-Sernin, etc. Végète sur micaschiste dans la région septentrionale : Vion, Arras,, Sarras, etc. — Mai-août. — A.C.

Cuscuta L.

1071. **Cuscuta europæa** L. *(C. major* D. C.*)*. — Parasite sur l'ortie, le houblon, etc. : Saint-Julien-duSerre, Mercuer, Prades. — Juin-septembre. — P.C.
1072. **C. Epithymum** Murray. — Parasite sur *Thymus serpyllium, Dorycnium suffruticosum, Trifolium pratense.* — De 100 à 1.100 m., à Mézilhac. — Partout. — Juillet-septembre. — C.

Var. *C. Trifolii* Babingt. — Sur *Trifolium pratense*, — Prairies artificielles. — C.

1073. **C. suaveolens** Seringe *(C. corymbosa* Choisy non Ruiz et Pav.*)*. — Sur *Medicago sativa*. — Prairies artificielles. — Partout. — Juillet-septembre. — P.R.
1074. **C. Godroni** Desmoul. *(C. alba* Godr., non Presl.*)*. — Parasite sur *Genista scorpius*. — Région calcaire méridionale jusqu'à 300 m. — Basses pentes du Coiron : Saint-Sernin, Vogüé, Lachapelle-sous-Aubenas, Rochecolombe, vallée de l'Escoutay. — Juillet-août. — P.R.

Famille LXX. — BORRAGINÉES

Cerinthe L.

1075. **Cerinthe major** L. — Champs pierreux, sablonneux de la région méridionale jusqu'à 100 m. — Bassin de la Cèze et basse vallée de l'Ardèche. — Juin-juillet. — R.R.

Borrago L.

1076. **Borrago officinalis** L. — Cultivé et subspontané sur les décombres, bords des chemins, voisinage des habitations. — Juin-juillet.

Symphytum L.

1077. **Symphytum officinale** L. — Prairies, bords des eaux, surtout de la région calcaire, jusqu'à 5oo m. — Vallée de l'Ardèche : Montpezat en montant au Pal. Aubenas, Saint-Sernin, Vogüé, Lanas, etc. Vallée de l'Ouvèze. Basses pentes du Coiron. — Mai-juillet. — A.C.

1078. S. tuberosum L. — Prairies, bords des cours d'eau. — Bassin de l'Ardèche : Mercuer, Saint-Julien-du-Serre. Vallée de l'Erieux : de Lavoulte au Cheylard. Champis (Athanase). Vallée de l'Ouvèze : Privas. — Avril-juin. — P.R.

1079. S. bulbosum Schimp. — Planté, en 1898, de plantes provenant de Corse (Audigier), dans plusieurs prairies, à Saint-Julien-du-Serre. Il y végète bien depuis et s'y multiplie. — Avril.

Anchusa L.

1080. Anchusa italica L. — Champs incultes calcaires, jusqu'à 700 m. — Dans tout le département. — Mai-juillet. — C.C.

1081. A. arvensis Bieb. *(Lycopsis arvensis* L.). — Champs, vignes. — Dans tout le département, jusqu'à 1.000 m. — Mai-septembre. — C.C.

Alkanna Tausch.

1082. Alkanna tinctoria Tausch. — Terrains sablonneux calcaires, jusqu'à 250 m. — Pont-d'Arc, Lasuel à Aubenas. — Avril-juin. — R.R.

Onosma L.

1083. Onosma echioides L. — Sables, graviers calcaires, jusqu'à 5oo m. — Coiron : de Lussas à Baix. — Juin-juillet. — R.

Lithospermum L.

1084. Lithospermum purpureo-cæruleum L. — Pelouses, broussailles de la région calcaire méridionale jusqu'au Coiron. — Vallée de l'Ardèche : mont Vinobre à Saint-Sernin, Vogüé, Saint-Privat à Louyre, Aubenas à Jastre. Rochecolombe, Saint-Maurice-d'Ibie. Vallée de l'Ouvèze : Chomérac, Alissas. Côte du Rhône : Bourg-Saint-Andéol au bois du Lavoul. — Avril-juin. — P.R.

1085. **L. officinale** L. — Rocailles, surtout calcaires, de la région méridionale, jusqu'au Coiron, vers 400 m. — Saint-Privat au ravin de Louyre, où il est commun. Toute la Côte du Rhône. — Mai-juillet. — C.

1086. **L. arvense** L. — Champs, jusqu'à 1.000 m. — Dans tout le département. — Avril-septembre. — C.C.

Var. L. incrassatum Guss. (*L. permixtum* Jord.). — Terrains sablonneux de la Côte du Rhône septentrionale : Andance, Sarras, Arras, jusqu'à Tournon. — Juin. — C.

Echium L.

1087. **Echium plantagineum** L. — Champs incultes, bords des chemins de la région méridionale jusqu'à 200 m. — Bessas, Labastide-de-Virac, Saint-André-de-Cruzières. Basse vallée de l'Ardèche : Vallon. Vallée de l'Ouvèze : de Privas en montant au Charray. — Juin-juillet. — R.

1088. **E. italicum** L. — Lieux arides calcaires de la région méridionale. — Basses vallées de l'Ardèche et du Rhône Bessas, Orgnac, Labastide-de-Virac, Saint-Martin-d'Ardèche. — Juillet-août. — R.

1089. **E. vulgare** L. — Champs, bords des chemins. — Tout le département jusqu'à 1.600 m. — Mai-juillet. — C.C.

Var. E. Wierzbickii Hab. — Le Coiron : Berzème, Freyssenet. Bassin de la Loire : Gerbier-de-Jonc, Chartreuse-de-Bonnefoy. — R.

Var. E. pustulatum Sibth. (*E. tuberculatum* Auct. plur., non Link). — Partie méridionale du département. — Côte du Rhône. — R.

Pulmonaria L.

1090. **Pulmonaria vulgaris** Mérat (*P. tuberosa* Schrank.). —

Bois et lieux ombragés de la région montagneuse au-dessus de 1.000 m. — Forêt de Mazan, Saint-Cirgues-en-Montagne, Roche-de-Gourdon. — Avril-juin. — P.R.

Var. *P. azurea* Bess. (*P. angustifolia* L. p. p.). — Pâturages et broussailles vers 400 m. — Saint-Julien-du-Serre, Vesseaux.

1091. P. affinis Jord. (*P. saccharata* Auct., non Mill.). — Broussailles calcaires ou siliceuses jusqu'à 600 m. : Saint-Julien-du-Serre, Vesseaux, rocher de Jastre. Côte septentrionale du Rhône : Eclassan, Sècheras, Arras. — Avril-mai. — P.C.

Myosotis L.

1092. Myosotis palustris Roth. — Lieux humides, bords des eaux. — Tout le département. — Mai-septembre. — C.C.

Var. *M. strigulosa* Reich. — Endroits tourbeux jusqu'à 1.100 m. — Roche-de-Gourdon, Mayres, Mézilhac, Saint-Julien-du-Serre. — Mai-septembre. — A.R.

1093. M. cæspitosa Schultz (*M. lingulata* Lehm.). — Lieux humides, tourbeux, vers 1.000 m. — Roche-de-Gourdon, Mézilhac, Lachamp-Raphaël. — Juin-août. — R.

1094. M. silvatica Hoffm. — Bois et terrains frais. — Toute la région siliceuse, volcanique, au-dessus de 500 m. — Mai-juillet. — C.C.

1095. M. intermedia Link. — Bords des chemins, champs incultes. — Région méridionale. — Partout jusqu'à 400 m. — Mai-septembre. — C.

1096. M. hispida Schlecht. — Bords des chemins, terrains arides. — Partout jusqu'à 1.000 m.— La Roche-de-Gourdon. — Avril-juin. — C.C.

1097. M. stricta Link. — Pelouses, champs sablonneux, vers 1.200 m. — Pentes du Champ-de-Mars. — Avril-juillet. — R.

1098. M. versicolor Pers. — Pelouses, bruyères des terrains siliceux, jusqu'à 800 m. — Aubenas, Ailhon, Fons,

Vals-les-Bains, Saint-Julien-du-Serre. Saint-Andéol-de-Bourlenc, Ucel, Arras, Sarras, Eclassan, Saint-Jeurre-d'Ay, etc. — Avril-juin. — C.

1099. M. Balbisiana Jord. *(M. lutea* Balbis). — Endroits sablonneux et secs du haut bassin de l'Ardèche, de 500 à 1.200 m. — D'Antraigues au Champ-de-Mars et à Saint-Joseph-des-Bancs. — Mai-juillet. — R.

Echinospermum Swartz.

1100. Echinospermum Lappula Lehm. — Vignes, lieux incultes jusque vers 500 m. — Vallée de l'Ardèche : Saint-Privat, Vesseaux, Pont-de-Labeaume, Neyrac (Saint-Lag.), Ucel, Saint-Julien-du-Serre. — Juin-août. — P.C.

Cynoglossum L.

1101. Cynoglossum pictum Ait. — Vignes, bords des chemins champs incultes. — Dans toute la région calcaire méridionale jusqu'au Coiron, vers 400 m. Aubenas, Saint-Sernin, Lussas, Saint-Julien-du-Serre, etc. Vallée de l'Ouvèze et Côte du Rhône. — Mai-juillet. — A.C.

1102. C. officinale L. — Bords des chemins, vers 700 m. — Coiron à Freyssenet. Arras, vers 130 m. — Mai-juillet. — P.C.

Heliotropium L.

1103. Heliotropium europæum L. — Champs incultes, décombres. — Partout, jusqu'à 800 m. — Juillet-octobre. — C.C.

Famille LXXI. — SOLANÉES

Lycium L.

1104. Lycium vulgare Dunal. — Haies, où il a été planté. — D'Aubenas à Labégude.

Solanum L.

1105. Solanum Dulcamara L. — Vieux murs, bords des eaux, jusqu'à 5oo m. — Partout. — Juin-août. — C.C.

1106. S. tuberosum L. — Pomme de terre. — De nombreuses variétés sont cultivées dans tout le département.

1107. S. villosum Lam. — Décombres, vignes, champs incultes. — Toute la partie méridionale du département, jusqu'au Coiron, vers 3oo m. : Saint-Marcel-d'Ardèche, Bessas, Vallon, Joyeuse, les Vans, Viviers, Saint-Montant, Vogüé, Ribes, etc. — Juillet-septembre. — A.C.

1108. S. nigrum L. — Décombres, bords des chemins, champs. — Dans tout le département, jusqu'à 6oo m. — Juin-septembre. — C.C.

Var. *S. miniatum* Mert. et Koch. — Décombres, champs incultes. — Toute la région méridionale jusqu'à 4oo m. Très commun à Aubenas, Vals, Ucel, Saint-Julien-du-Serre, etc. Vallée de l'Ouvèze jusqu'à Privas. — Juin-octobre. — C.

Physalis L.

1109. Physalis Alkekengi L. — Vignes, haies, lieux humides calcaires jusqu'à 4oo m. — Vallée de l'Ardèche : Ucel, Saint-Privat, Saint-Julien-du-Serre. Côte du Rhône : Baix, le Pouzin. Vallée de l'Ouvèze : Chomérac, Privas. — Juin-juillet. — P.C.

Datura L.

1110. Datura Stramonium L. — Cultivé. Subspontané sur les décombres, dans les fossés, autour des habitations. — Juillet-août.

Hyoscyamus L.

1111. Hyoscyamus niger L. — Décombres, bords des chemins, champs, voisinage des habitations, jusqu'à 6oo m. — Tout le département : Annonay, Vocance. Côte du Rhône. Vallée de l'Ouvèze : du Pouzin au mont Charray. Vallée de l'Ardèche : Vals, Aubenas, Ucel, Saint-Julien-du-Serre. Le Coiron, etc. — Mai-juin. — A.C.

NICOTIANA L.

1112. **Nicotiana Tabacum** L. — Cultivé. Souvent échappé des jardins.

Famille LXXII. — VERBASCACÉES

VERBASCUM L.

1113. **Verbascum Thapsus** L. — Lieux incultes, pierreux, bois taillis. — Partout, jusqu'à 1.000 m. — Juin-août.— C.
Var. *V. canescens* Jord. — Champs incultes bordant le Rhône. — De Châteaubourg à Limony. — Juillet-septembre. — A.C.
Var. *V. montanum* Schrad.— Lieux incultes, bords des chemins. Toute la région montagneuse, de 900 à 1.300 m. — Bassin de la Loire. Le Coiron. Hauts bassins de l'Ardèche, de l'Allier, de l'Erieux. Les Boutières. — Juillet-septembre. — A.C.

1114. **V. thapsiforme** Schrad. — Lieux incultes, surtout siliceux. — Dans tout le département, jusqu'à 500 m. — Juillet-août. — C.

1115. **V. phlomoides** L. — Champs incultes, graveleux de la région méridionale jusqu'à 400 m. — Sur les pentes du Coiron. — Juillet-août. — A.C.
Var. *V. australe* Schrad. — Mêlé au type, mais ne dépasse guère 200 m. d'altitude. — Vallon. Saint-Martin-d'Ardèche. Côte du Rhône méridionale jusqu'à Baix. — A.R.

1116. **V. sinuatum** L. — Lieux incultes, bords des chemins, grèves des cours d'eau, surtout de la région calcaire méridionale jusqu'à 200 m. — Bassin de la Cèze sur toute la limite avec le département du Gard, remonte jusqu'à Viviers, Vallon, Joyeuse, les Vans. — Juillet-août. — P.C.

1117. **V. Boerhaavii** L. *(V. maiale* D. C.). — Bords des chemins, bruyères, châtaigneraies de la région méridionale, jusqu'à 350 m. — Toute la Côte du Rhône. Vallée de l'Ardèche : Aubenas, Mercuer, Vals, Saint-Julien-du-Serre. — Juin-août. — A.R.

1118. V. pulverulentum Vill. *(V. floccosum* Waldst. et Kit.*)*. — Lieux incultes, bords des chemins, grèves des cours d'eau jusqu'à 600 m. — Dans la plus grande partie du département: Aubenas, Saint-Didier-sous-Aubenas, Saint-Sernin, Saint-Julien-du-Serre, Champis, etc. — Juin-août. — A.C.

1119. V. Lychnitis L. — Sables des rivières, lieux incultes. — Partout, jusqu'à 1.000 m. — Juillet-août. — C.

1120. V. nigrum L. — Bords des bois, talus, surtout de la région montagneuse jusqu'à 1.300 m. — Mézilhac. Bassins supérieurs de l'Erieux et de l'Ardèche ; Mazan, Suc-de-Bauzon, Saint-Cirgues-en-Montagne, le Béage, lac d'Issarlès, Sainte-Eulalie, Usclades, etc. Bassin de l'Allier : Saint-Etienne-de-Lugdarès. — Juillet-août. — C.

1121. V. Chaixii Vill. — Région montagneuse, siliceuse et volcanique, de 700 à 1.200 m. — Roche-de-Gourdon, Champ-de-Mars, d'Antraigues à Mézilhac (G.G.).

1122. V. Blattaria L. — Terrains argileux, un peu frais, bords des chemins, jusqu'à 1.000 m. — Partout. — Juin-septembre. — A.C.

1123. V. virgatum With. *(V. blattarioides* Lamk.*)*.— Lieux incultes humides des terrains siliceux jusqu'à 300 m. — Vallée de l'Ouvèze : Coux, près Privas. — Juin-septembre. — R.

Famille LXXIII. — SCROFULARIÉES

SCROFULARIA L.

1124. Scrofularia canina L. — Terrains meubles, incultes. — Dans tout le département, jusqu'à 1.000 m. — Juin-août. — A.C.

1125. S. nodosa L. — Bois humides, chemins, bords des ruisseaux, jusqu'à 1.500 m. — Chartreuse-de-Bonnefoy. Partout. — Juin-août. — C.

1126. S. aquatica L. —Bords des cours d'eau, jusqu'à 5oo m.
— Dans tout le département. — Juin-août. — A.C.

Antirrhinum L.

1127. Antirrhinum Orontium L. — Champs, moissons, surtout de la région siliceuse, jusqu'à 4oo m. — Partout. — Juillet-août. — C.C.

1128. A. majus L. — Vieux murs, rochers calcaires de la région méridionale. — Privas. — Juin-septembre. — R.

1129. A. latifolium D. C. — Rochers calcaires, vieux murs, jusqu'à 3oo m. — Toute la Côte du Rhône jusqu'au Pouzin, Lavoulte. Vallée de l'Ardèche, jusqu'à Aubenas, Vogüé, Rochecolombe, Saint-Privat à Louyre. Basses pentes du Coiron, vers Aubignas, Alba, Saint-Thomé, Viviers, le Teil, etc. — Mai-septembre.— A.C.

1130. A. Asarina L. — Rochers volcaniques et siliceux, de 200 à 1.100 m. — Bassin de l'Ardèche : Labégude, Lalevade-d'Ardèche, Pont-de-Labeaume, Meyras, Thueyts, Mayres, Astet. Montpezat ,dans les vallées de la Pourseille et de Fontaulière. Vallon de Burzet ; de Jaujac à Lasouche. Vallée du Chassezac : Montselgues, Thines, Saint-Jean-de-Pourcharesse, etc. Bassin de l'Allier et massif du Tanargue : Valgorge, Dompnac, Saint-Laurent-les-Bains, Saint-Etienne-de-Lugdarès, etc. — Juin-août. — A.C.

Anarrhinum Desf.

1131. Anarrhinum bellidifolium Desf. — Très commun dans les bruyères, châtaigneraies, rochers de toute la région siliceuse et volcanique, jusqu'à 7oo m. — Juin-septembre. — C.C.

Linaria Juss.

1132. Linaria Cymbalaria Mill. — Vieux murs, rochers humides, surtout calcaires, de la région méridionale jusqu'à 3oo m. — Vallée inférieure de l'Ardèche : Aubenas, Vals-les-Bains, Ucel, Saint-Julien-du-Serre, Saint-Etienne-de-Fontbellon, etc. Vallée de l'Ouvèze jusqu'à

Chomérac, Privas. Basses pentes du Coiron. Côte du Rhône jusqu'à Limony. — Mai-octobre. — P.R.

1133. **L. spuria** Mill. — Champs, vignes de la région calcaire, jusqu'à 400 m. — Dans tout le département. — Juin-octobre. — C.C.

1134. **L. Elatine** Desf. — Champs, vignes, bords des chemins de la région siliceuse, argileuse, jusqu'à 400 m. — Juin-octobre. — C.

1135. **L. vulgaris** Mœnch. — Décombres, champs, chemins des terrains arides, surtout siliceux et volcaniques, jusqu'à 800 m. — Partout. — Juillet-septembre. — C.

1136. **L. Pelliceriana** Mill. — Vieux murs. — Lamastre (Beauvisage, Véron). — Mai-août. — R.R.

1137. **L. arvensis** Desf. — Champs, vieux murs des sols siliceux, jusqu'à 900 m. — Peyraud, Annonay, Saint-Agrève. Vallée de l'Ardèche : Ucel, Vals, Genestelle, Saint-Andéol-de-Bourlenc, Saint-Joseph-des-Bancs, Saint-Michel-de-Boulogne. Vesseaux, dans les châtaigneraies. — Mai-juillet. — A.R.

1138. **L. simplex** D. C. — Rocailles, vignes, fossés de la région calcaire méridionale, jusqu'à 400 m. — Pont-d'Arc, Vallon, Joyeuse, Vesseaux. Basses pentes du Coiron. Vallée de l'Ouvèze. Côte du Rhône. Dans la région septentrionale, il végète sur micaschiste et alluvions calcaires : de Tournon à Andance. — Avril-juin. — A.C.

1139. **L. striata** D. C. — Bois, éboulis, bords des chemins, vieux murs. — Partout, jusqu'à 1.600 m. — Juillet-août. — C.C.

1140. **L. supina** Desf. — Coteaux arides et pierreux, surtout de la région calcaire méridionale, de 60 à 250 m. — Toute la Côte du Rhône, jusqu'à Châteaubourg. Toute la vallée de l'Ardèche jusqu'à Vogüé, Rochecolombe. Basse vallée de l'Ouvèze. Vallée inférieure du Chassezac. — Avril-juin. — P.R.

1141. **L. minor** Desf. — Champs, lieux pierreux, de 100 à 1.000 m. — Tout le département. — Juillet-octobre. — C.

Gratiola L.

1142. Gratiola officinalis L. — Marais, bords des eaux de la région méridionale. — Bessas (Testard), Orgnac, Vagnas. — Juin-juillet. — R.

Veronica L.

1143. Veronica spicata L. — Pelouses sèches des montagnes siliceuses ou volcaniques au-dessus de 1.200 m. — Autour du Mézenc, du Gerbier-de-Jonc. — Juillet-septembre. — R.

1144. V. Teucrium L. — Coteaux pierreux, bords des chemins dans tout le département, jusqu'à 1.100 m. — Juin-juillet. — C.

    Var. *lanceolata*. — Mêmes stations.
    Var. *V. latifolia* Koch. — Forme des lieux fertiles.
    Var. *V. canescens* Bast. — Forme des lieux secs.

1145. V. prostrata L. — Pelouses sèches des coteaux calcaires vers la base méridionale du Coiron. — Lavilledieu, Vogüé, Lussas, Villeneuve-de-Berg. Bords du Rhône. — Juin. — A.R.

1146. V. Chamædrys L. — Bois, haies, bords des chemins. — Partout, jusqu'à 1.500 m. Montfol. — Avril-juillet. — C.C.

1147. V. Beccabunga L. — Bords des eaux, fossés et lieux marécageux. — Tout le département. — Mai-septembre. — C.C.

1148. V. Anagallis L. — Mêmes stations que le précédent, mais ne s'élève guère qu'à 900 m. — Mai-septembre. — C.C.

1149. V. anagalloides Guss. — Basse vallée de l'Ardèche et limite du département du Gard. — Vallon, Saint-Martin-d'Ardèche. — Mai-septembre. — R.

1150. V. officinalis L. — Toute la région siliceuse et volcanique. — Partout. — Juin-août. — C.C.

1151. V. serpyllifolia L. — Lieux humides, champs, chemins. Surtout abondant dans la région montagneuse siliceuse et volcanique. — De 140 m. à Arras à 1.500 m.

au Gerbier-de-Jonc. — Tout le département. — Mai-octobre. — C.C.

1152. V. arvensis L. — Cultures, champs. — Dans tout le département, jusqu'à 1.000 m. — Mars-octobre. — C.C.

1153. V. verna L. — Lieux sablonneux de la région siliceuse et volcanique, vers 1.000 m. — Ranc-de-Veyre à Saint-Joseph-des-Bancs, en montant au Champ-de-Mars. Valgorge, Dompnac, Chartreuse-de-Bonnefoy, Mézenc. — Juillet. — R.

Var. V. Dillenii Crantz. — Vieux murs, lieux sablonneux, de 900 à 1.500 m. — Tanargue, forêt de Bauzon, rocher d'Avran, Saint-Etienne-de-Lugdarès, vers 1.000 m. — Juillet. — R.

1154. V. acinifolia L. — Champs, moissons de la région siliceuse de la Côte du Rhône septentrionale. — De Tournon à l'extrémité nord. — Avril-mai. — A.C.

1155. V. triphyllos L. — Champs, moissons de la région siliceuse septentrionale. — Andance, Talencieux, Thorrenc, etc. — Mars-mai. — R.

1156. V. persica Poir. *(V. Buxbaumii* Ten.*)*. — Champs, chemins, voisinage des habitations. Partie septentrionale de la Côte du Rhône : Arras, Sarras, Vion. — Avril-septembre. — A.C.

1157. V. agrestis L. — Champs sablonneux, jusqu'à 600 m. — Partout. — Mars-octobre. — C.

1158. V. polita Fres. *(V. didyma* Tenn.*)*. — Terrains cultivés sablonneux de la région méridionale jusqu'à 350 m. — Partout. — Mars-avril. — A.C.

1159. V. hederæfolia L. — Champs, chemins, jusqu'à 1.200 m. — Partout. — Mars-juillet. — C.

DIGITALIS L.

1160. Digitalis purpurea L. — Bois, ravins, broussailles de la région siliceuse et volcanique, de 300 à 1.500 m. — Juin-août. — C.C.

1161. D. lutea L. *(D. parviflora* All.*)*. — Coteaux calcaires de la région méridionale jusqu'à 700 m. — Toutes les pentes du Coiron. Côte du Rhône. Au nord de Tournon, il végète sur micaschiste. Vallée de l'Ouvèze, jusqu'au Charray. Bassin de l'Ardèche : de Vallon, Pont-d'Arc à Saint-Privat, Vesseaux, l'Escrinet. — Juin-août. — A.C.

1162. D. grandiflora All. — Signalé à la Roche-de-Gourdon et au mont Charray (Personnat). — N'y a pas été retrouvé.

Euphrasia L.

1163. Euphrasia Rostkowiana Hayne (*E. officinalis* L.; *E. campestris* Jord.). — Prairies humides de la région siliceuse et volcanique, de 300 à 1.500 m. — Juin-octobre. — C.

Var. E. montana Jord. — Prairies, pâturages de la région siliceuse et volcanique, au-dessus de 1.200 m. — Champ-de-Mars, Gerbier-de-Jonc, Mézenc, Montfol, Lauzière, Taupernas. — Juillet-septembre. — P.C.

1164. E. stricta Host (*E. ericetorum* Jord.). — Bruyères, pâturages, prairies sur silice et terrain volcanique. — Tout le département. — Juillet-octobre. — C.C.

Var. E. pumila Kerner. — Pâturages secs de la région volcanique, vers 1.000 m. — Roche-de-Gourdon. — R.

Var. E. subalpina Beck. — Pâturages secs de la région volcanique au-dessus de 1.200 m. — Lavestide-du-Pal, lac Ferrand, Suc-de-Bauzon. — Septembre. — P.C.

Var. E. Heribaudi A. Chabert. — Pelouses, broussailles, vers 1.450 m. — Cratère du Suc-de-Bauzon. — Septembre. — R.R.

Var. E. suecica W. et M. — Prairies sablonneuses des alluvions gneissiques, vers 400 m. — Vallon d'Oise : Genestelle, Saint-Andéol-de-Bourlenc, Saint-Julien-du-Serre. — Mai-juin. — R. — *(Plante nouvelle pour la France.)*

1165. E. gracilis Fries. — Pelouses, pâturages des sols volcaniques, vers 1.550 m. — Pentes du Montfol. — Août. — R.

1166. E. minima Jq. — Pâturages, au-dessus de 1.500 m. — Suc-de-Montfol, Lauzière, Taupernas, Gerbier-de-Jonc, Mézenc. — Août-septembre. — R.

Odontites Hall.

1167. Odontites rubra Pers. (*O. verna* Reichb.). — Moissons, bords des chemnsi de la région granitique vers 600 m. — Genestelle, Saint-Joseph-des-Bancs. — Mai-juillet. — P.C.

1168. O. serotina Rchb. — Champs, bords des chemins, de 100 à 500 m. — Saint-Privat, sur les bords de l'Ardèche. Saint-Julien-du-Serre, Vesseaux, Saint-Michel-de-Bouolgne. — Août-septembre. — A.C.

1169. P. lutea Rchb. — Coteaux arides, de 80 à 400 m. — Toute la région au nord de Tournon, sur micaschiste. Côte du Rhône calcaire. Partie méridionale jusqu'à Aubenas, Ucel, Vals. — Juillet-septembre. — C.

Rhinanthus L.

1170. Rhinanthus major Ehrh. — Prairies, pâturages humides. — Partout, jusqu'à 1.500 m. — Mai-août. — C.C.

1171. R. Alectorolophus Poll. (*R. glaber* F. Schultz). — Prairies, pâturages. — Partout, jusqu'à 1.500 m. — Mai-août. — C.C.

1172. R. minor Ehrh. — Prairies, pâturages. — Partout, jusqu'au sommet du Mézenc. Abondant dans le Coiron. Vallée de l'Ardèche. Côte du Rhône. — Mai-juillet. — C.

Var. *rusticulus* A. Chabert. — Pentes et sommet du Mézenc, au-dessus de 1.700 m. — Août. — R.

Pedicularis L.

1173. Pedicularis palustris L. — Prairies marécageuses de toute la région siliceuse et volcanique au-dessus de 1.000 m. — Sainte-Eulalie, Montfol aux Jallades, Gerbier-de-Jonc, lac d'Issarlès, Mazan, Lachamp-Raphaël,

Mézilhac, le Béage, rocher d'Avran. Le Tanargue. — Juin-août. — P.C.

1174. P. silvatica L. — Prairies, pâturages humides au-dessus de 800 m. — Dans tout le département. — Avril-juin. — C.C.

1175. P. comosa L. — Prairies tourbeuses au-dessus de 1.200 m. — Mézilhac, Lachamp-Raphaël (Aud.), Mézenc. — Juin-juillet. — R.

Melampyrum L.

1176. Melampyrum arvense L. — Moissons, champs de la région volcanique et calcaire, de 400 à 1.400 m. — Le Coiron : la Roche-de-Gourdon, mont Combier. Bassin de la Loire : Cros-de-Géorand, le Béage, Sainte-Eulalie, Saint-Cirgues-en-Montagne. — Côte du Rhône : Saint-Remèze, etc. — Juin-juillet. — C.

1177. M. pratense L. — Bois, pâturages. — Toute la région siliceuse et volcanique au-dessus de 1.100 m., jusqu'au Mézenc. — Juillet-septembre. — C.

1178. M. nemorosum L. — Bois des montagnes. — De Mayres au rocher d'Avran (Coste), Chartreuse-de-Bonnefoy. — Juin-août. — R.R.

1179. M. silvaticum L. — Bois, pâturages au-dessus de 900 m. — Suc-de-Bauzon, Gerbier-de-Jonc, Montfol, Mézenc. Monts du Coiron au mont Combier. — Juillet-août. — R.

Famille LXXIV. — OROBANCHÉES

Phelipæa C. A. Meyer.

1180. Phelipæa ramosa C. A. Meyer. — Parasite sur les racines du chanvre. — Saint-Jean-le-Centenier, les Granges-de-Mirabel. — Juin-juillet. — R.R.

Orobanche L.

1181. Orobanche Rapum Thuill. — Parasite sur les racines des Sarothamnus et Genista. — Dans toute la région siliceuse, jusqu'à 1.000 m. — Mai-juillet. — A.C.

1182. O. cruenta Bert. — Parasite sur diverses papilionacées. — Du Pont-d'Arc à Saint-Remèze. — Mai-août. — R.

1183. O. caryophyllacea Smith *(O. Galii* Duby).— Parasite sur *Gallium Mollugo.* — Iles du Rhône de la région septentrionale au nord de Tournon : Vion, Arras, Lemps, Sècheras, Saint-Jeurre-d'Ay, Sarras. Côte du Rhône : bois du Lavoul, etc. — Juin-juillet. — A.C.

1184. O. Epithymum D. C. — Parasite sur les *Thymus vulgaris, Th. Serpyllum.* — Toute la région calcaire, jusqu'à 5oo m., dans les monts du Coiron. — Juin-juillet. — A.C.

1185. O. Hederæ Vauch. — Parasite sur les racines du lierre. — Côte du Rhône : Tournon. — Juin-juillet. — R.

1186. O. minor Sutton. — Parasite sur les racines des *Trifolium sativum* et *repens.* Prairies, pâturages, bords des chemins, jusqu'à 8oo m. — Dans tout le département. Commun dans les environs d'Aubenas et la Côte du Rhône septentrionale. — Juin-juillet. — A.C.

Famille LXXV. — LABIÉES

Lavandula L.

1187. Lavandula Spica L. *(L. vera* D. C.). — Région calcaire méridionale, jusqu'à 200 m. — Limites du département du Gard : Vagnas, Labastide-de-Virac, Saint-André-de-Cruzières. Basse vallée de l'Ardèche : Beaulieu, Berrias, Païolive. Côte du Rhône : Saint-Martin-d'Ardèche, Saint-Marcel-d'Ardèche, Bidon, etc. — Juillet-août. — A.R.

1188. L. latifolia Vill. — Toute la région calcaire. — Pentes du Coiron, jusqu'à 5oo m. — Juillet-août. — C.

Mentha L.

1189. Mentha rotundifolia L. — Bords des eaux, fossés. — Dans tout le département, jusqu'à 8oo m. — Juillet-octobre. — C.C.

On rencontre mêlées au type les *Var. glabrescens* Timb. ; var. *crispa* nonn. auct. ; var. *rugosa* Hoffm.; var. *parviflora* Wirtz., var. *macrostachys* Ten. — A.C.

1190. **M. silvestris** L. — Lieux humides, bords des eaux. — Tout le département, jusqu'au Mézenc. — Juillet-septembre. — C.C.

Var. *M. mollissima* Borkh. — Bords de l'Ardèche, de 100 à 400 m., en amont et en aval d'Aubenas. — Bords du Boulogne et du Luolp à Saint-Julien-du-Serre. — A.C.

× *M. villosa* Huds. (*M. nemorosa* Willd.). (*rotundifolia* × *silvestris*). — Bords de la Loire et de ses affluents, de 900 à 1.200 m. : de Rieutord et Sagnes-et-Goudoulet jusqu'à Lachapelle-Grailhouze. — Juillet-septembre. — A.C.

1191. **M. viridis** L. (*M. spicata* Huds.). — Cultivé dans les jardins. Parfois subspontané près des habitations. — Août-octobre.

1192. **M. aquatica** L. — Bords des cours d'eau, des sources, jusqu'à 1.000 m. — Dans tout le département. — Juillet-octobre. — C.

Var. *M. hirsuta* L. — Sources, dans la région septentrionale : Arras, Vion, Eclassan, etc. — A.C.

Var. *glabrescens*. — Mêmes stations. — A.C.

1193. **M. arvensis** L. — Bords des eaux, jusque vers 1.200 m. — Partout. — Plante polymorphe. — Juillet-octobre. — C.C.

× *M. verticillata* L. (*aquatica* × *arvensis*) et (*arvensis* × *aquatica*). — Bords des eaux, marécages. — Le long du Rhône. — Août-septembre. — P.R.

1194. **M. Pulegium** L. (*Pulegium vulgare* Mill.). — Lieux humides le long du Rhône et de la partie inférieure des bassins de ses affluents. — Rare ailleurs. — Juillet-octobre. — A.C.

Lycopus L.

1195. **Lycopus europæus** L. — Bords des cours d'eau de la

basse et moyenne région, jusqu'à 600 m. — Partout. Juillet-septembre. — C.C.

Origanum L.

1196. Origanum vulgare L. — Lieux secs et incultes, vieux murs. — Dans tout le département, jusqu'à 800 m. — Juillet-septembre. — C.C.

Var. *O. megastachyum* Link. — Variation se rencontrant en automne sur les mêmes plantes qui, au printemps, avaient une inflorescence à épi court et ovoïde.

Var. *O. viridulum* Martr. (*O. virens* G. G. non Hoffm.). — Bords de l'Oise : Saint-Andéol-de-Bourlenc à la Bertoile. — Juillet-août. — R.

Thymus L.

1197. Thymus vulgaris L. — Coteaux secs et chauds, surtout de la région calcaire méridionale, jusqu'à 600 m. — Sur les pentes du Coiron. Toute la Côte du Rhône jusqu'à Crussol. Vallée de l'Ouvèze jusqu'à Privas, Coux, etc. — Avril-juillet. — C.

Var. *verticillatus* Willk. — Mêlé au type. S'en distingue par sa corolle une fois et demie à deux fois plus longue que le calice. — Vallée de l'Ardèche : Lanas, Saint-Sernin, Coiron. Aubenas, Ucel, Saint-Julien-du-Serre. — C.

× *T. aveyronensis* Coste et Soulié *(vulgaris × Serpyllum)*. — Coteaux arides sur grès du trias, vers 340 m. — Saint-Julien-du-Serre : du Buis à Fromenteyrol. — Mai-juillet. — R.

× *T. vivariensis* Coste et Revol *(Chamaedrys × vulgaris)*. — Sous-arbrisseau de 20-40 centimètres, d'un vert grisâtre, à odeur de *T. vulgaris*; tiges couchées ascendantes, souvent radicantes, décombantes au sommet, formant un petit buisson lâche ; rameaux rougeâtres, tomenteux tout autour ; feuilles assez grandes, épaisses, larges de 3 à 4 millimètres, ovales ou oblongues, obtuses, brusquement atténuées, alvéolées en dessus, glabrescentes ou pubescentes, bords faiblement roulés, peu ou point ciliées à la base; fleurs rosées ou blanchâtres, en têtes arrondies, à verticilles plus ou moins rapprochés ; corolle plus ou moins velue, assez grande ; calice velu, à dents longuement ciliées de poils blancs, à lèvre supérieure trifide jusqu'au tiers environ de sa longueur. — Diffère de *T. vulgaris* : par ses tiges moins ligneuses, moins épaisses, plus ou moins décombantes, formant un buisson lâche.; ses feuilles plus vertes, plus grandes, presque planes, à bords faiblement enroulés, plus nettement nervées et à peine tomenteuses en dessous, souvent un peu ciliées à la base, les florales non différentes des autres ; ses fleurs plus grandes, son calice à lèvre supérieure trifide et non brièvement tridentée. — S'éloigne de *T. Chamaedrys* et de ses variétés : par son odeur bien prononcée de *T. vulgaris ;* ses tiges ligneuses assez épaisses et robustes, formant buisson ; ses rameaux courtement velus tout autour et non glabres ou à pubescence bifariée ; ses feuilles d'un vert grisâtre, plus petites, plus épaisses, à bords enroulés, plus ou moins tomenteuses, au moins en dessous, peu ou point ciliées à la base; son calice hérissé, rude, à lèvre supérieure moins profondément trifide *(H. Coste).* — Coteaux calcaires et grès du trias, de 3oo à 4oo m. — Vallon du Jumel : d'Ucel à Saint-Julien-du-Serre. Vallon du Luolp : Saint-Julien-du-Serre, Vesseaux, Saint-Privat, Saint-Sernin, Vogüé. Bassin de l'Ouvèze et Côte du Rhône. — Mai-juillet. — P.R.

1198. T. nitens Lamt. — Région granitique des Cévennes vivaraises, de 4oo à 1.200 m. — Massif du Tanargue et rocher d'Avran : Valgorge, Dompnac, Mayres, Lasouche, Thueyts, Neyrac *(H. Coste, N. Roux).* — Juillet-août.

1199. T. montanus Waldst. et Kit. *(T. ovatus* Mill.*).* — Pâturages et rochers. — Mézenc (H. Coste). — Juillet-septembre. — R.

1200. T. Chamædrys Fries. — Terrains incultes, landes,

bruyères de la région siliceuse et volcanique, de 100 à 1.600 m. — Partout. — Mai-septembre. — C.C.

Var. T. alpestris Tausch. — Landes sablonneuses des montagnes volcaniques et siliceuses. — Cratère de Lavestide-du-Pal, lac Ferrand, cratère du Suc-de-Bauzon, Mézilhac. Gerbier-de-Jonc. — Juillet-septembre. — A.R.

Var. oblongus Briquet. — Saint-Julien-du-Serre à Jumel.

Var. ovatus Briquet. — Partout, jusqu'au Mézenc.

Var. subcitratus Briquet. — Bois de Roset, entre Marcols et Mézilhac.

Var. parvifolius Beck. — Coupe de Jaujac.

1201. T. Serpyllum L. — Lieux secs et arides. — Partout. — Mai-septembre. — C.C.

Var. T. angustifolius Pers. — Terrains sablonneux, de 100 à 1.200 m. — Côte du Rhône. Vallée de l'Ardèche : Saint-Julien-du-Serre, Ucel, Saint-Privat, Saint-Andéol-de-Bourlenc, Saint-Joseph-des-Bancs, etc. — A.C.

Var. praelongus Fries. — Bassin de l'Ardèche, de l'Ouvèze : Aubenas, Vals-les-Bains, Genestelle, Antraigues, Chomérac, Alissas, etc. — C.

V. silvicola Briq. — Rochers siliceux de la région siliceuse septentrionale, de 100 à 400 m. — Tournon, Vion, Arras, Andance. Vallée du Doux jusqu'à Lamastre.

1202. T. lanuginosus Mill. — Rochers et éboulis siliceux, de 400 à 1.000 m. — Saint-Michel-de-Boulogne à la Conchy et au-dessus d'Auzon, en montant à la Roche-de-Gourdon. — Juillet-août. — P.R.

Var. T. humifusus Bernh. *(T. camaresiensis* Coste). — Pelouses sèches calcaires, de 100 à 300 m. — Vallon de Celles-les-Bains ; de Saint-Péray à Vernoux. — Juin-septembre. — A.R.

Satureia L.

1203. Satureia montana L. — Rochers et coteaux arides de la basse région méridionale calcaire, jusqu'à 200 m., vers Lanas, Rochecolombe, Alba. Très abondant à Vallon, Pont-d'Arc et bassin de la Cèze. — Juin-août. — A.C.

1204. S. hortensis L. — Rocailles des coteaux calcaires secs et chauds, de 100 à 400 m. — Vallée de l'Ardèche : Vesseaux ; Saint-Privat au ravin de Louyre, Aubenas au rocher de Jastre, Lussas, Lavilledieu. Vallée de l'Ouvèze : de Chomérac et Alissas à Privas. — Juillet-septembre. — P.C.

CALAMINTHA Mœnch.

1205. Calamintha Clinopodium Moris (*Clinopodium vulgare* L.). — Bois et bords des chemins. — Dans tout le département, jusqu'à 1.400 m. — Juillet-septembre. — C.C.

1206. C. Acinos Clairv. — Champs, rochers. — Dans tout le département, jusqu'à 1.500 m. — Mai-juillet. — C.C.
Var. *C. villosa* Pers. — Toute la région méridionale, jusqu'à 800 m., dans le Coiron. — Vallée de l'Ouvèze jusqu'à Privas. Côte du Rhône jusqu'au Pouzin. — C.

1207. C. grandiflora Mœnch. — Sol détritique des forêts de la région siliceuse et volcanique au-dessus de 1.000 m. — Dans tout le département : forêts de Mazan, de Bauzon. Plateau du Tanargue. De Mayres au rocher d'Avran. Chartreuse-de-Bonnefoy. Hauts bassins de l'Ardèche, de l'Espezonnette, de l'Erieux. Chaîne des Boutières, etc. — Juillet-septembre. — A.C.

1208. C. officinalis Mœnch. (*C. silvatica* Bromf.). — Bois frais, de 200 à 400 m. — Vallée de l'Ardèche : Vals-les-Bains, Asperjoc, Antraigues. — Juillet-septembre. — P.C.

1209. C. ascendens Jord. (*C. menthaefolia* G. G.). — Bois et haies de la région siliceuse, de 100 à 400 m. — Dans tout le département. — Juillet-octobre. — C.

1210. C. Nepeta Savi. — Lieux secs et pierreux, bords des chemins de la région calcaire jusqu'à 400 m. — Dans tout le département. — Juillet-octobre. — C.C.

Melissa L.

1211. Melissa officinalis L. — Cultivé. Souvent subspontané autour des habitations. — Juin-septembre.

Rosmarinus L.

1212. Rosmarinus officinalis L. — Coteaux pierreux et arides de toute la Côte du Rhône méridionale. — De Saint-Martin-d'Ardèche à Tournon. — Décembre-mai. — A.C.

Var. *R. rigidus* Jord. et Fourr.— Tournon. — R.R.

Salvia L.

1213. Salvia officinalis L. — Coteaux rocailleux calcaires arides. — Côte du Rhône : Viviers, le Teil, Rochemaure, le Pouzin, Lavoulte, Cruas, Crussol et Sarras. — Cultivé et souvent subspontané. — Juin-juillet. — P.C.

1214. S. glutinosa L. — Terrains frais et ombragés, de 200 à 800 m. — Vallée de l'Ardèche : d'Aubenas à Thueyts, Montpezat, Burzet, Antraigues. Vallon du Luolp : Saint-Privat, Vesseaux, Saint-Julien-du-Serre, Saint-Andéol-de-Bourlenc, Genestelle, etc. Vallée de l'Ouvèze : Privas. — Juin-août. — A.C.

1215. S. verticillata L. — Bords des chemins, talus des voies ferrées, jusqu'à 600 m. — Vallée de l'Ardèche, Saint-Sernin, Aubenas au Pont, Saint-Julien-du-Serre, Vogüé. Vallée de l'Ouvèze : Privas ; de l'Escrinet au Charray. Côte du Rhône : le Teil, Tournon. — Juillet-août. — R.

1216. S. Sclarea L. — Bords des chemins de la région calcaire, de 100 à 400 m. — Coiron : Lussas. Côte du Rhône : Tournon. — Juillet-août. — R.R.

1217. S. pratensis L. — Prairies et pâturages. — Dans tout le département, jusqu'à 1.200 m. — Mai-juillet. — C.C.

1218. S. Verbenaca L. — Bords des chemins, vieux murs et pelouses sèches, surtout dans la région calcaire, jusqu'à 400 m. — Toute la Côte du Rhône. Vallée de l'Ardèche : Vallon, Pont-d'Arc, Berrias, Joyeuse, Vogüé, Saint-Sernin, Aubenas, Mercuer, Saint-Julien-du-Serre, Saint-Privas, Saint-Remèze, etc. — Mai-août. — P.C.

1219. **S. Clandestina** L. *(S. pallidiflora* S. Amans.). — Coteaux arides. — Aubenas à Ville, Rochecolombe. — Avril-juin. — R.

Glechoma L.

1220. **Glechoma hederacea** L. — Haies et bois frais jusqu'à 700 m. — Dans tout le département. — Mars-mai. — C.C.

Lamium L.

1221. **Lamium amplexicaule** L. — Champs et vignes jusqu'à 1.200 m. — Dans tout le département. — Mars-octobre. — C.C.

1222. **L. purpureum** L. — Voisinage des habitations, champs. Plus abondant au-dessus de 700 m., jusqu'à 1.200 m. — Mars-octobre. — C.C.

1223. **L. hybridum** Vill. *(L. incisum* Willd.). — Rochers mouillés, bords des chemins, jusqu'à 900 m. — Vallée de l'Ardèche : Aubenas, Mercuer, Labégude, Vals, Lalevade-d'Ardèche, Ucel, Saint-Julien-du-Serre, Saint-Andéol-de-Bourlenc. Vallée de l'Erieux : le Cheylard, Saint-Cierge-sous-le-Cheylard. — Avril-juin. — A.C.

1224. **L. maculatum** L. — Haies et bois, de 200 à 1.600 m. — Vallée de l'Ouvèze : Privas à Verdus (Test.). Antraigues, Gourdon, etc. — Avril-octobre. — C.
Var. *L. hirsutum* Lamk. — Chartreuse-de-Bonnefoy.

1225. **L. album** L. — Décombres, dans le voisinage des habitations. — Commun autour des fermes, de 800 à 1.600 m. — Avril-août. — C.C.

1226. **L. flexuosum** Ten. — Haies et bois de la vallée de la Volane, vers 400 m. : Antraigues (Saint-Lag.). — Mars-juillet. — R.R.

1227. L. Galeobdolon Cr. — Bois, lieux ombragés de la région siliceuse et volcanique, de 400 à 1.400 m. — Coiron : Roche-de-Gourdon, Champ-de-Mars. Tout le bassin de la Loire, etc. — Avril-juin. — A.C.

Leonurus L.

1228. Leonurus Cardiaca L. — Lieux boisés. — Entre le lac d'Issarlès et le Béage (Coste). — Juillet-septembre. — R.

Galeopsis L.

1229. Galeopsis Tetrahit L. — Lieux cultivés, décombres autour des habitations de la région siliceuse et volcanique. De 100 à 1.200 m. — Partout. — Juillet-octobre. — C.C.

Var. *praecox* Gren. — Saint-Julien-du-Serre, Saint-Privat, Vesseaux.

1230. G. dubia Leers. — Champs des terrains siliceux, de 200 à 1.400 m. — Partout. — Juillet-octobre. — C.C.

1231. G. intermedia Vill. — Champs sablonneux des montagnes siliceuses, de 800 à 1.300 m. — Roche-de-Gourdon. La plus grande partie du bassin de la Loire : Saint-Cirgues-en-Montagne, Mazan, Rieutord, etc. Côte du Rhône : Champis. — Juillet-septembre. — P.C.

1232. G. Ladanum L. — Champs pierreux de toute la région siliceuse, jusqu'à 800 m. — Juillet-octobre. — C.C.

Var. *G. angustifolia* Ehrh. — Toute la région calcaire méridionale, jusqu'à 500 m. — Juillet-octobre. — C.C.

Var. *arvatica* Jord. — Souvent associée à la var. *G. angustifolia*.

Stachys L.

1233. Stachys recta L. — Coteaux calcaires de toute la région méridionale, jusque sur les pentes du Coiron, vers 500 m. — Vallées de l'Ardèche, de l'Ouvèze et Côte du Rhône jusqu'à Limony. — Juin-septembre. — C.C.

1234. **S. annua** L. — Champs pierreux des terrains volcaniques et calcaires jusqu'à 600 m. — Coiron : Saint-Pons, Aubignas, Alba. Vallée de l'Ardèche : Vallon, Pont-d'Arc, Aubenas, Saint-Julien-du-Serre. Côte méridionale du Rhône, jusqu'à Sarras. — Juin-octobre. — C.C.

1235. **S. arvensis** L. — Lieux sablonneux et siliceux jusqu'à 300 m. — Vallée de l'Ardèche et Côte du Rhône. — Mai-octobre. — R.

1236. **S. palustris** L. — Bords des eaux. Tout le long du Rhône et embouchures de ses affluents. — Juin-septembre. — A.C.

1237. **S. silvatica** L. — Haies et bois de la région siliceuse et volcanique. — Vallée de l'Ardèche : Mercuer, Prades, Vals, Ucel, Ailhon, Lentillères, Saint-Julien-du-Serre. Le Coiron. Vallée de l'Ouvèze, etc. — Juin-août.

1238. **S. alpina** L. — Lieux boisés. — Entre le Béage et le lac d'Issarlès (H. Coste). — Juin-août. — R.

1239. **S. germanica** L. — Bords des chemins et lieux incultes. — Aubenas, Saint-Joseph-des-Bancs, Vernoux. — Juillet-août. — P.C.

1240. **S. lanata** Jacq. — Cultivé. — Souvent subspontané.

BETONICA L.

1241. **Betonica officinalis**. — Bois et pâturages, de 200 à 1.200 m. — Saint-Julien-du-Serre, Mercuer, Vals, Champis. — Juin-août. — A.C.

Var. *hirta* Reich. — Saint-Joseph-des-Bancs à Prat-Berthon. — Le Champ-de-Mars.

BALLOTA L.

1242. **Ballota nigra** L. (*B. fœtida* Lamk.). — Décombres, bords des chemins jusqu'à 900 m. — Partout. — Mai-septembre. — C.C.

Phlomis L.

1243. Phlomis Herba-venti L. — Coteaux calcaires, arides, vers 3oo m. — Vallée de l'Ardèche : plateau de Jastre, Lussas, Lavilledieu et Vogüé. — Mai-août. — R.

1244. P. Lychnitis L. — Lieux rocailleux de la région calcaire méridionale jusqu'à 15o m. — Saint-André et Saint-Sauveur-de-Cruzières. Bessas. —Mai-juillet. — R.R.

Sideritis L.

1245. Sideritis romana L. — Lieux cultivés, bords des chemins de la région calcaire méridionale, de 100 à 3oo m. — Aubenas à Lasuel, Païolive. Limites du Gard, vers Saint-André et Saint-Sauveur-de-Cruzières. — Mai-juillet. — R.

Marrubium L.

1246. Marrubium vulgare L. — Bords des chemins, décombres dans le voisinage des habitations, jusqu'à 1.000 m. — Toute la Côte du Rhône. Vallée de l'Ardèche : Aubenas, Vals, Ucel, Saint-Julien-du-Serre, l'Escrinet, Privas, etc. Vallées de l'Ouvèze, de l'Erieux, du Doux, etc. — Mai-septembre. — A.C.

Melitis L.

1247. Melitis Melissophyllum L. (*M. grandiflora* Sm.). — Bois, ravins, surtout de la région calcaire, jusqu'à 800 m. — Dans la plus grande partie du département. Toute la Côte du Rhône. Vallée de l'Ardèche : Aubenas, Saint-Privat, Saint-Julien-du-Serre, Vesseaux. Pentes du Coiron, etc. — Avril-juillet. — C.

Scutellaria L.

1248. Scutellaria galericulata L. — Bords des eaux. — Le long du Rhône, du Doux, de l'Erieux, etc., jusqu'à 3oo m. — Juin-septembre. — P.C.

1249. S. alpina L. — Rocailles calcaires du Coiron, vers 6oo m.

— Entre Vesseaux et Pramailhet, les Vans, Païolive (N. Roux). — Juin-août. — R.

Brunella L.

1250. **Brunella hyssopifolia** L. — Coteaux calcaires et argileux, bords des chemins, jusqu'à 400 m. — Vallée de l'Ardèche : Aubenas, Saint-Etienne-de-Fontbellon, Ucel, Saint-Julien-du-Serre, Joyeuse et région méridionale. Vallée de l'Ouvèze: de Chomérac à Privas, mont Charray et vallée du Mézayon. — Mai-août. — P.R.

1251. **B. alba** Pall.(*B. laciniata* Jacq.). — Coteaux rocailleux arides, surtout siliceux, jusqu'à 800 m. — Partout. — Juin-août. — C.C.

1252. **B. vulgaris** L. — Pâturages, bords des chemins. — Partout. — Juin-septembre. — C.C.

Var. *pennatifida* God. — Mêmes stations.

Var. *B. parviflora* Poir. — Pâturages et prairies humides au-dessus de 1.200 m. — Dans toute la région siliceuse et volcanique. — C.

1253. **B. grandiflora** Jacq. — Prairies, bords des bois, de 400 à 1.200 m. — Coiron, Roche-de-Gourdon. — Juin-septembre. — R.

1254. **B. hastæfolia** Brot. — Prés, bois de la région septentrionale, de 300 à 1.200 m., sur micaschiste et gneiss. — Arras, Sècheras, Lemps, Saint-Jeurre-d'Ay.— Juin-septembre. — A.R.

Ajuga L.

1255. **Ajuga reptans** L. — Prés, lieux herbeux. — Partout, jusqu'au Mézenc. — Avril-juillet. — C.C.

1255bis. **A. genevensis** L. — Endroits rocailleux et secs, surtout calcaires ou volcaniques. — De la plaine au Mézenc. — Avril-août. — C.

1256. **A. Chamæpitys** Schr. — Vignes et champs pierreux de toute la région calcaire, jusqu'à 500 m., sur les pentes du Coiron. — Toute la Côte du Rhône. — Mai-septembre. — C.C.

Teucrium L.

1257. Teucrium Botrys L. — Champs pierreux de toute la région calcaire méridionale jusqu'à .600 m., sur les pentes du Coiron. Côte du Rhône jusqu'à Crussol. Bassin de l'Ouvèze. — Juin-septembre. — C.C.

1258. T. Scorodonia L. — Bois, broussailles de la région siliceuse et volcanique, de 100 à 1.600 m. — Partout. — Juin-septembre. — C.C.

1259. T. flavum L. — Rochers et coteaux pierreux de la région calcaire méridionale, de 80 à 150 m. — Vallée de l'Ardèche : Pont-d'Arc. — Mai-août. — R.

1260. T. Chamædrys L. — Rochers, vieux murs, bords des chemins, jusqu'à 800 m. — Dans tout le département. — Juin-septembre. — C.C.

1261. S. montanum L. — Coteaux marneux calcaires, jusqu'à 400 m. sur les basses pentes du Coiron. — Toute la Côte du Rhône. Vallée de l'Ardèche jusqu'à Saint-Julien-du-Serre, Vesseaux. Vallée de l'Ouvèze jusqu'à Privas, Coux, etc. — Mai-août. — C.

1262. T. aureum Schreb. — Lieux pierreux de la région calcaire méridionale. — Chassagne au bois de Païolive. — Juin-août. — R.R.

1263. T. Polium L. — Lieux rocailleux des coteaux ensoleillés de la région calcaire, jusqu'à 400 m., sur les pentes du Coiron. Toute la Côte du Rhône où, au nord de Tournon, il est abondant sur micaschiste. Vallée de l'Ardèche jusqu'à Saint-Julien-du-Serre, Vesseaux, Saint-Etienne-de-Boulogne, l'Escrinet. Vallée de l'Ouvèze jusqu'à Privas. — Juin-août. — A.C.

Jord. et Fourr. ont décrit les formes suivantes, récoltées dans le département :

Var. *microphyllum* à Pampelonne, près Rochemaure; var. *vivariense* à Crussol; var. *rhodanense* à Tournon, Saint-Jean-de-Muzols ; var. *flexuosum* à Cruas ; var. *supravirens* à Celles-les-Bains ; var. *brevicaule* à Celles-les-Bains ; var. *graniticum* à Arras,

Sarras (Fourr., *Catalogue des plantes des bords du Rhône*).

Famille LXXVI. — VERBÉNACÉES

Verbena L.

1264. Verbena officinalis L. — Bords des chemins, lieux incultes. — Dans tout le département, jusqu'à 900 m. — Juin-octobre. — C.C.

Famille LXXVII. — PLANTAGINÉES

Plantago L.

1265. Plantago Cynops L. — Bords des chemins, lieux secs et pierreux. — Dans tout le département, jusqu'à 700 m. — Mai-août. — C.

1266. P. arenaria Waldst et Kit. — Lieux sablonneux et pierreux, jusqu'à 600 m. — Dans tout le département. — Juin-août. — C.

1267. P. Psyllium L. — Terrains sablonneux ou pierreux de la partie méridionale calcaire, jusqu'à 200 m. — Saint-Martin-d'Ardèche, Orgnac, Bessas, Saint-Sauveur-de-Cruzières. — Juillet-août. — R.

1268. P. carinata Schrad. — Pelouses sèches des terrains granitiques ou gneissiques, de 200 à 1.000 m. — Vallée de l'Ardèche : de Mercuer, Labégude à Montpezat, Mayres et Burzet ; de Saint-Julien-du-Serre au Champ-de-Mars. Vallées de l'Allier et de l'Espezonnette : Saint-Laurent-les-Bains, Saint-Etienne-de-Lugdarès. Chaîne des Boutières et toute la région septentrionale en amont de Tournon ; Champis, etc. — Mai-septembre. — C.

1269. P. serpentina Vill. — Terrains argileux humides, calcaires ou volcaniques, jusqu'à 1.000 m. — Vallée de l'Ardèche : du Pont-d'Arc à Saint-Julien-du-Serre et pentes du Coiron à la Roche-de-Gourdon. Bords du

Rhône dans tout le département. Vallée de l'Ouvèze : Flaviac, Veyras, mont Charray, Vernoux. — Juin-septembre. — P.R.

1270. **P. Coronopus** L. — Chemins et lieux sablonneux le long du Rhône. — Avril-octobre. — P.R.

1271. **P. lanceolata** L. — Prés et pâturages. — Dans tout le département, jusqu'au Mézenc. — Avril-octobre. — C.C.

Var. capitata Ten. — Pâturages secs : Saint-Julien-du-Serre, Roche-de-Gourdon.

1272. **P. media** L. — Pâturages et prairies. — Dans tout le département, jusqu'à 1.600 m. — Mai-août. — C.C.

1273. **P. major** L. — Chemins, lieux incultes. — Dans tout le département. — Mai-novembre. — C.C.

Var. P. intermedia Gilib. — Mêlé au type. — C.
Var. P. minima D. C. — Mêlé au type. — C.

Famille LXXVIII. — PLOMBAGINÉES

Armeria Willd.

1274. **Armeria plantaginea** Willd. — Prairies, pâturages des terrains siliceux ou volcaniques, jusqu'à 1.300 m. — Partout. — Juin-septembre. — C.C.

Plumbago L.

1275. **Plumbago europæa** L. — Lieux secs et arides calcaires de la région méridionale : Banne et Pont-d'Arc (Aud.), Païolive (Saint-Lag.). — Juillet-octobre. — R.

Famille LXXIX. — GLOBULARIÉES

Globularia L.

1276. **Globularia Alypum** L. — Coteaux rocailleux et arides de la basse région calcaire jusqu'à 150 m. — Pont-d'Arc. Vagnas, Labastide-de-Virac, Bessas. — Mars-juin. — R.

1277. G. vulgaris L. — Pâturages rocailleux de la région calcaire, jusqu'à 800 m. — Partout. — Avril-juin. — C.C.

Cinquième Classe. — MONOCHLAMYDÉES OU APÉTALES

Famille LXXX. — PHYTOLACÉES

Phytolacca L.

1278. Phytolacca decandra L. — Subspontané dans la région méridionale jusqu'à 500 m. — Juin-septembre.

Famille LXXXI. — SALSOLACÉES
(Amarantacées et Chénopodiacées)

Amarantus L.

1279. Amarantus deflexus L. — Décombres, pied des murs. — Toute la région méridionale, jusqu'à 400 m. Vallée de l'Ardèche : Vogüé, Saint-Sernin, Aubenas, Labégude, Vals, Saint-Julien-du-Serre. Toute la Côte du Rhône. Vallée de l'Ouvèze, etc. — Juin-octobre. — A.C.

1280. A. patulus Bert. — Décombres, vignes de la région méridionale, jusqu'à 400 m. — Labégude, Ucel, Saint-Julien-du-Serre, Saint-Privat. — Août-octobre. — R.

1281. A. retroflexus L. — Bords des chemins, décombres. — Dans tout le département, jusqu'à 500 m. — Juillet-septembre. — C.

1282. A. paniculatus L. (*A. sanguineus* L.). — Subspontané dans les décombres et sables des rivières. — Grèves du Rhône : Sarras, Arras, Vion, etc. Vallée de l'Ouvèze : Veyras. Vallée de l'Ardèche : Aubenas, Saint-Julien-du-Serre. — Juillet-octobre. — P.C.

1283. A. Blitum L. — Cultures et décombres jusqu'à 400 m. — Dans tout le département. — Juillet-octobre. — C.

Var. A. ascendens Lois. — Mêlée au type, dans les terrains siliceux.

1284. A. silvestris Desf. — Champs et décombres jusqu'à 500 m. — Tout le département.— Juillet-octobre.— C.

1285. A. albus L. — Décombres, bords des chemins, de 100 à 300 m. — Aubenas, vers la gare. Côte du Rhône : Tournon, Arras, Sarras. — Juillet-octobre. — R.

Polycnemum L.

1286. Polycnemum majus Al. Braun. — Champs sablonneux sur grès du trias, vers 300 m. — Saint-Julien-du-Serre, Mercuer, Ailhon, Saint-Péray. — Juin-septembre. — P.C.

1287. P. arvense L. *(P. minus* Jord.). — Champs sablonneux de la région siliceuse septentrionale, vers 300 m. — Arras, Sècheras, Eclassan, Cheminas, Saint-Jeurre-d'Ay, etc. — Juin-septembre. — A.C.

Atriplex L.

1288. Atriplex hortensis L. — Cultivé et subspontané. — Juillet-septembre.

Var. A. microtheca Moq. T. — Rocailles calcaires. — Lavoulte.

1289. A. hastata L. — Champs. — Dans tout le département, jusqu'à 1.500 m. — Juillet-octobre. — C.C.

Var. angustifolia Sm. — Champs caillouteux calcaires. — L'Escrinet.

1290. A. patula L. — Champs. — Dans tout le département. jusqu'à 1.500 m. — Juin-octobre. — C.C.

Spinacia L.

1291. Spinacia oleracea L. *(S. spinosa* Mœnch). — Cultivé et subspontané. — Mai-juillet.

Beta L.

1292. Beta vulgaris L. — Cultivé et subspontané. — Mai-juillet.

Var. *B. Rapa* Dum. (Betterave). — Cultivé en grand. — Mai-juillet.

Chenopodium L.

1293. **Chenopodium Botrys** L. — Terrains sablonneux et pierreux, surtout calcaires, abords des gares de la région méridionale, jusqu'à 300 m. — Côte du Rhône : Sarras, Arras, Mauves, Saint-Péray, Lavoulte. Commun dans la région méridionale du département. Basse vallée de l'Ardèche : Pont-d'Arc (Sén. Pradal). Vallée de l'Ouvèze : Flaviac, Privas. Juillet-septembre. — A.C.
1294. **C. ambrosioides** L. — Sables des rivières, de 100 à 150 m. — Bords du Rhône : Arras, Vion, bords du ruisseau d'Arras, Saint-Péray. — Juin-septembre. — R.
1295. **C. Bonus-Henricus** L. — Murs et chemins près des habitations, surtout dans la région montagneuse, au-dessus de 700 m. — Montpezat, le Pal, Chartreuse-de-Bonnefoy. Mézenc. La plus grande partie du département. — Juin-septembre. — A.C.
1296. **C. Vulvaria** L. — Décombres, murs, chemins, champs. — Dans tout le département, jusqu'à 600 m. — Juin-septembre. — C.C.
1297. **C. polyspermum** L. — Champs, décombres, voisinage des habitations. — Dans tout le département, jusqu'à 1.200 m. — Juillet-septembre. — C.
1298. **C. hybridum** L. — Champs, jardins de toute la région montagneuse, entre 1.000 et 1.300 m. — Le Béage, Lachamp-Raphaël, Mézilhac, Lapalisse, Saint-Cirgues-en-Montagne, etc. — Descend à Saint-Péray, Celles-les-Bains. — Juillet-septembre. — A.C.
1299. **C. urbicum** L. — Décombres et cultures humides, de 800 à 1.200 m. — Dans tout le département. — Juillet-septembre. — P.C.
1300. **C. murale** L. — Pied des murs, décombres, chemins. — Dans tout le département, jusqu'à 1.400 m. — Juin-septembre. — C.C.
1301. **C. album** L. — Champs et décombres. — Dans tout le département. — Juin-octobre. — C.C.

Famille LXXXII. — POLYGONÉES

Rumex L.

1302. **Rumex scutatus** L. — Vieux murs, éboulis calcaires de la région méridionale. — Païolive, Ucel au vallon de Jumel. — Mai-août. — R.

1303. **R. Acetosa** L. — Prairies, bois humides. — Dans tout le département. — Mai-juin. — C.C.

1304. **R. arifolius** All. — Prés et bois humides de la région siliceuse et volcanique au-dessus de 1.000 m. — Bassin de la Loire : forêt de Mazan, Lanarce, Suc-de-Bauzon, Chartreuse-de-Bonnefoy, le Béage, Saint-Cirgues-en-Montagne. Haut bassin de l'Ardèche : Mayres, rocher d'Avran, Tanargue. Bassins de l'Allier, de l'Erieux, etc. — Juillet-août. — P.C.

1305. **R. intermedius** D. C. (*R. thyrsoides* G. G.). — Lieux secs et rocailleux de la région méridionale. — Pont-d'Arc. — Mai-juillet. — R.

1306. **R. Acetosella** L. — Lieux secs et pierreux de la région siliceuse. — Dans tout le département. — Avril-septembre. — C.C.

1307. **R. pulcher** L. — Chemins, lieux secs et incultes, jusqu'à 900 m. — Mai-septembre. — C.

1308. **R. obtusifolius** L. (*R. Friesii* G. G.). — Lieux frais, bords des eaux. — Vallée de l'Ardèche : Aubenas, Saint-Didier-sous-Aubenas, Saint-Sernin, etc. Côte du Rhône. Vallées de l'Erieux, de l'Ouvèze, etc. — Juin-septembre. — C.

1309. **R. sanguineus** L. (*R. nemorosus* Schrad.). — Lieux humides et ombragés des plaines jusqu'à 300 m. — Vallée de l'Ouvèze jusqu'à Privas. Vallée de l'Ardèche, jusqu'à Aubenas. Côte du Rhône. — Juillet-septembre. — A.R.

1310. **R. conglomeratus** Murr. — Fossés, lieux humides jusqu'à 600 m. — Dans tout le département. — Juin-septembre. — C.C.

1311. R. crispus L. — Prés et champs humides, jusqu'à 1.200 m. — Dans tout le département. — Juillet-septembre. — C.C.

1312. R. Patientia L. — Cultivé et souvent subspontané. — Juin-septembre.

1313. R. Hydrolapathum Huds. — Marais et bords des cours d'eau, jusqu'à 1.500 m. — Dans tout le département. — Juillet-août. — C.C.

1314. R. alpinus L. — Bois, ravins, grèves des cours d'eau au-dessus de 1.300 m. — Ravin de la Véradeyre à la Chartreuse-de-Bonnefoy, Mézenc. — Juillet-septembre. — R.

Polygonum L.

1315. Polygonum Fagopyrum L. — Cultivé sur les sols siliceux. — Juillet-septembre.

1316. P. tataricum L. — Voisin du précédent, mais moins souvent cultivé. — Juillet-septembre.

1317. P. Convolvulus L. — Lieux cultivés. — Dans tout le département. — Juin-octobre. — C.C.

1318. P. dumetorum L. — Haies, bois, saulaies jusqu'à 400 m. — Dans tout le département. — Juillet-octobre. — C.

1319. P. Bistorta L. — Prés humides de toute la région siliceuse et volcanique au-dessus de 700 m. — Mai-août. — C.

1320. P. amphibium L. — Marécages bordant le Rhône. — Dans tout le département. — Juin-septembre. — P.C.

1321. P. lapathifolium L. — Sables et saulaies bordant les cours d'eau. — Tout le département, jusqu'à 800 m. — Juillet-septembre. — A.C.

1322. P. Persicaria L. — Lieux humides. — Dans tout le département, jusqu'à 600 m. — Juillet-septembre. — C.C.

1323. P. Hydropiper L. — Lieux humides. — Dans tout le département, jusqu'à 1.000 m. — Juillet-octobre. — C.C.

1324. P. aviculare L. — Lieux cultivés, sablonneux, moissons. — Partout. — Mai-novembre. — C.C.

Var. *P. arenarium* Lois. — Grèves des cours d'eau. — C.C.

× *P. laxum* Reich. (*Hydropiper* × *lapathifolium*). — — Bords du Rhône. — Mai-novembre.

Famille LXXXIII. — DAPHNOIDÉES

PASSERINA L.

1325. Passerina annua Spreng. — Moissons des terrains calcaires secs, de 100 à 150 m. — Vallon, Ruoms, Labeaume, etc. — Juillet-septembre. — P.C.

DAPHNE L.

1326. Daphne Cnidium L. — Lieux arides et sablonneux de la région siliceuse méridionale. — Du Teil à Bourg-Saint-Andéol, Viviers, bois du Lavoul, etc. — Mars-octobre. — R.

1327. D. Mezereum L. — Bois de la région montagneuse siliceuse et volcanique au-dessus de 1.000 m. — Cros-de-Géorand, au bord du Toron ; Mézenc, Gerbier-de-Jonc, la Sapette, Sainte-Eulalie. — Février-mai. — P.C.

1328. D. Laureola L. — Bois calcaires ou volcaniques de 300 à 1.400 m. — Vallée de l'Ardèche : Saint-Privat à Louyre. Coiron au mont Combier. Bassin de la Loire au bois d'Andéol, près le Montfol. — Février-mai. — R.

Famille LXXXIV. — LAURINÉES

LAURUS L.

1329. Laurus nobilis L. — Rochers de la basse région méridionale. — Vallon, Saint-Marcel-d'Ardèche, Saint-Martin-d'Ardèche, Saint-Sauveur-de-Cruzières, etc. Cultivé et subspontané. — Mars-mai.

Famille LXXXV. — SANTALACÉES

OSYRIS L.

1330. Osyris alba L. — Toute la Côte calcaire du Rhône. —

Peyraud, Châteaubourg, Lavoulte, le Pouzin, Rochemaure, bois du Lavoul, etc. — Mai-juin. — A.C.

Thesium L.

1331. **Thesium alpinum** L. — Prés et pâturages des hautes montagnes siliceuses et volcaniques, au-dessus de 1.000 m. — Péreyres, Lachamp-Raphaël, Montfol, Gerbier-de-Jonc, lac d'Issarlès, Chartreuse-de-Bonnefoy, Mézenc. Plateau du Tanargue, etc. — Juin-août. — A.R.

1332. **T. pratense** Ehrh. — Prés et pâturages de la région montagneuse au-dessus de 1.000 m.— Mêmes stations que le précédent. — De Mayres au rocher d'Avran. — Juin-août. — P.R.

1333. **T. humifusum** D. C. — Pâturages et prairies sablonneuses de la région montagneuse au-dessus de 1.000 m. — Mazan, Saint-Cirgues-en-Montagne, Cros-de-Géorand, le Béage, Chartreuse-de-Bonnefoy, etc. — Juin-août. — P.C.

1334. **T. divaricatum** Jan. — Lieux secs et arides. — Dans tout le département, jusqu'à 600 m. — Juin-août. — C.

Famille LXXXVI. — ELÉAGNÉES

Hippophae L.

1335. **Hippophae rhamnoides** L. — Grèves des cours d'eau. — Bords du Rhône et de la partie basse de ses affluents. — Fleurs, mars-mai. — Fruits, août-septembre. — P.C.

Famille LXXXVII. — ARISTOLOCHIÉES

Asarum L.

1336. **Asarum europæum** L. — Haies, bois, buissons des terrains frais, vers 1.000 m. — Lac d'Issarlès (H. Coste et N. Roux). — Juin-août. — R.R.

ARISTOLOCHIA L.

1337. Aristolochia Clematitis L. — Lieux pierreux, vignes des sols calcaires. — Tout le département, jusqu'à 400 m. Au nord de Tournon, il végète sur micaschite et alluvions du Rhône. — Mai-septembre. — C.

1338. A. Pistolochia L. — Lieux pierreux des coteaux calcaires arides de la région méridionale jusqu'à 300 m. — Aubenas, Saint-Privat au ravin de Louyre, Ucel, Saint-Julien-du-Serre ; du Pont-d'Arc à Saint-Remèze. Basses pentes du Coiron. Vallée de l'Ouvèze : Alissas, Coux, etc. — Avril-mai. — P.C.

1339. A. rotunda L. — Lieux pierreux cultivés ou incultes. — Tout le bassin de l'Ardèche jusqu'à Aubenas, Mercuer, Labégude. Vallée de l'Ouvèze jusqu'à Privas. Côte du Rhône méridionale jusqu'à Lavoulte. — Avril-juin. — A.C.

Famille LXXXVIII. — LORANTHACÉES

VISCUM L.

1340. Viscum album L. — Basses pentes du Coiron méridional, où il est parasite sur les amandiers. — Vogüé, Lavilledieu, Villeneuve-de-Berg, Saint-Pons, Aubignas, etc. Parasite sur les pommiers du bassin moyen de l'Ardèche, vers Meyras, Burzet, Antraigues, Saint-Joseph-des-Bancs. Région septentrionale et vallées du Doux et de l'Erieux. — Fleurs, mars-mai. — Fruits, août-décembre. — A.C.

Famille LXXXIX. — EMPÉTRÉES

EMPETRUM L.

1341. Empetrum nigrum L. — Rochers, rocailles phonolitiques humides, vers 1.750 m. — Pentes du Sud-Est, vers le sommet du Mézenc. — Fleurs, juin-juillet. — Fruits, septembre. — R.R.

Famille XC. — EUPHORBIACÉES

Buxus L.

1342. Buxus sempervirens L. — Lieux secs, arides, rochers, surtout calcaires. Végète aussi sur gneiss et micaschiste. — Tout le département, jusqu'à 1.000 m. — Mars-avril. — C.C.

Euphorbia L.

1343. Euphorbia Lathyris L. — Cultures et voisinage des habitations. — Cultivé et souvent subspontané. — Mai-juillet.

1344. E. Chamæsyce L. — Lieux sablonneux de la région méridionale. — Côte du Rhône. Vallée de l'Ardèche : de Saint-Sernin à Vogüé (Girod). — A.R.

1345. E. helioscopia L. — Cultures et décombres. — Dans tout le département, jusqu'à 800 m. — Avril-novembre. — C.C.

1346. E. platyphylla L. — Haies, champs humides, fossés. — Dans tout le département, jusqu'à 300 m. — Juin-septembre. — C.

1347. E. stricta L. — Haies et champs humides. — Dans tout le département, jusqu'à 300 m. — Mai-juillet. — C.C.

1348. E. dulcis L. — Bois, lieux frais. — De 300 m. à Saint-Julien-du-Serre, Ucel (sur grès du trias), à 1.400 m. sur les pentes du Suc-de-Bauzon (sur terrain volcanique). Tout le département. — Mai-juillet. — C.

Var. E. purpurata Thuill. — Bords des eaux, bois humides : Suc-de-Bauzon, entre la Chartreuse-de-Bonnefoy et le Mézenc, vers 1.400 m. — R.

1349. E. verrucosa Jacq. — Coteaux, prés secs calcaires, jusqu'à 800 m., sur les pentes du Coiron. — Toute la région méridionale et la Côte du Rhône jusqu'à Lavoulte. Vallée de l'Ouvèze. — Mai-juillet. — C.

1350. E. flavicoma D. C. — Coteaux calcaires arides de la région méridionale jusqu'à 300 m. — Vallée de l'Ardèche jusqu'au mont Vinobre : Saint-Sernin, Lachapelle-sous-Aubenas et Lanas, Aubenas à Jastre, Saint-Privat au ravin de Louyre. — Avril-août. — A.R.

1351. E. Gerardiana Jacq. — Lieux pierreux, pelouses sèches de la région calcaire jusqu'à 300 m. — Basse vallée de l'Ardèche jusqu'au Vallon, le Pont-d'Arc, Ruoms. — Avril-août. — A.R.

1352. E. Peplus L. — Cultures et décombres. — Dans tout le département, jusqu'à 1.000 m. — Avril-novembre. — C.C.

1353. E. exigua L. — Vignes et rocailles, surtout calcaires. — Dans tout le département, jusqu'à 500 m., et sur les pentes méridionales du Coiron. — Avril-octobre. — C.C.

    Var. E. retusa D. C. — C.C.

    Var. major Coste. — Champs fertiles de la Côte du Rhône, au nord de Tournon.

1354. E. falcata L. — Moissons, vignes, surtout des terrains calcaires rocailleux, jusqu'à 400 m. — Pentes du Coiron. — Toute la Côte du Rhône. Vallées de l'Ardèche jusqu'à Vesseaux ; de l'Ouvèze à Privas et base du Charray, de l'Erieux, etc. — Juin-septembre. — C.

1355. E. taurinensis All. — Coteaux pierreux de la région calcaire méridionale jusqu'à 400 m. — Vallée de l'Ardèche : Labégude, Ucel, Saint-Privat, Saint-Julien-du-Serre, Thueyts (Saint-Lag.). — Mai-septembre. — R.

1356. E. segetalis L. — Champs rocailleux calcaires jusqu'à 200 m. — Côte du Rhône : le Pouzin, Lavoulte. Vallée de l'Ardèche : du Pont-d'Arc à Saint-Remèze, Saint-Sernin (Coste). — Avril-octobre. — R.

1357. E. amygdaloides L. (*E. silvatica* Jacq.). — Bois, broussailles, bords des chemins. — Dans tout le département, jusqu'à 1.000 m. — Avril-juin. — C.

1358. E. Characias L. — Lieux secs, arides et pierreux de toute la région méridionale calcaire, jusqu'à 500 m., et sur les pentes du Coiron. — Côte du Rhône jusqu'à Lavoulte ; vallon de Celles-les-Bains. Vallée de l'Ardèche jusqu'à Vesseaux. Toute la vallée de l'Ouvèze jusqu'au mont Charray, etc. — Mars-juin. — C.

1359. **E. nicæensis** All. — Coteaux pierreux et arides des sols argilo-calcaires de la région méridionale, jusqu'à 3oo m. — Vallée de l'Ardèche jusqu'à Aubenas à Jastre et à Ville, Vogüé, Saint-Sernin, Rochecolombe, etc. — Côte du Rhône : bois du Lavoul, Bourg-Saint-Andéol, jusqu'à Vivier, Rochemaure, etc. — Avril-juillet. — — P.R.

1360. **E. serrata** L. — Champs, vignes des coteaux calcaires de la région méridionale, jusqu'à 200 m. — Côte du Rhône jusqu'à Châteaubourg (Saint-Lag.). Vallée de l'Ardèche : du Pont-d'Arc à Vogüé, Rochecolombe. — Avril-juin. — P.C.

1361. **E. Cyparissias** L. — Champs pierreux, coteaux incultes, surtout calcaires. — Dans tout le département, jusqu'à 800 m. — Avril-septembre. — C.C.

1362. **E. Esula** L. — Lieux sablonneux, saulaies des bords du Rhône. — Mai-septembre. — C.

MERCURIALIS L.

1363. **Mercurialis perennis** L. — Rocailles volcaniques ou calcaires, de 200 à 1.000 m. — Vallée de l'Ardèche : Saint-Privat au ravin de Louyre, Roche-de-Gourdon. Monts du Coiron au mont Combier. — Avril-juin. — P.C.

1364. **M. annua** L. — Champs. — Dans tout le département, jusqu'à 1.200 m. — Avril-novembre. — C.C.

Famille XCI. — URTICÉES

PARIETARIA L.

1365. **Parietaria diffusa** Mert. et Koch. — Décombres, vieux murs, rochers, jusqu'à 800 m. — Dans tout le département. — Juillet-octobre. — C.C.

1366. **P. erecta** Mert. et Koch. — Décombres, vieux murs humides. — Tout le département, jusqu'à 6oo m. — — Juillet-octobre. — A.C.

Urtica L.

1367. Urtica urens L. — Décombres, pied des murs. — Dans tout le département, jusqu'à 1.400 m. — Mai-octobre. — C.

1368. U. pilulifera L. — Décombres, pied des murs de la basse région méridionale, jusqu'à 200 m. — Saint-Martin-d'Ardèche, Bessas, Vagnas, Saint-Sauveur-de-Cruzières. — Avril-octobre. — R.

1369. U. dioica L. — Décombres, pied des murs, bords des chemins. — Dans tout le département. — Juin-octobre. — C.C.

Var. U. hispida D. C. — Mêmes stations. — A.C.

Cannabis L.

1370. Cannabis sativa L. — Cultivé. Très souvent subspontané sur les décombres, autour des habitations. — Juin-septembre.

Humulus L.

1371. Humulus Lupulus L. — Haies, saulaies, aux bords des eaux. — Bords du Rhône, de l'Ardèche, de l'Erieux, du Doux, jusqu'à 400 m. — Juillet-août. — A.C.

Famille XCII. — CELTIDÉES

Celtis L.

1372. Celtis australis L. — Coteaux arides, surtout calcaires, de toute la région méridionale, jusqu'à 300 m., vers Vals-les-Bains, Aubenas, Ucel, Saint-Privat, Rochecolombe. — Toute la Côte du Rhône jusqu'à Andance. Vallée de l'Ouvèze, jusqu'à Privas. — Fleurs, avril. — Fruits, septembre-octobre. — A.C.

Famille XCIII. — ULMACÉES

Ulmus L.

1373. Ulmus pedunculata Fougeroux *(U. effusa* Willd.). —

Planté le long des routes et des avenues. — Fleurs, mars-avril. — Fruits, mai-juin.

1374. U. campestris L. — Haies, bois, surtout calcaires, jusqu'à 500 m. — Dans tout le département. — Fleurs, février-avril. — Fruits, mai. — C.

Var. *U. tortuosa* Host. et *U. suberosa* Mœnch. — Remplacent presque constamment le type dans la région calcaire méridionale du département, jusqu'au Coiron : Vallon, Joyeuse, Balazuc, Vogüé, Rochecolombe, Lagorce, etc. — C.

1375. U. montana Sm. — Bois de la région montagneuse au-dessus de 1.000 m. — Souvent planté autour des habitations, jusqu'au Mézenc. — Fleurs, mars-avril. — Fruits, juin.

Var. *U. major* Sm. — Planté dans la même région.

Famille XCIV. — ARTOCARPÉES

Ficus L.

1376. Ficus Carica L. — Rochers des coteaux calcaires de toute la région méridionale, jusqu'à 300 m. — Vallée de l'Ardèche, jusqu'à Aubenas, Saint-Privat, Vogüé. Côte du Rhône jusqu'au Teil. Basse vallée de l'Ouvèze. — Juin-septembre. — A.R. — Cultivé. — Les fruits des pieds sauvages ne sont ni sucrés, ni juteux.

Famille XCV. — MORÉES

Morus L.

1377. Morus alba L. — Cultivé en grand, dans tout le département, jusqu'à 600 m., pour ses feuilles, qui servent de nourriture aux vers à soie. Var. à fruits blancs, noirs ou rosés. — Fleurs, avril-mai. — Fruits, juillet-septembre. — C.

1378. M. nigra L. — Planté. — Fleurs, avril-mai. — Fruits, juillet-septembre.

Famille XCVI. — JUGLANDÉES

Juglans L.

1379. Juglans regia L. — Cultivé dans tout le département, jusqu'à 800 m., pour ses fruits et son bois. — Fleurs, avril-mai. — Fruits, septembre-octobre.

Pour combattre la maladie du noyer, il a été planté, dans la région septentrionale et la vallée du Doux, de nombreux *Juglans nigra* (vulg. noyer d'Amérique), devant servir de porte-greffe au *J. regia*.

Famille XCVII. — CUPULIFÈRES

Fagus L.

1380. Fagus silvatica L. — Bois de toute la région siliceuse et volcanique, de 700 à 1.300 m. — Dans tout le département. — Feurs, avril-mai. — Fruits, août-septembre. — C.C.

Castenea Mill.

1381. Castanea sativa Scop. (*C. vulgaris* Lamk.). — Cultivé en grand, pour ses fruits, dans toute la région siliceuse et volcanique, de 100 à 600 m. — Fleurs, juin-juillet. — Fruits, septembre-octobre. — C.C.

De son bois, on retire « l'extrait tannant ». Les **principales** variétés cultivées dans le département sous le nom de « marrons de Lyon » sont : 1° *Sardonne* ou vrai marron ; 2° *Grosse bouche* ou *Bouche rouge*. La « *Combale* » est une variété à très gros fruits, divisés à l'intérieur d'une même enveloppe, en deux fruits distincts. Elle est surtout cultivée dans les bassins de l'Erieux et du Doux. Les variétés communes sont : *Duronne, Aiguillonne, Bernarde, Merle*, etc.

La recherche de plants résistants à la maladie de « l'encre », qui détruit nos plus belles châtaigneraies, est poursuivie en ce moment par M. Prunet, professeur à la Faculté des sciences de Toulouse, et par MM. les Professeurs d'agriculture de l'Ardèche. On fonde notamment quelques espérances sur le *Castanea japonica* comme producteur direct, ou, à défaut, comme porte-greffe des variétés indigènes.

Quercus L.

1382. Quercus Ilex L. — Bois et coteaux des terrains calcaires, siliceux et volcaniques de toute la région méridionale, jusqu'à 5oo m., et sur les pentes du Coiron. — Vallée de l'Ardèche jusqu'à Pont-de-Labeaume. Côte du Rhône et vallée de l'Ouvèze. Pentes du Tanargue. — Fleurs, avril-mai. — Fruits, septembre-octobre. — C.C.

1383. Q. coccifera L. — Lieux secs de la région calcaire méridionale jusqu'à 3oo m. — Vallée de l'Ardèche : Vallon, Pont-d'Arc. Limites du Gard : Bessas, Saint-André-de-Cruzières. Côte du Rhône : Viviers, Saint-Thomé jusqu'à Châteaubourg. — Fleurs, avril-mai. — Fruits, août-septembre, 2ᵉ année. — A.R.

1384. Q. pubescens Willd. (*Q. lanuginosa* Thuill.). — Bois taillis, surtout des terrains calcaires. — Dans la plus grande partie du département. Vallée de l'Ardèche : Aubenas, Labégude, Mercuer, Ucel, Vesseaux, Lagorce, Saint-Montant, etc. Vallée de l'Ouvèze. Toute la Côte du Rhône. — Fleurs, avril-mai. — Fruits, septembre. — C.

1385. Q. sessiliflora Salisb. — Bois. — Dans tout le département, jusqu'à 8oo m. — Fleurs, avril-mai. — Fruits, septembre-octobre. — C.

1386. Q. pedunculata Ehrh. — Bois, bords des chemins, jusqu'à 6oo m. — Dans la plus grande partie du département. Bois du Lavoul, Saint-Remèze, Pont-d'Arc, Païolive et région septentrionale. — Fleurs, avril-mai. — Fruits, août-septembre. — C.

Corylus L.

1387. Corylus Avellana L. — Bois et ravins. — Dans tout le département, jusqu'à 1.300 m. — Fleurs, janvier-mars. — Fruits, septembre. — C.

Carpinus L.

1388. Carpinus Betulus L. — Bois et taillis. — Souvent cultivé sous le nom de charmille. — Fleurs, avril-mai. — Fruits, septembre-octobre.

Famille XCVIII. — SALICINÉES

Salix L.

1389. Salix repens L. — Prairies tourbeuses de la haute région montagneuse au-dessus de 1.300 m. — Le Béage, vers Montfol, Sainte-Eulalie, près le Gerbier-de-Jonc, Chartreuse-de-Bonnefoy, environs du Mézenc.— Avril-juin. — A.R.

1390. S. Myrsinites L. — Pâturages tourbeux ou humides autour du Mézenc et du Gerbier-de-Jonc. — Juin-août. — R.

1391. S. aurita L. — Lieux marécageux le long du Rhône. — Toute la région siliceuse et volcanique montagneuse au-dessus de 900 m. Mazan, la Chartreuse-de-Bonnefoy et massif du Tanargue. — Avril-mai. — A.C.

1392. S. cinerea L. — Lieux humides, surtout de la région siliceuse, jusqu'à 1.000 m. — Dans tout le département. — Mars-avril. — C.

1393. S. Caprea L. — Lieux frais ou humides, de 900 à 1.300 m. — Tout le bassin de la Loire et la région montagneuse. — Mars-avril. — C.

1394. S. grandifolia Ser. (*S. appendiculata* Vill.). — Pentes boisées du cratère du Suc-de-Bauzon, vers 1.450 m. — Mai-juillet. — R.

1395. S. viminalis L. — Lieux humides, bords des eaux. — Bords du Rhône et de ses affluents, jusqu'à 400 m. — Avril-mai. — C.

1396. S. purpurea L. — Bords des eaux, lieux humides, surtout siliceux, jusqu'à 600 m. — Dans tout le département. — Avril-mai. — C.

1397. **S. daphnoides** Vill. — Saulaies des bords du Rhône. — Février-avril. — A.C.
1398. **S. pentandra** L. — Lieux humides, bords des eaux, vers 1.300 m. — Vallée de la Veyradère, en aval de la Chartreuse-de-Bonnefoy. — Mai-juin. — R.
1399. **S. triandra** L. — Lieux humides, surtout siliceux, jusqu'à 600 m. — Dans tout le département. — Avril-mai. — C.
1400. **S. babylonica** L. — Planté dans les parcs et les cimetières. — Avril-mai.
1401. **S. fragilis** L. — Bords des eaux de la région siliceuse, entre 400 et 1.000 m. — Dans tout le département. — Avril-mai. — A.C.
1402. **S. alba** L. — Lieux humides, bords des eaux, entre 200 et 700 m. — Dans tout le département. — Avril-mai. — C.C.

Populus L.

1403. **Populus tremula** L. — Lieux humides. — Dans tout le département, jusqu'à 1.300 m. — Mars-avril. — C.C.
1404. **P. alba** L. — Bords des eaux, où il est souvent planté. — Le long du Rhône, de l'Ardèche, de l'Ouvèze, etc. — Mars-avril.
1405. **P. nigra** L. — Rivières et lieux humides. — Dans tout le département, jusqu'à 900 m. — Mars-avril. — C.C.
   Var. *P. italica* Duroi (*P. pyramidalis* Rozier). — Le long du Rhône. — Planté le long des routes.
1406. **P. monilifera** Ait. (*P. virginiana* Desf.). — Fréquemment planté le long des routes. — Mars-avril.
   × *P. canescens* Sm. (*alba* × *tremula*). — Souvent planté dans les parcs, le long des avenues et au bord des eaux. — Mars-avril.

Famille XCIX. — PLATANÉES

Platanus L.

1407. **Platanus vulgaris** Spach. — Planté aux bords des routes et sur les places. — Fleurs, avril-mai. — Fruits, automne.

Var. P. orientalis L. — Feuilles glabres de bonne heure.

Var. P. occidentalis L. — Feuilles longtemps tomenteuses.

Famille C. — BÉTULINÉES

Betula L.

1408. Betula alba L. *(B. pendula* Roth.). — Bois montagneux de la région siliceuse ou volcanique, au-dessus de 1.000 m. — Dans tout le département. — Fleurs, avril-mai. — Fruits, juin. — A.C.

Alnus Gœrtn.

1409. Alnus glutinosa Gærtn. — Lieux humides, bords des eaux. — Dans tout le département. — Fleurs, février-avril. — Fruits, septembre-octobre. — C.C.

Sixième Classe. — GYMNOSPERMES

Famille CI. — CONIFÈRES

Taxus L.

1410. Taxus baccata L. — Planté dans les parcs, les cimetières. — Fleurs, avril. — Fruits, août-septembre.

Juniperus L.

1411. Juniperus Oxycedrus L. — Coteaux arides, surtout calcaires, de toute la région méridionale, jusqu'aux basses pentes du Coiron, vers 500 m., et à Saint-Privat, Ucel, Saint-Julien-du-Serre, Mercuer. Au nord de Tournon, il est abondant sur micaschiste. — Fleurs, mai. — Fruits, août-novembre. — C.

1412. J. communis L. — Coteaux, landes et bois, jusqu'à

1.400 m. — Dans tout le département. — Fleurs, avril-mai. — Fruits, automne de la deuxième année. — C.C.

1413. **J. nana** Willd (*J. alpina* Clus.). — Rochers et pelouses des hautes montagnes siliceuses et volcaniques, entre 1.400 et 1.700 m. — Suc-de-Bauzon, Montfol, Sépoux, Gerbier-de-Jonc, Taupernas, Mézenc, etc. — Fleurs, juin-juillet. — Fruits, automne de la deuxième année. — A.R.

1414. **J. phœnicea** L. — Rochers et coteaux arides calcaires de la basse région méridionale jusqu'à Vallon, Pont-d'Arc, Païolive. — Fleurs, février-mars. — Fruits, automne de la deuxième année. — R.

1415. **J. Sabina** L. — Même région que le précédent. — Fleurs, avril-mai. — Fruits, août-octobre. — R.

Cupressus L.

1416. **Cupressus sempervirens** L. — Planté dans les jardins, les parcs et les cimetières. — Fleurs, avril. — Fruits, automne de la deuxième année.

Larix Mill.

1417. **Larix europæa** D. C. — Forêts des montagnes où il a été planté. — Lanarce, Chartreuse-de-Bonnefoy. — Fleurs, avril-juin. — Fruits, automne.

Abies D. C.

1418. **Abies pectinata** D. C. (*Pinus picea* L.). — Forêts de toute la région montagneuse siliceuse et volcanique au-dessus de 1.000 m. — Dans tout le département. — Fleurs, avril-mai. — Fruits, octobre.

1419. **A. excelsa** D. C. (*A. picea* Mill.). — Planté dans les forêts des hautes montagnes et dans les parcs. — Lanarce. — Fleurs, mai-juin. — Fruits, octobre.

Pinus L.

1420. **Pinus Cembra** L. — Planté au Mézenc, vers le sommet. — Fleurs, juin. — Fruits, automne de la deuxième année.

1421. P. Pinea L. — Planté dans les parcs et au ravin de Louyre à Saint-Privat. — Fleurs, avril. — Fruits, automne de la troisième année.

1422. P. silvestris L. — Bois, ravins de la région siliceuse, entre 400 et 1.500 m. — Dans tout le département. — Fleurs, mai-juin. — Fruits, automne de la deuxième année. — C.C.

1423. P. Laricio L. *(incl. P. austriaca* Höss., *P. Salzmanni* Dunal, *P. pyrenaica* Gay non Lap.*)*. — Forêts, où il est planté de 800 à 1.400 m. : Mazan, Suc-de-Bauzon et toute la région montagneuse. — Fleurs, mai-juin. — Fruits, automne de la deuxième année. — C.C.

1424. P. halepensis Mill. — Coteaux arides calcaires de la basse région méridionale, sur la limite du département du Gard, jusqu'à Vallon. — Fleurs, mai. — Fruits, automne de la deuxième année. — P.C.

1425. P. Pinaster Soland *(P. maritima* Poir.*)*. — Planté en grand sur tout le grès du trias de la vallée de l'Ardèche et de l'Ouvèze. — Fleurs, avril-mai. — Fruits, automne de la deuxième année. — C.C.

Deuxième Embranchement

Septième Classe. — MONOCOTYLÉDONES

Famille CII. — ALISMACÉES

Sagittaria L.

1426. Sagittaria sagittæfolia L. — Mares et bords des eaux — Tout le long du Rhône et de ses affluents, jusqu'à 200 m. — Rare ailleurs. — Mai-août. — A.C.

Var. *vallisnerifolia* Coss. et G. — Plante à feuilles constamment submergées.

Butomus L.

1427. Butomus umbellatus L. — Bords du Rhône et de ses affluents jusqu'à 200 m. — Juin-août. — P.C.

Alisma L.

1428. Alisma Plantago L. — Fossés, mares, cours d'eau. — Dans tout le département, jusqu'à 500 m. — Juin-septembre. — C.C.

Famille CIII. — COLCHICACÉES

Veratrum L.

1429. Veratrum album L. — Prairies et pâturages de la région siliceuse ou volcanique au-dessus de 1.000 m. — Tout le bassin de la Loire et hauts bassins de l'Allier, de l'Ardèche et de l'Erieux : Mézenc, Gerbier-de-Jonc, Mazan, Mayres, Lanarce, lac d'Issarlès, Lachamp-Raphaël, Mézilhac, bois de Cuze. — Juillet-août. — A.C.
    Var. *V. Lobelianum* Bernh. — Mêlé au type, vers le Mézenc, Gerbier-de-Jonc, etc.

Colchicum L.

1430. Colchicum autumnale L. — Prairies humides, de 100 à 1.700 m. — Dans tout le département. — Fleurs, août-octobre. — Fruits, mai-juin de l'année suivante. — C.C.

Famille CIV. — LILIACÉES

Tulipa L.

1431. Tulipa silvestris L. — Prairies, anfractuosités des rochers siliceux et volcaniques, vers 1.000 m. — Roche-de-Gourdon, bords de la Loire, de Rieutord au lac d'Issarlès. — Juin. — A.R.

1432. T. australis Link. (*T. Celsiana* D. C.). — Pâturages de la région volcanique, de 1.200 à 1.600 m. — Rocher d'Avran, Champ-de-Mars près Mézilhac, Suc-de-Montfol, Gerbier-de-Jonc et Mézenc. — Juin. — R.

Lilium L.

1433. Lilium Martagon L. — Pâturages, prairies siliceuses et volcaniques, au-dessus de 900 m. — Le Coiron. Mont Combier, Roche-de-Gourdon, Champ-de-Mars, Mézilhac, Lachamp-Raphaël. Tout le bassin de la Loire et bassins de l'Allier, de l'Ardèche, de l'Erieux, du Doux, etc. — Juin-juillet. — A.C.

1434. L. candidum L. — Cultivé. Subspontané. — Mai-juillet.

Gagea Salisb.

1435. Gagea bohemica Rœm. et Sch. (*G. saxatilis* Koch). — Pelouses des terrains volcaniques, vers 1.000 m. — Coiron au sommet de la Roche-de-Gourdon. — Avril. — R.R.

1436. G. arvensis Schult. — Champs sablonneux ou pierreux. — De Montpezat au Pal (Girod). Vallée de l'Ouvèze : Privas (Saint-Lag.), Sainte-Eulalie (Besson). — Mars-avril. — R.

Ornithogalum L.

1437. Ornithogalum tenuifolium Guss. — Coteaux pierreux arides de toute la région calcaire méridionale jusqu'aux pentes du Coiron, vers 300 m. — Vallée de l'Ardèche : Mont Vinobre, rocher de Jastre, ravin de Louyre, Vesseaux, etc. Vallée de l'Ouvèze jusqu'à Privas. — Avril-juin. — A.C.

1438. O. umbellatum L. — Prairies, pâturages. — Dans tout le département, jusqu'à 900 m. — Avril-juin. — C.

    Var. O. angustifolium Boreau. — Pelouses des terrains volcaniques ou calcaires. — Verdus à Privas, Charray, Champ-de-Mars. — P.C.

    Var. O. affine Bor. — Pelouses, rocailles volcaniques. — Roche-de-Gourdon, monts Blandine et Suzon. L'Escrinet. — R.

1439. O. narbonense L. — Rocailles calcaires au bois de Païolive. — Mai-juin. — R.

Scilla L.

1440. Scilla autumnalis L. — Coteaux et pelouses sèches de la région siliceuse, entre 200 et 500 m. — Dans tout le département. — Août-octobre. — C.
1441. S. bifolia L. — Bois des montagnes siliceuses ou volcaniques, de 900 à 1.400 m. — Suc-de-Bauzon, sur le versant du Rhône, Champ-de-Mars et Bois de Roset. — Mars-mai. — P.C.

Muscari Mill.

1442. Muscari comosum Mill. — Champs, moissons, vignes, jusqu'à 1.000 m. — Dans tout le département.— Mai-juin. — C.C.
1443. M. racemosum Mill. — Champs, pâturages, vignes, jusqu'à 1.000 m. — Dans tout le département. — Mars-mai. — C.C.

Var. canaliculata Franchet. — Rocailles calcaires, vignes de la région méridionale.

1444. M. neglectum Guss. — Rochers calcaires de la vallée de l'Ardèche, de 200 à 300 m. — Aubenas au rocher de Jastre. — Mars-mai. — R.
1445. M. botryoides Mill. — Prairies, pâturages de la région volcanique du Coiron. — Mont Suzon, Roche-de-Gourdon et haute vallée du Mézayon. — Avril-mai. — R.

Allium L.

1446. Allium Cepa L. — Cultivé partout. — Subspontané. — Juillet-septembre.
1447. A. fistulosum L. — Cultivé. — Subspontané. — Juillet-septembre.
1448. A. ascalonicum L. — Cultivé. — Subspontané. — Fleurit rarement. — Juillet-septembre.
1449. A. Schœnoprasum L. — Cultivé. — Juin-août.
1450. A. vineale L. — Lieux sablonneux. — Dans tout le dé-

partement, jusqu'au Mézenc. — Juin-juillet. — C.C.

1451. A. sphærocephalum L. — Lieux secs, rochers, surtout calcaires et volcaniques, de 100 à 1.000 m. — Mont Vinobre, rocher de Jastre, Roche-de-Gourdon. Coiron. — Juin-août. — A.C.

Var. *bulbiferum* Loret. — Toute la région calcaire aux environs d'Aubenas, Vogüé et la partie méridionale.

1452. A. oleraceum L. — Lieux cultivés ou incultes. — Dans tout le département. — Juillet-août. — C.C.

Var. *A. complanatum* Bor. — Vignes, champs sablonneux. — Environs de Privas (Saint-Lag.), Ucel, Saint-Privat. — A.R.

1453. A. carinatum L. — Lieux sablonneux, pâturages, surtout siliceux. — Saint-Julien-du-Serre, Ucel, Vals, Mercuer, Ailhon, etc. Alluvions du Rhône. — Juillet-août. — A.C.

1454. A. flavum L. — Lieux sablonneux ou rocailleux des coteaux calcaires de la région méridionale, jusqu'aux basses pentes du Coiron, vers 300 m. — Aubenas à Jastre, Saint-Sernin, Lachapelle-sous-Aubenas et Lanas au mont Vinobre. Vogüé, Lavilledieu, Rochecolombe, etc. Côte du Rhône : Rochemaure. — Juillet-août. — P.C.

1455. A. Victorialis L. — Bois et rocailles des hautes montagnes volcaniques, de 1.500 à 1.700 m. — Séponnet, près Sainte-Eulalie (Besson), Mézenc. — Juin-août. — R.

1456. A. sativum L. — Cultivé. — Juin-août.

1457. A. Scorodoprasum L. — Cultivé. — Juin-juillet.

1458. A. Porrum L. — Cultivé. — Juin-août.

1459. A. ursīnum L. — Bois et taillis humides de 1.200 à 1.500 m., dans les terrains volcaniques. — Autour du Mézenc, du Montfol, du Gerbier-de-Jonc, Sainte-Eulalie (Besson). — Avril-juin. — R.

1460. A. fallax Rœm. et Schl. — Rochers siliceux ou volcaniques, de 200 à 1.000 m. — Vallée de l'Ardèche : Labégude, Ucel, Vals-les-Bains, Lalevade-d'Ardèche, Jaujac, Lasouche, Mayres, Coiron : Roche-de-Gourdon. — Juin-octobre. — A.C.

Hemerocallis L.

1461. Hemerocallis flava L. — Bords de l'Ardèche, entre Aubenas et Saint-Didier-sous-Aubenas. Subspontané. — Mai-juin. — R.

Paradisia Mazzuc.

1462. Paradisia Liliastrum Bert. — Hautes herbes de la pente Est du Mézenc. — Juin-juillet. — R.R.

Phalangium Tourn.

1463. Phalangium Liliago Schreb. — Coteaux pierreux, bois taillis, de 100 à 500 m. — Dans tout le département. — Avril-mai. — C.

Asphodelus L.

1464. Asphodelus ramosus Gouan. — Pentes pierreuses des collines argilo-calcaires, de 100 à 800 m. — Coiron : mont Suzon, près le col de l'Escrinet. Vallée de l'Ardèche : Aubenas à Jastre, Saint-Privat au ravin de Louyre. — Mai-juillet. — R.

Aphyllantes L.

1465. Aphyllantes monspeliensis L. — Lieux secs et arides, surtout calcaires, de toute la région méridionale jusqu'à 500 m. le long du Coiron méridional et septentrional. — Côte du Rhône jusqu'à Lavoulte ; vallon de Celles-les-Bains. Vallée de l'Ouvèze jusqu'à Privas. — Avril-juillet. — C.

Famille CV. — ASPARAGINÉES

Paris L.

1466. Paris quadrifolia L. — Bois couverts de la région montagneuse siliceuse ou volcanique, entre 1.200 et 1.600 m. — Suc-de-Bauzon, forêt de Mazan, Lanarce, Saint-

Cirgues-en-Montagne, Cros-de-Géorand, le Béage, Bonnefoy, rocher d'Avran. — Mai-juillet. — P.C.

Les variations à 5, 6 et 7 feuilles ne sont pas rares.

Maianthemum Wigg.

1467. Maianthemum bifolium D. C. — Sol détritique des bois de la région siliceuse et volcanique, au-dessus de 1.100 m. — Dans tout le département. — Mai-juillet. — C.

Convallaria L.

1468. Convallaria maialis L. — Bois couverts de la région septentrionale du département, de 400 à 600 m. — Bassin supérieur de l'Ardèche, rocher d'Avran. — Avril-juin. — A.C. — Cultivé.

Polygonatum All.

1469. Polygonatum verticillatum All. — Bois de toute la région montagneuse, siliceuse ou volcanique au-dessus de 1.000 m. — Plateau du Tanargue. Forêt de Bauzon, rocher d'Avran. Bassin de la Loire jusqu'au Mézenc. Chaîne des Boutières. — Mai-juillet. — A.C.

1470. P. multiflorum All. — Bois, haies de la région siliceuse ou volcanique, de 800 à 1.500 m. — Dans tout le département. — Avril-juin. — A.C.

1471. P. officinale All. (*P. vulgare* Desf.). — Bois, rochers, de 200 à 1.200 m. — Dans tout le département. — Avril-juin. — C.

Streptopus Rich.

1472. Streptopus amplexifolius D. C. — Bois et rochers humides des hautes montagnes siliceuses ou volcaniques. — Plateau du Tanargue : de Mayres au rocher d'Avran. Pentes Est du Mézenc. — Juin-août. — R.

Asparagus L.

1473. Asparagus officinalis L. — Lieux sablonneux, alluvions. — Tout le long du Rhône et bords du plus grand nombre de ses affluents. Cultivé et subspontané. — Mai-juillet. — A.C.

1474. **A. acutifolius** L. — Rochers et coteaux calcaires jusqu'à 400 m. — Toute la région méridionale jusqu'au Coiron : Aubenas, Ucel, Saint-Julien-du-Serre, Saint-Privat, etc. Côte du Rhône jusqu'à Lavoulte. Vallée de l'Ouvèze jusqu'à Privas, Coux, etc. — Juillet-septembre. — A.C.

Ruscus L.

1475. **Ruscus aculeatus** L. — Coteaux rocailleux, surtout calcaires, jusqu'à 500 m. — Dans tout le département. — Fleurs, février-mars. — Fruits, septembre-octobre. — C.

Smilax L.

1476. **Smilax aspera** L. — Rochers, haies et bois de la région méridionale, jusqu'à 150 m. — Vallon, Pont-d'Arc, Saint-Martin-d'Ardèche. Côte du Rhône : de Viviers à Rochemaure. — Août-octobre. — A.R.

Famille CVI. — DIOSCORÉES

Tamus L.

1477. **Tamus communis** L. — Haies et bois, surtout de la région calcaire, jusqu'à 400 m. — Vallée de l'Ardèche, jusqu'à Aubenas. Saint-Privat à Louyre, Saint-Julien-du-Serre, rocher de Jastre. Basses pentes du Coiron. Côte du Rhône. — Mars-juillet. — P.R.

Famille CVII. — IRIDÉES

Crocus L.

1478. **Crocus vernus** All. — Prairies et pâturages de la région siliceuse et volcanique au-dessus de 900 m., jusqu'au Mézenc. — Tout le département. — Février-mai. — C.C.

1479. **C. versicolor** Gawl. — Broussailles, pelouses des coteaux calcaires arides de la région méridionale, jusqu'à 400 m., sur les pentes du Coiron. — Vallée de l'Ardèche : Vogüé (Girod), Rochecolombe, Saint-Maurice-d'Ibie, mont Vinobre à Saint-Sernin, Lachapelle-sous-Aubenas, Lanas, Lavilledieu, Aubenas à Jastre, Saint-Privat et Vesseaux à Louyre. Vallée de l'Ouvèze : Pourchère (Genevois), mont Charray. — Février-mars. — P.R.

Iris L.

1480. Iris fœtidissima L. — Haies, bois de la région calcaire méridionale, vers 200 m. — Labeaume, près Ruoms. — Mai-juillet. — R.R.

1481. I. Pseudacorus L. — Marais et bords des eaux. — Le long du Rhône et de la basse Ardèche. Vallée de l'Ouvèze à Privas. — Avril-juillet. — P.C.

1482. I. Chamæiris Bertol. *(I. pumila* Vill.). — Cultivé dans les jardins. Subspontané. — Mars-mai.

1483. I. lutescens Lamk. — Falaises calcaires bordant l'Ardèche au rocher de Jastre et au ravin de Louyre à Saint-Privat. — Mars-avril. — R.R.

1484. I. olbiensis Hénon. — Mêmes stations que le précédent. — Mars-avril. — R.R.

1485. I. florentina L. — Cultivé et subspontané. — Avril-mai.

1486. I. germanica L. — Rochers, murs, où il n'est que subspontané. — Cultivé. — Avril-juin.

Gladiolus L.

1487. Gladiolus segetum Gawl. — Moissons, champs de toute la région méridionale jusqu'à 600 m., sur les pentes du Coiron. — Côte du Rhône jusqu'à Serrières. Vallée de l'Ardèche jusqu'à Antraigues, Pont-de-Labeaume, Jaujac, Thueyts. Vallée de l'Ouvèze jusqu'à Privas, mont Charray, etc. — Mai-juin. — C.

Famille CVIII. — AMARYLLIDÉES

Narcissus L.

1488. Narcissus Pseudo-Narcissus L. — Prairies, rochers de toute la région siliceuse ou volcanique, de 600 m. au Mézenc. — Dans tout le département. — Mars-juillet. — C.

1488bis. **N. juncifolius** Lagasca. — Coteaux pierreux arides de toute la région méridionale, jusqu'aux basses pentes du Coiron, vers 400 m. — Vallée de la Cèze : Bessas, Vagnas, Saint-André-de-Cruzières, etc. Toute la vallée de l'Ardèche jusqu'à Vesseaux, Aubenas, Saint-Privat, Saint-Julien-du-Serre, mont Vinobre, Lavilledieu, etc. — Mars-avril. — A.C.

1488ter. **N. poeticus** L. — Prairies humides, de 200 m. au Mézenc. — Tout le département. — Avril-juin. — C.C.

× *N. Macleaii* Lindl. *(poeticus × Pseudo-Narcissus)*. — Bassin de la Loire et Coiron, avec les parents. — Juin-juillet. — R.R.

Famille CIX. — ORCHIDÉES

Serapias L.

1489. **Serapias longipetala** Poll. — Prés, landes sur grès du trias, entre 200 et 300 m. — Vallée de l'Ardèche : Aubenas, Mercuer, Ailhon, Prades, Lalevade-d'Ardèche, Vals, Saint-Julien-du-Serre, Ucel. — Avril-juin. — P.R.

1490. **S. cordigera** L. — Signalé à Vals-les-Bains et à Aubenas par M. Saint-Lager. — A dû être confondu avec une forme luxuriante de *S. longipetala*.

1491. **S. Lingua** L. — Prés et landes humides sur grès du trias. — De Prades à Fabras et à Jaujac. Saint-Julien-du-Serre au vallon du Boulogne. — Avril-juin. — R.

× *S. purpurea* Doumenj. *(longipetala × orchis laxiflora)*. — Pelouses sèches sur grès du trias. — Saint-Julien-du-Serre à Jumel. — Avril-juin. — R.R.

Ophrys L.

1492. **Ophrys aranifera** Huds. — Lieux secs et herbeux, surtout calcaires, de 80 à 400 m. — Dans tout le département. — Avril-juin. — C.

1493. O. litigiosa G. Camus. — Pelouses des coteaux calcaires arides de la basse région méridionale, jusqu'à 200 m. — Vallée de l'Ardèche : Vallon, Pont-d'Arc, Joyeuse, Bassin de la Cèze. — Mars-mai. — A.R.

1494. O. muscifera Huds. — Pelouses sèches de toute la région calcaire, jusqu'à 300 m. — Mai-juin. — P.C.

1495. O. apifera Huds. — Pelouses sèches, prairies, jusqu'à 400 m. — Vallée de l'Ardèche : Aubenas à Jastre, Saint-Julien-du-Serre au Saunier et à Jumel. Vallée de l'Ouvèze : Flaviac. Côte du Rhône jusqu'à Sarras. — Mai-juillet. — P.C.

1496. O. arachnites Hoffm. — Pelouses sèches des basses pentes du Coiron: Baix. Vallée de l'Ouvèze: Pont-de-Coux. Côte du Rhône : bois du Lavoul. — Mai-juin. — R.

Aceras R. Br.

1497. Aceras anthropophora R. Br. — Pelouses sèches de la partie méridionale : Ucel. Bassin de la Loire : Gerbier-de-Jonc. — Mai-juin. — R.

Orchis L.

1498. Orchis hircina Crantz.— Pelouses des coteaux calcaires de la région méridionale jusqu'à 400 m. — Vallée de l'Ardèche : Vallon, Pont-d'Arc, Lanas, Vogüé, Saint-Sernin, Saint-Julien-du-Serre. Basses pentes du Coiron. — Juin-juillet. — P.R.

1499. O. viridis Crantz. — Pelouses et rocailles des montagnes siliceuses ou volcaniques, de 900 à 1.600 m. — Roche-de-Gourdon, Chartreuse-de-Bonnefoy, les Pradoux, Coucouron, Mézenc, Gerbier-de-Jonc, Lanarce. — Mai-juin. — R.

1500. O. albida Scop. (*Cœloglossum albidum* Hart.). — Pelouses des hautes montagnes volcaniques, de 1.600 à 1.700 m. — Vers le sommet du Mézenc, sur la pente Est ; de Bonnefoy au Mézenc et au Gerbier. — Juin-juillet. — R.

1501. O. ustulata L. — Pelouses, bois, surtout calcaires, de 200 à 1.000 m. — Vallée de l'Ardèche : Lachapelle-sous-Aubenas, rocher de Jastre, le Coiron : Berzème, Saint-Laurent-sous-Coiron, Freyssenet, Roche-de-Gourdon. De Montpezat au Pal. Toute la Côte du Rhône. Vallées de l'Ouvèze, de l'Erieux et du Doux. — Mai-juin. — A.C.

1502. O. purpurea Huds. *(O. fusca* Jacq.). — Bois, broussailles des coteaux calcaires de la région méridionale jusqu'à 300 m. — Aubenas à Jastre et à Ville, Vogüé. — Avril-juin. — A.R.

1503. O. militaris L. *(O. galeata* Lamk.). — Bois, broussailles de la plus grande partie de la région calcaire méridionale, jusqu'à 400 m. — Toute la Côte du Rhône. Basses pentes du Coiron. Vallées de l'Ardèche et de l'Ouvèze. — Mai-juin. — A.C.

1504. O. Simia Lamk. *(O. tephrosanthos* Vill.). — Bois, pelouses, prairies. — Vallée de l'Ardèche : Aubenas, Vals, Mercuer, Jaujac, Lasouche. Toute la Côte du Rhône jusqu'à Annonay. — Mai-juin. — A.C.

1505. O. tridentata Scop. *(O. variegata* All.). — Bois, pelouses sèches de la basse région calcaire méridionale. — De Saint-Remèze à Bourg-Saint-Andéol. — Avril-juin. — A.R.

1506. O. coriophora L. — Prés humides, surtout siliceux, jusqu'à 1.000 m. — Vallée de l'Ardèche : Aubenas, Mercuer, Saint-Julien-du-Serre, Ucel, Vals. Le Coiron. Toute la Côte du Rhône. Vallées de l'Ouvèze, de l'Erieux, du Doux, etc. — Mai-juin. — A.C.

1507. O. fragrans Poll. — Pâturages secs des mêmes régions que le précédent. — Privas, Roche-de-Gourdon, Aubenas, Vals-les-Bains, Ucel, Saint-Julien-du-Serre, etc. — Mai-juin. — P.R.

1508. O. Morio L. — Prairies, pâturages secs jusqu'à 1.000 m. — Dans tout le département. — Mai-juin. — C.C.

1509. O. globosa L. — Prairies et pâturages des hautes montagnes siliceuses ou volcaniques. — Lachamp-Raphaël vers la ferme du Pic (Audig.). Environs du Mézenc et du Gerbier-de-Jonc. — Juin-juillet. — R.

1510. **O. bifolia** L. — Bois de pins, bruyères, pâturages humides, surtout sur grès du trias. — Saint-Michel-de-Boulogne, Vals, Ucel, Saint-Julien-du-Serre, Mercuer, Aubenas, Ailhon, Chazeaux, etc. — Mai-juin.— A.C.

1511. **O. montana** Schmidt. — Bois humides et couverts, entre 1.300 et 1.700 m. — Le Gerbier-de-Jonc, Chartreuse-de-Bonnefoy, Mézenc. — Mai-juillet. — R.

1512. **O. provincialis** Balbis. — Coteaux boisés. — Côte du Rhône : Châteaubourg, Tournon, Saint-Jean-de-Muzols, Vion, Arras, Sarras, etc. — Avril-mai. — R.

1513. **O. mascula** L. — Prés et bois siliceux et volcaniques, de 300 à 900 m. — Dans la plus grande partie du département. Saint-Julien-du-Serre, Saint-Andéol-de-Bourlenc ; de Montpezat au Pal. Côte du Rhône, etc. — Avril-mai. — C.

1514. **O. laxiflora** Lamk. — Prés humides et marécageux, surtout siliceux, jusqu'à 500 m. — Dans tout le département. — Avril-mai. — C.C.

1515. **O. palustris** Jacq. — Prairies marécageuses de la région calcaire, jusqu'à 300 m. — Toute la région méridionale jusqu'au Coiron, Aubenas. — Juin. — P.C.

1516. **O. pyramidalis** L. — Pelouses, bois des collines calcaires ou volcaniques. — Monts du Coiron ; mont Combier, Laviolle. — Mai-juin. — R.

1517. **O. conopea** L. — Prés et pâturages humides, surtout de la région siliceuse et volcanique, de 300 à 1.000 m. — De Vals à Antraigues, de Montpezat au Pal ; de Thueyts à Lanarce. Roche-de-Gourdon. Côte du Rhône. — Juin-juillet. — A.C.

1518. **O. odoratissima** L. — Bois et prés humides, siliceux ou volcaniques au-dessus de 1.200 m. — Mézenc, Gerbier-de-Jonc, Chartreuse-de-Bonnefoy, Montfol, Sépoux, bois d'Andéol. — Juin-juillet. — A.R.

1519. **O. sambucina** L. — Prairies, pâturages au-dessus de 700 m., jusqu'à 1.700 m., dans toute la région siliceuse et volcanique. — Mai-juin. — C.

Var. O. incarnata Willd. — Partout avec le type à fleurs jaunes.

1520. **O. maculata** L. — Prairies humides. — Dans tout le département. — Juin-juillet. — C.C.

Forme se rapprochant d'O. sambucina L. — Tourbières du Champ-de-Mars et du Mézenc.

1521. **O. latifolia** L. — Prairies et pâturages tourbeux, surtout des terrains siliceux, de 3oo à 1.000 m. — Dans tout le département. — Mai-juin. — C.

1522. **O. incarnata** L. — Prairies marécageuses, bords des eaux, surtout des terrains volcaniques, de 1.000 à 1.200 m. — Cros-de-Géorand, Usclades. Hautes vallées de l'Ardèche, de l'Allier, de l'Erieux, etc. — Juin-juillet. — P.R.

NIGRITELLA Rich.

1523. **Nigritella nigra** Reich. (*N. angustifolia* Rich.). — Pâturages et prairies humides des hautes montagnes siliceuses et volcaniques, de 1.500 à 1.700 m. — Mézenc, Chartreuse-de-Bonnefoy. Autour du Gerbier-de-Jonc et du Montfol. Les Pradoux. — Juin-juillet. — R.

SPIRANTHES Rich.

1524. **Spiranthes æstivalis** Rich. — Prés marécageux. — Vallée de l'Ardèche : Saint-Julien-du-Serre aux vallons du Luolp et du Boulogne. — Juin-août. — R.

1525. **S. autumnalis** Rich. — Pâturages secs, de 200 à 1.000 m. — Vallée de l'Ardèche : Aubenas, Labégude, Prades, Vals-les-Bains, Mercuer, Ailhon. Ucel, Vesseaux, Saint-Etienne-de-Boulogne. Coiron. Vallées de l'Ouvèze, de l'Erieux. Vallée de l'Allier : Saint-Etienne-de-Lugdarès, etc. — Août-septembre. — A.C.

CORALLORRHIZA R. Br.

1526. **Corallorrhiza innata** R. Br. — Sol détritique des bois couverts, vers 1.400 m. — Suc-de-Bauzon, Chartreuse-de-Bonnefoy. — Juillet-août. — R.R.

Epipogon Gmel.

1527. Epipogon aphyllum Swartz. — Mousse et racines des vieux sapins et des hêtres dans les hautes montagnes. — La Sapette (Saint-Lag.). — Juillet-septembre. — R.R.

Neottia L.

1528. Neottia Nidus-avis Rich. — Bois couverts de toute la région montagneuse, de 1.200 à 1.600 m. — Forêt de Mazan, Suc-de-Bauzon, le Béage, bois d'Andéol, Chambaud, Sainte-Eulalie, Chartreuse-de-Bonnefoy. Autour du Gerbier-de-Jonc et du Mézenc. Hauts bassins de l'Ardèche, de l'Espezonnette, de l'Erieux. Chaîne des Boutières. Massif du Tanargue, forêt de Bauzon, rocher d'Avran. — Mai-juillet. — P.C.

Listera R. Br.

1529. Listera ovata R. Br. — Prairies, haies et bois humides ou ombragés. — Dans tout le département, jusqu'à 700 m. — Mai-juillet. — C.C.

Cephalanthera Rich.

1530. Cephalanthera rubra Rich. — Bois secs et coteaux pierreux calcaires et volcaniques, de 200 à 1.000 m. — Région méridionale jusqu'au Coiron, Aubenas, Mercuer, Saint-Julien-du-Serre, Vesseaux, etc. Vallée de l'Ouvèze et Côte du Rhône jusqu'au Pouzin. — Mai-juillet. — P.C.

1531. C. ensifolia Rich. — Bois secs et pierreux des coteaux siliceux ou volcaniques, de 200 à 800 m. — Toute la Côte du Rhône, dans les alluvions caillouteuses. Vallée de l'Ardèche et Coiron. — Mai-juin. — A.C.

1532. C. pallens Rich. — Bois et broussailles des terrains argilo-calcaires de la région méridionale. — Vallée de l'Ardèche : Saint-Martin-d'Ardèche, Bessas, Pont-d'Arc. Côte du Rhône jusqu'au Teil. Basses pentes du Coiron, vers Chomérac et Privas. — Mai-juin. — A.R.

Epipactis Hall.

1533. Epipactis microphylla Swartz. — Bords des bois des coteaux secs et pierreux, surtout sur grès du trias. — Saint-Julien-du-Serre, Ucel, Mercuer, Pradons, Bessas et Païolive (Aud.). — Juin. — A.R.

1534. E. atrorubens Schult. — Bois et coteaux secs de la région basse. — Côte du Rhône. Viviers, le Teil.— Juin-août. — A.R.

1535. E. latifolia All. — Bois secs et pierreux de la plus grande partie du département. — Saint-Remèze, bois du Lavoul. Côte du Rhône. — Juin-septembre. — P.R.

Famille CX. — POTAMÉES

Potamogeton L.

1536. Potamogeton densus L. — Bords des eaux courantes, de 100 à 700 m. — Dans tout le département. — Juin-juillet. — C.C.

Var. P. oppositifolius D. C. — Ruisseau du Boulogne. Bords de l'Ardèche, etc. — C.C.

1537. P. pectinatus L. — Fossés vaseux, eaux tranquilles de la région calcaire méridionale jusqu'aux basses pentes du Coiron, vers 300 m. — Rochecolombe, Lanas, Ruoms. — Juillet-août. — P.C.

1538. P. pusillus L. — Fossés, eaux dormantes, jusqu'à 300 m. — Dans tout le département. — Juin-août.— C.C.

1539. P. crispus L. — Fossés, marais, étangs et cours d'eau jusqu'à 600 m. — Dans tout le département. — Juin-juillet. — C.

1540. P. lucens L. — Eaux dormantes ou à faible courant, à fond vaseux calcaire. — Saint-Privat au ravin de Louyre au pied du Coiron, vers 300 m. — Juin-juillet. — A.R.

1541. P. fluitans Roth. — Cours d'eau, étangs. — Vals-les-Bains, Aubenas, sur les bords de l'Ardèche. — Juillet-septembre. — P.R.

1542. **P. natans** L. — Eaux tranquilles, mares, fossés. — Le long du Rhône. — Juillet-août. — P.C.

Famille CXI. — LEMNACÉES

Lemna L.

1543. **Lemna minor** L. — Mares et fossés. — Partout. — Avril-juin. — C.C.

Famille CXII. — AROIDÉES

Arum L.

1544. **Arum Dranunculus** L. — Cultivé. — Naturalisé à Saint-Michel-de-Boulogne. — Mai-juin. — R.R.
1545. **A. maculatum** L. *(A. vulgare* Lamk.*)*. — Haies et bois, de 100 à 1.200 m. — Dans tout le département. — Avril-mai. — C.
1546. **A. italicum** Mill. — Haies et coteaux, surtout calcaires. — Dans toute la région méridionale jusque sur les pentes du Coiron, vers 400 m. — Toute la vallée inférieure de l'Ardèche, jusqu'à Vogüé, Saint-Sernin, Aubenas, Saint-Julien-du-Serre, Vesseaux. Vallée de l'Ouvèze jusqu'à Privas. Côte du Rhône jusqu'à Lavoulte, Tournon, Arras. — Avril-mai. — A.C.

Famille CXIII. — TYPHACÉES

Typha L.

1547. **Typha latifolia** L. — Etangs, marais, bords des eaux. — Dans tout le département, jusqu'à 600 m. — Juillet-août. — C.
1548. **T. angustifolia** L. — Mares, étangs, cours d'eau. — Tout le long du Rhône et le cours inférieur de ses affluents, jusqu'à 300 m. — Juin-août. — P.C.
1549. **T. minima** Funk. — Lieux humides et marécageux le long du Rhône. — Mai-juin. — A.R.

Sparganium L.

1550. Sparganium ramosum Huds. — Bords des eaux, fossés, jusqu'à 400 m. — Dans tout le département. — Juin-août. — C.C.

1551. S. simplex Huds. — Eaux vaseuses, surtout des sols siliceux, de 100 à 1.000 m. — Dans tout le département. — Juin-août. — C.

Famille CXIV. — JONCÉES

Juncus L.

1552. Juncus capitatus Weig. — Lieux sablonneux humides. — D'Aubenas à Ailhon. — Mai-août. — R.

1553. J. bufonius L. — Lieux humides, fossés de la région siliceuse jusqu'à 1.200 m. — Dans tout le département. — Mai-septembre. — C.C.
Var. *elata*. — Fossés. — Vals-les-Bains, Ucel. — P.R.
Var. *minor*. — Pâturages tourbeux, vers 1.700 m. — Saint-Laurent-les-Bains, Saint-Etienne-de-Lugdarès. — P.R.

1554. J. Tenageia L. — Lieux marécageux, bords des étangs de la région siliceuse, jusqu'à 1.000 m. — Toute la vallée méridionale de l'Ardèche et de ses affluents, jusqu'à Aubenas, Labégude, Vals, Antraigues, etc. — Juin-juillet. — P.C.

1555. J. squarrosus L. — Prés marécageux des montagnes siliceuses ou volcaniques au-dessus de 1.000 m., jusqu'à 1.600 m. — Environs du Mézenc, Gerbier-de-Jonc, Montfol, Chartreuse-de-Bonnefoy, lac d'Issarlés, Mazan, Lanarce. Bassin de l'Allier. Massif du Tanargue, forêt de Bauzon : Saint-Etienne-de-Lugdarès, Saint-Laurent-les-Bains. Chaîne des Boutières. — Juin-juillet. — P.C.

1556. J. filiformis L. — Prés humides et bords des eaux de la région volcanique ou siliceuse, de 1.000 à 1.700 m. — De Mazan, par la vallée du Vernazon, jusqu'à la Loire, Mézenc, Gerbier-de-Jonc, lac Ferrand. Hauts bassins de l'Ardèche, de l'Erieux, de l'Allier. — Juillet-août. — P.C.

1557. J. glaucus Ehrh. — Lieux humides, bords des eaux. — Dans tout le département, jusqu'à 1.200 m. — Juin-août. — C.

Var. *J. paniculatus* Hopp. — Vallée de l'Ardèche : Saint-Didier-sous-Aubenas, Saint-Julien-du-Serre.

1558. J. effusus L. — Bords des eaux, fossés. — Dans tout le département, jusqu'à 1.000 m. — Juin-août. — C.C.

1559. J. conglomeratus L. — Endroits marécageux, bords des cours d'eau, jusqu'à 1.200 m. — Dans tout le département. — Juin-août. — C.

1560. J. compressus Jacq. — Marais, prés humides, bords des cours d'eau, surtout des sols calcaires, jusqu'à 400 m. — Dans tout le département. — Juin-août. — C.

1561. J. obtusiflorus Ehrh. — Prés humides, étangs, marais. — Partout, jusqu'à 1.000 m. — Juin-juillet. — C.

1562. J. alpinus Vill. — Lieux tourbeux, bords des cours d'eau, de 1.000 à 1.600 m. — Mézenc, Chartreuse-de-Bonnefoy, bords de la Loire, de Vernazon, lac d'Issarlès, Ray-Pic. — Juin-juillet. — A.R.

1563. J. lamprocarpus Ehrh. — Bords des marais, des cours d'eau, lieux humides. — De la plaine à 1.200 m. Partout. — Juin-juillet. — C.

1564. J. silvaticus Reich. — Prés humides, marais des sols siliceux, de 100 à 1.200 m. — Partout. Bords du Rhône : Champis, Saint-Etienne-de-Lugdarès, etc. — Juin-juillet. — C.C.

Luzula D. C.

1565. Luzula pilosa Willd. — Pâturages et bois, de 200 à 1.200 m. — Partout. — Mars-mai. — C.

1566. L. Forsteri D. C. — Prairies, pâturages des bords du Rhône à 1.000 m. — Partout. — Avril-mai. — C.

1567. L. flavescens Gaud. — Sol détritique des forêts montagneuses, vers 1.300 m. — Suc-de-Bauzon. — Juin-juillet. — R.

1568. L. nivea D. C. — Bois des montagnes siliceuses et volcaniques, de 900 à 1.500 m. — Dans tout le département. — Juin-juillet. — C.

1569. L. albida D. C. — Bois de la région montagneuse siliceuse et volcanique, de 1.000 à 1.500 m. — Sud-Est du département. Vallée de la Volane : Laviolle. Bassin de l'Ouvèze : Roche-de-Gourdon, sources du Mézayon. — Juin-juillet. — R.

1570. L. silvatica Gaud *(L. maxima* D. C.). — Bois de toute la région siliceuse et volcanique du bassin de la Loire. Plateau du Tanargue, le Mézenc. — Juin-juillet. — C.

1571. L. glabrata Desv. *(L. Desvauxii* Kunth.). — Bois siliceux et volcaniques, de 1.200 à 1.700 m. — Mézenc. — Juillet-août. — R.

1572. L. campestris D. C. — Prairies et pâturages des coteaux secs, jusqu'à 1.300 m. — Dans tout le département. — Avril-juin. — C.C.

1573. L. multiflora Lejeune. — Bois et pâturages des hautes montagnes, de 1.200 à 1.600 m. — Suc-de-Bauzon, Cros-de-Géorand, Chartreuse-de-Bonnefoy, Mézenc. — Mai-juin. — P.C.

Var. congesta Lej. — Lac Ferrand.

1574. L. nigricans Desv. *(L. sudetica* D. C.). — Bois, pâturages volcaniques, de 1.200 à 1.700 m. — Lanarce, du Béage au lac d'Issarlès, Mézenc. — Juillet-août. — R.R.

1575. L. spicata D. C. — Bois des hautes montagnes siliceuses ou volcaniques, entre 1.400 et 1.700 m. — Suc-de-Bauzon, le Béage, Chartreuse-de-Bonnefoy, Gerbier-de-Jonc. Mézenc. Plateau du Tanargue, rocher d'Avran. — Juin-août. — R.

Famille CXV. — CYPÉRACÉES

Cyperus L.

1576. Cyperus fuscus L. — Lieux sablonneux humides, bords des mares et des cours d'eau, jusqu'à 300 m. — Vallée de l'Ardèche : Saint-Sernin, Saint-Didier-sous-Aubenas, Aubenas, Labégude, Saint-Julien-du-Serre, Bords du Rhône. — Juillet-août. — C.

1577. C. flavescens L. — Prairies marécageuses, bords des eaux, de 100 à 400 m. — Le Coiron : Lussas, Saint-Laurent-sous-Coiron au ruisseau de Louyre. Vallée de l'Ardèche jusqu'à Aubenas, Saint-Julien-du-Serre, Vals-les-Bains. — Juillet-septembre. — A.C.

1578. C. longus L. — Bords des cours d'eau, des marais, de 100 à 300 m. — Toute la vallée de l'Ardèche jusqu'à Aubenas, Ucel, Saint-Julien-du-Serre, Vals, Vogüé et la région méridionale. — Août-septembre. — P.C.

Schœnus L.

1579. Schœnus nigricans L. — Endroits marécageux. — Côte du Rhône : le Teil, Viviers. — Avril-juillet. — R.

Eriophorum L.

1579bis. Eriophorum vaginatum L. — Marais tourbeux des hautes montagnes. — Mézenc. — Avril-juillet. — R.R.

1580. Eriophorum angustifolium Roth. — Prairies et pâturages tourbeux de la région montagneuse volcanique et siliceuse, de 1.000 à 1.700 m. — Mézenc, Montfol, Gerbier-de-Jonc, Chartreuse-de-Bonnefoy, lac d'Issarlès et hauts bassins de l'Ardèche, de l'Allier, de l'Erieux, du Doux, etc. — Avril-juillet. — P.R.

1581. E. latifolium Hoppe (*E. polystachyos* L. p. p.). — Prairies tourbeuses, de 200 à 1.400 m. — Dans tout le département. — Avril-juillet. — C.C.

Scirpus L.

1582. Scirpus compressus Pers. — Sables humides, marais. — Vallée de l'Ardèche : Vals-les-Bains, Ucel, Saint-Julien-du-Serre, jusqu'au lac d'Issarlès et Gerbier-de-Jonc. — Juin-août. — P.C.

1583. S. maritimus L. — Sables humides des bords du Rhône. — Dans tout le département. — Juillet-septembre. — P.C.

1584. S. silvaticus L. — Prairies humides et marécageuses, de

100 à 1.200 m. — Dans tout le département. — Juin-juillet. — C.C.

1585. S. Holoschœnus L. — Bords des eaux, ravins marécageux, surtout calcaires, dans toute la région méridionale, jusqu'à 500 m. — Pentes du Coiron. Côte du Rhône jusqu'au vallon de Celles-les-Bains. — Juin-août. — A.C.

Var. *S. romanus* L. — Endroits secs des mêmes régions. — Ne semble être qu'une forme souffreteuse de l'espèce.

1586. S. lacustris L. — Fossés, bords des lacs et des étangs. — Bords du Rhône. Lac Ferrand, vers 1.200 m. — Mai-juillet. — P.C.

1587. S. carinatus Sm. (*S. Duvalii* Hoppe). — Sables vaseux des bords du Rhône, au nord de Tournon. — Juin-août. — A.R.

1588. S. triqueter L. (*S. Pollichii* G. G.). — Sables vaseux des bords du Rhône, au nord de Tournon. — Juillet-septembre. — P.C.

1589. S. setaceus L. — Bords des eaux de toute la région au-dessus de 1.000 m. — Mézilhac, Lachamp-Raphaël, Sainte-Eulalie, Gerbier-de-Jonc, Mézenc, le Béage. Bassins de l'Ardèche, de l'Erieux. — Juillet-août. — A.C.

Var. *S. gracillima* Kohts. — Saint-Andéol-de-Bourlenc, Saint-Julien-du-Serre, vers 400 m.

1590. S. acicularis L. — Bords vaseux du Rhône et des lônes. — Août-septembre. — C.

1591. S. palustris L. — Marais, prairies tourbeuses, de 100 à 1.200 m. — Tout le département. — Juin-juillet. — C.C.

1592. S. ovatus Roth. — Fossés, bords des étangs et des cours d'eau, jusqu'à 1.000 m. — Vallée de l'Ardèche : Saint-Didier-sous-Aubenas, Saint-Etienne-de-Fontbellon, Aubenas, Labégude, Ucel, Vals, Saint-Julien-du-Serre. Toute la Côte du Rhône jusqu'aux Boutières. — Juin-août. — A.C.

1593. S. uniglumis Link. — Mêmes stations que le précédent, mais plus rare. — Juin-août. — A.R.

Carex L.

1594. Carex Davalliana Sm. — Prairies tourbeuses vers 1.400 m., sur sol volcanique. — Montfol, Gerbier-de-Jonc. — Juillet-août. — A.R.

1595. C. pulicaris L. — Terrains marécageux, bords des étangs, de 100 à 1.700 m. — Dans tout le département. — Juin-août. — A.C.

1596. C. divisa Huds. — Bords des eaux de toute la région méridionale, jusqu'au Coiron, vers 400 m. — Vogüé, Lanas, Ruoms, Vallon. — Mai-juin. — A.R.

1597. C. chætophylla Steud. (*C. setifolia* God., non Kunze). — Lieux sablonneux, bords des chemins de toute la région calcaire méridionale. — Pont-d'Arc, Rochecolombe, Vogüé, Saint-Germain et basses pentes du Coiron, vers 300 m. — Mai-juin. — A.R.

1598. C. disticha Huds. — Marais, prés humides, fossés. — Bords du Rhône et de ses affluents, jusque vers 200 m. — Mai-juin. — C.

1599. C. Schreberi Schranck. — Lieux secs et sablonneux. — Vallée de l'Ardèche : Berrias (Saint-Lag.). — Avril-juin. — R.

1600. C. vulpina L. — Marais, fossés, bords des étangs, bois couverts. — Dans tout le département, jusqu'à 400 m. — Mai-juillet. — C.C.

1601. C. paniculata L. — Prairies tourbeuses, de 100 à 1.200 m. — Dans tout le département. — Juin-juillet. — C.

1602. C. muricata L. — Prés, lisières des bois humides jusqu'à 800 m. — Dans tout le département. — Mai-juin. — C.

Var. *elongata* Saint-Lag. (*C. guestphalica* Bœnninghausen). — Saint-Julien-du-Serre, Saint-Privat. Basses pentes du Coiron.

1603. C. divulsa Good. — Haies, bords des chemins ombragés, lieux humides jusqu'à 300 m. — Dans tout le département. — Juin-juillet. — C.

1604. C. remota L. — Lieux humides ombragés, lisières des bois, de 100 à 600 m. — Dans tout le département. — Mai-juin. — C.

1605. **C. echinata** Murr. *(C. stellulata* Good). — Prairies tourbeuses, bois marécageux, de 200 à 1.700 m. — Ucel, Saint-Privat, Saint-Julien-du-Serre, Roche-de-Gourdon, lac d'Issarlès, Montfol, Gerbier-de-Jonc, Chartreuse-de-Bonnefoy, etc. Pentes du Tanargue (Coste). La plus grande partie du département. — Mai-juillet. — C.

1606. **C. canescens** L. — Prairies tourbeuses, de 1.300 à 1.500 m. — Bassin de la Loire. Du Béage à Montfol et à Sainte-Eulalie, Chartreuse-de-Bonnefoy. — R.

1607. **C. leporina** L. — Pelouses tourbeuses des sols siliceux et volcaniques, de 300 à 1.500 m. — Ucel, Saint-Julien-du-Serre, etc. Plus abondant dans toute la région montagneuse. — Mai-juillet. — A.C.

Var. atrofusca Christ. — Hautes montagnes volcaniques : Montfol, Gerbier-de-Jonc.

1608. **C. longiseta** Brot. *(C. Linkii)*. — Lieux stériles de la région méridionale. — Asperjoc, Meyras. — Avril-juin. — R.

1609. **C. Halleriana** Asso. *(C. gynobasis* Vill.). — Pelouses sèches des coteaux calcaires de la région méridionale, jusqu'à 400 m., sur les pentes du Coiron. — Toute la Côte du Rhône. — Avril-mai. — C.

1610. **C. cæspitosa** Good *(C. vulgaris* Fries). — Fossés, marais, tourbières, de 100 à 1.700 m. — Dans tout le département. — Avril-juin. — C.C.

1611. **C. acuta** L. — Marais et rivières. — Dans tout le département. — Avril-mai. — C.

1612. **C. glauca** Murr. — Marais, prairies humides, fossés. — Dans tout le département, jusqu'à 1.500 m. — Mai-juin. — C.

1613. **C. riparia** Curt. — Bords des eaux. — Dans la plus grande partie du département. — Mai-juin. — A.C.

1614. **C. paludosa** Good. *(C. acutiformis* Ehrh.). — Prairies marécageuses de la région calcaire jusqu'à 400 m. — Dans toute la région méridionale. — Mai-juin. — C.

1615. C. hirta L. — Prairies humides, fossés. — Dans tout le département, jusqu'à 500 m. — Mai-juin. — C.

1616. C. vesicaria L. — Marais et fossés. — Mai-juin. — A.C.

1617. C. rostrata With. (*C. ampullacea* Good.). — Prairies tourbeuses, fossés, étangs de la région siliceuse et volcanique, de 1.200 à 1.500 m. — Autour du Gerbier-de-Jonc, Montfol, Chartreuse-de-Bonnefoy. — Juillet-août. — A.C.

1618. C. montana L. — Pelouses sèches des hautes montagnes. — Pentes Est du Mézenc. — Juillet-août. — R.

1619. C. pilulifera L. — Terrains secs, siliceux et volcaniques, de 1.000 à 1.700 m. — Mézilhac, Lachamp-Raphaël, Gerbier-de-Jonc, du Béage au lac d'Issarlès, Montfol, Chartreuse-de-Bonnefoy, Mézenc. — Avril-juillet. — A.R.

1620. C. ericetorum Poll. — Pelouses sèches des coteaux siliceux, vers 300 m. — Saint-Julien-du-Serre, Ucel. — Mai-juin. — R.

1621. C. tomentosa L. — Prairies, pâturages humides, lieux ombragés, de 200 à 900 m. — Dans tout le département. — Mai-juin. — C.

1622. C. præcox Jacq. — Pelouses sèches. — Dans tout le département. — Avril-août. — C.C.

1623. C. panicea L. — Lieux humides, bords des fossés. — Dans tout le département, jusqu'à 900 m. — Mai-juin. — C.

1624. C. silvatica Huds. — Lieux humides et ombragés, bois et haies, jusqu'à 1.200 m. — Mai-juin. — C.

1625. C. distans L. — Fossés, prairies humides. — Dans tout le département, jusqu'à 800 m. — Mai-juin. — C.

1626. C. pallescens L. — Prairies, bois humides. — Dans tout le département, jusqu'à 1.000 m. — Avril-juin. — C.

1627. C. flava L. — Marécages, pâturages tourbeux, surtout de la région siliceuse, de 300 à 1.400 m. — Dans tout le département. — Mai-juin. — C.

1628. C. Œderi Ehrh. — Pâturages tourbeux des sols siliceux et volcaniques vers 1.000 m. — Lac d'Issarlès, Roche-de-Gourdon. — A.R.

Famille CXVI. — GRAMINÉES

Zea L.

1629. **Zea Mays** L. — Cultivé en grand dans le département, soit comme fourrage, soit pour son grain. — Juillet-octobre.

Leersia Sw.

1630. **Leersia oryzoides** Sw. — Bords du Rhône. — Juillet-septembre. — R.

Mibora Adans.

1631. **Mibora minima** Desv. — Champs sablonneux, de 200 à 400 m. — Vallée de l'Ardèche : Saint-Etienne-de-Fontbellon, Ailhon, Mercuer, Chazeaux, Saint-Julien-du Serre. Côte du Rhône : Tournon, Vion, Arras. Bassins du Doux, de l'Ay, de la Cance.— Février-avril.— A.C.

Anthoxanthum L.

1632. **Anthoxanthum odoratum** L. — Prés, bois, pâturages. — Dans tout département. — Avril-juillet. — C.C.

1633. **A. aristatum** Boiss. (*A. Puelii* Lec. et Lamt.).— Champs sablonneux de la basse région siliceuse méridionale, jusqu'à 800 m. — Avril-septembre. — A.C.

Phalaris L.

1634. **Phalaris arundinacea** L. — Bords des eaux, de la plaine à 1.300 m. — Dans tout le département. — Mai-août. — C.C.

1635. **P. canariensis** L. — Cultivé. — Subspontané sur les décombres autour des habitations. — Mai-juillet.

Phleum L.

1636. **Phleum arenarium** L. — Lieux sablonneux de la basse région méridionale calcaire. — Vallon (Saint-Lag.). — Mai-juin. — R.R.

1637. **P. asperum** Jacq. (*P. viride* All.). — Champs, bords des chemins de la région méridionale, jusqu'à 200 m. —

Vallée de l'Ardèche. Limites du Gard et Côte du Rhône. — Juin-juillet. — P.C.

1638. P. Bœhmeri Wibel (*P. phalaroides* Kœl.). — Pelouses sèches de la plus grande partie du département jusqu'à 1.000 m. — Au nord de Tournon, abondant sur micaschiste et gneiss. — Juin-juillet. — C.

1639. P. pratense L. — Prés et pâturages. — Dans tout le département. — Mai-août. — C.C.

Var. *P. nodosum* L. — Pâturages secs, surtout calcaires et volcaniques. — Dans tout le département. — Mai-juillet. — A.C.

Var. *P. praecox* Jord. — Endroits sablonneux arides. — C.C.

Var. *P. intermedium* Jord. — C.C.

ALOPECURUS L.

1640. Alopecurus agrestis L. — Champs, vignes, bords des chemins, surtout de la région calcaire, jusqu'à 500 m. — Mai-juin. — C.

1641. A. pratensis L. — Prés et pâturages frais, surtout de la région montagneuse siliceuse et volcanique. — Roche-de-Gourdon, Champ-de-Mars, Mézilhac, Sainte-Eulalie, Gerbier-de-Jonc, le Béage, Mézenc. De la Côte du Rhône aux Boutières, etc. — Mai-juin. — C.C.

ECHINARIA Desf.

1642. Echinaria capitata Desf. — Lieux pierreux et arides de la région méridionale calcaire et basses pentes du Coiron. — Païolive, Pont-d'Arc, Saint-Privat au ravin de Louyre. — Mai-juin. — R.

TRAGUS Hall.

1643. Tragus racemosus. — Rochers, lieux sablonneux de la région calcaire. — Toute la Côte du Rhône. Au nord de Tournon, sur micaschiste. Toute la région méridionale jusqu'au Coiron, vers 300 m. Vallée de l'Ardèche jusqu'à Aubenas, Ucel, Vessaux, Saint-Privat, etc. — Juin-octobre. — C.

Setaria P. Beauv.

1644. Setaria glauca P. B. *(Panicum glaucum* L.). — Lieux sablonneux humides, grèves des cours d'eau. — Bords du Rhône et de ses affluents. — Juillet-août. — C.C.

1645. S. viridis P. B. —Champs, vignes. — Partout, jusqu'à 3oo m. — Juillet-août — C.C.

1646. S. verticillata P. B. — Champs, vignes, jardins, sables des cours d'eau, surtout de la région siliceuse jusqu'à 3oo m. — Partout. — Juillet-août. — C.C.

1647. S. italica P. B. — Souvent cultivé. — Subspontané dans les décombres. — Juin-septembre.

Panicum L.

1648. Panicum miliaceum L. — Cultivé en grand dans la partie méridionale des vallées du Rhône et de l'Ardèche. — Juillet-octobre.

Echinochloa P. Beauv.

1649. Echinochloa Crus-Galli P. B. — Fossés, terrains humides, surtout siliceux, jusqu'à 35o m. — Dans tout le département. — Juillet-août. — C.C.

Var. *P. aristatum* P. B. — Bords du Rhône. Vals, Ucel, Saint-Julien-du-Serre, etc. — C.

Digitaria Scop.

1650. Digitaria sanguinalis Scop. — Champs, bords des chemins siliceux jusqu'à 35o m. — Partout. — Juin-août. — C.C.

1651. D. filiformis Kœl. — Champs, bords des chemins siliceux, jusqu'à 3oo m. — Juin-août. — C.C.

Cynodon Rich., *in* Pers.

1652. Cynodon Dactylon Rich. — Coteaux sablonneux arides, jusqu'à 35o m. — Partout. — Juillet-septembre. — C.C.

Andropogon L.

1653. Andropogon Ischæmum L. — Pelouses sèches, bords des chemins, champs incultes, surtout calcaires, jusqu'à 400 m. — Partout. — Juillet-août. — C.C.

1654. A. Cryllus L. — Coteaux secs, bords des chemins calcaires, jusqu'à 300 m. — Partout dans la région méridionale. — Mai-juin. — A.R.

Sorghum Pers.

1655. Sorghum vulgare L. — Cultivé en grand dans la région méridionale, vers Saint-Martin-d'Ardèche et Saint-Marcel-d'Ardèche. — Juillet-octobre.

Arundo L.

1656. Arundo Donax L. — Planté et naturalisé dans tout le département, jusqu'à 400 m. — Septembre-octobre.
1657. A. Phragmites L.— Marécages, bords des cours d'eau. — Partout, jusqu'à 400 m. — Août-septembre.— C.C.

Calamagrostis Roth.

1658. Calamagrostis argentea D. C. — Pentes pierreuses des collines et basses montagnes calcaires. Région méridionale jusqu'au Coiron : le Teil, Alba, Aubignas. Côte du Rhône jusqu'à Peyraud. — Mai-septembre. — A.C.

1659. C. arundinacea Roth. — Bois et rochers des montagnes siliceuses et volcaniques, de 1.000 à 1.700 m. — De Mayres au rocher d'Avran, Mazan, Saint-Cirgues-en-Montagne, lac d'Issarlès, le Béage, Sainte-Eulalie et toute la région avoisinant le Gerbier-de-Jonc et le Mézenc. — Juillet-août. — P.R.

1660. C. littorea D. C. — Sables des bords du Rhône. — Dans la plus grande partie du département, en amont et en aval de Tournon : Vion, Arras, Sarras, Glun, etc. — Juillet-août. — P.C.

1661. C. Epigeios Roth. — Lieux sablonneux et humides. — Bords du Rhône. De Sarras à Baix. — Juin-août. — A.C.

Agrostis

1662. Agrostis Spica-venti L. — Champs, moissons sur les alluvions du Rhône au nord de Tournon : Vion, Arras, Sarras, Andance, etc. — Juin-juillet. — C.

1663. A. interrupta L. — Lieux sablonneux de toute la région montagneuse, de 1.000 à 1.400 m. — Chaîne des Boutières. Bassins de la Loire, de l'Ardèche, de l'Allier. — Juin-juillet. — A.C.

1664. A. canina L. — Prairies, bruyères, champs de la région siliceuse. — Partout. — Juin-juillet. — C.

1665. A. vulgaris With. — Prés, champs, bois siliceux ou volcaniques. — Partout. — Juin-août. — C.C.

1666. A. verticillata Vill. — Fossés et lieux humides de la région méridionale calcaire, jusqu'à 200 m. — Sables de l'Ardèche, Aubenas, Saint-Didier-sous-Aubenas. — Juin-octobre. — R.

1667. A. alba L. — Terrains humides, sablonneux, calcaires. — Toute la Côte du Rhône. Vallées de l'Ardèche et de l'Ouvèze, jusqu'à 1.000 m. — Juin-septembre. — C.

Var. A. prorepens Koch. — Sables du Rhône et de ses affluents. — Bords de la Loire au Cros-de-Géorand.

Gastridium P. Beauv.

1668. Gastridium lendigerum Gaud. — Champs, fossés humides, jusqu'à 350 m. — Bassin de l'Ardèche jusqu'à Saint-Julien-du-Serre, Ucel, Saint-Privat, Aubenas, Vallon. — Avril-septembre. — A.R.

Polypogon Desf.

1669. Polypogon monspeliensis Desf. — Lieux sablonneux humides de la région méridionale. — Bessas, Labastide-de-Virac, Vallon. — Mai-juin. — R.

Lagurus L.

1670. Lagurus ovatus L. — Terrains sablonneux. — Vallée de l'Ardèche, de Prades à Jaujac (Girod). — Juin-juillet. — R.R.

Stipa L.

1671. Stipa pennata L. — Coteaux calcaires secs et arides. — Côte du Rhône : du Pouzin au Teil. Vallée de l'Ardèche : Aubenas aux rochers de Baza et Jastre, Lachapelle-sous-Aubenas, Vinezac, Ruoms, Pont-d'Arc, etc. — Mai-juillet. — P.C.

1672. S. capillata L. — Coteaux arides de la basse région calcaire méridionale jusqu'à 200 m. — Bassin de la Cèze: Saint-André et Saint-Sauveur-de-Cruzières, Bessas, Pont-d'Arc. Côte du Rhône. — Mai-juillet. — R.

1673. S. juncea L. — Coteaux stériles et pierreux de la région calcaire méridionale. — Pont-d'Arc, Vallon, Bessas. — Mai-juin. — R.

1674. S. tortilis Desf. — Coteaux calcaires arides. — Entre Ruoms et Vallon. Rochers d'Estre, Pont-d'Arc. — Avril-juin. — R.R.

Milium L.

1675. Milium effusum L. — Bois des collines et des montagnes. — Forêt de Mazan. Chaîne des Boutières. — Mai-juillet. — P.C.

Aira L.

1676. Aira capillaris Host. — Terrains sablonneux, jusqu'à 1.000 m. — Côte du Rhône : Peyraud. Vallée de l'Ardèche : bois de Cuze. — Mai-juin. — R.

1677. A. caryophyllea L. — Lieux sablonneux siliceux jusqu'à 1.200 m. — Dans tout le département. — Mai-juin. — C.C.

Var. *A. patulipes* Jord. (*A. divaricata* Lois.). — Lieux sablonneux, jusqu'à 1.200 m. — C.

1678. A. multiculmis Dumort. (*A. aggregata* Timeroy). — Champs des terrains siliceux, jusqu'à 800 m. — Partout. — Mai-juillet. — C.

1679. A. præcox L. — Champs des terrains siliceux jusqu'à 1.000 m. — Mai-juillet. — A.C.

Corynephorus P. Beauv.

1680. Corynephorus canescens P. B. — Landes et coteaux siliceux, jusqu'à 600 m. — Toute la région méridionale. Côte du Rhône. Vallées de l'Ardèche, de l'Ouvèze, etc. — Mai-août. — C.C.

Deschampsia P. Beauv.

1681. Deschampsia cæspitosa P. B. — Lieux humides, surtout de la région montagneuse siliceuse et volcanique, de 1.000 à 1.700 m. — Mazan, Saint-Cirgues-en-Montagne, Cros-de-Géorand, Gerbier-de-Jonc, Chartreuse-de-Bonnefoy, Mézenc. Hauts bassins de l'Allier, de l'Ardèche, de l'Erieux, etc. — Juin-août. — A.C.

Var. *vivipara*. — Saulaies des bords du Rhône : Arras, Vion. — R.

1682. D. media Rœm. et S. — Coteaux calcaires humides de la région méridionale jusqu'à 300 m. — Entre Saint-Etienne-de-Fontbellon et Fons (Girod). — Juin-juillet. — R.R.

1683. D. flexuosa Griseb. — Bois, rochers des terrains siliceux et volcaniques. — Dans tout le département. — Juin-septembre. — C.C.

Var. *D. Legei* Bor. (*D. grandiflora*). — Mêlé au type. — C.

Var. *D. montana* L. (*D. parviflora*). — Saint-Julien-du-Serre, Ucel et la plus grande partie de la basse vallée de l'Ardèche et de ses affluents. Côte du Rhône. — A.C.

Ventenata Kœl.

1684. Ventenata avenacea Kœl. (*V. dubia* Boiss.) (*Avena tenuis* Mœnch). — Champs incultes, coteaux stériles de toute la région granitique et gneissique. — Juin-juillet. — A.R.

Avena L.

1685. Avena barbata Brot. — Bords des chemins, des champs, de toute la région méridionale, jusqu'à Vals-les-Bains, Aubenas. Côte du Rhône, etc. — Juin-août. — P.C.

1686. A. fatua L. — Moissons. N'est que subspontané. Apporté avec les semences d'origine méridionale. — Juin-août.

1687. A. sterilis L. — Champs de la basse partie méridionale, jusqu'à 200 m. — Juillet-août. — R.

1688. A. sativa L. — Cultivé dans tout le département. — Subspontané. — Juillet-août.

1689. A. orientalis Schreber. — Cultivé comme le précédent. — Juillet-août.

1690. A. strigosa Schreb. — Champs incultes, bords des chemins, moissons jusqu'à 600 m. — Partout. — Juillet-août. — C.

1691. A. montana Vill. — Pâturages et prairies des montagnes siliceuses ou volcaniques, vers 1.300 m. — Le Béage, Cros-de-Géorand, Sainte-Eulalie, Montfol. — Juin-juillet. — R.

1692. A. pubescens L. — Prairies des montagnes siliceuses et volcaniques, de 1.200 à 1.700 m. — Le Tanargue, le Béage, lac d'Issarlès, Lanarce, Chartreuse-de-Bonnefoy, Mézenc. — Juillet-août. — A.C.

Var. amethystina D. C. — Mêmes stations.

1693. A. pratensis L. — Prés, pâturages, bois des plaines et des montagnes. — Partout. — Juin-juillet. — C.C.

1694. A. bromoides Gouan. — Coteaux de toute la région calcaire, jusqu'à 500 m. — Au nord de Tournon ; sur gneiss et micaschiste dans toute la région septentrionale. — Juin-juillet. — C.

TRISETUM Pers.

1695. Trisetum flavescens P. B. (*Avena flavescens* L.). — Prés, pâturages, bords des chemins. — Dans tout le département. — Juin-septembre. — C.C.

ARRHENATHERUM P. Beauv.

1696. Arrhenatherum elatius Mert. et K. (*Avena elatior* L.). —

Prés, pâturages et bois. — Partout. — Mai-août. — C.C.

Var. *A. bulbosum* Presl. — Mêmes stations. — A.C.

Holcus L.

1697. Holcus lanatus L. — Prairies et bois humides, bords des eaux. Partout, jusqu'à 1.400 m. — Mai-août. — C.C.
1698. H. mollis L. — Prairies et pâturages humides siliceux. — Partout, jusqu'à 800 m. — Juin-juillet. — C.

Gaudinia P. Beauv.

1699. Gaudinia fragilis P. B. — Prairies humides siliceuses, jusqu'à 400 m. — Partout. — Juin-juillet. — A.C.

Danthonia D. C.

1700. Danthonia decumbens D. C. — Pelouses, bords des chemins et des bois, surtout siliceux, jusqu'à 1.000 m. — Mai-juillet. — C.

Koeleria Pers.

1701. Kœleria phleoides Pers. — Bords des chemins siliceux arides. — Toute la Côte du Rhône. Toute la vallée de l'Ardèche jusqu'à Prades, Lalevade, Vals-les-Bains, jusqu'à Privas. Vallées du Doux, de la Cance, etc. — Mai-août. — A.C.
1702. K. setacea Pers. — Coteaux calcaires arides de toute la région méridionale, de 100 à 500 m., jusqu'à Aubenas, et les basses pentes du Coiron. Vallée de l'Ouvèze. Côte du Rhône calcaire. Mai-juillet. — P.R.

Var. *K. valesiaca* Gaud. — Région méridionale. — Mont Vinobre à Saint-Sernin, Aubenas à Jastre.

Var. *K. pubescens* Parlat. — Saint-Julien-du-Serre, Ucel. Basses pentes du Coiron, vers Saint-Pons, Aubignas, etc. — R.

1703. K. cristata Pers. — Rochers, champs, bords des chemins, surtout siliceux, jusqu'à 1.200 m. — Vallées de l'Ardèche, de l'Ouvèze, de l'Erieux, du Doux. Côte du Rhône, où il est trè scommun au nord de Tournon. — Mai-juillet. — A.C.

Var. K. albescens D. C. — Rochers siliceux des coteaux arides, vers 200 m. — Ucel. — R.

Glyceria

1704. **Glyceria fluitans** R. B. — Bords des rivières, des étangs, jusqu'à 1.100 m. — Partout. — Juin-juillet. — C.C.
1705. **G. distans** Wahlb. — Terrains humides baignés par les eaux minérales. — Vals-les-Bains. — Juin-juillet. — R.R.
1706. **G. aquatica** P. B. — Fossés, bords des rivières. — Bords du Rhône. — Juillet-août. — P.C.

Catabrosa P. Beauv.

1707. **Catabrosa aquatica** P. B. — Mares, fossés, bords des eaux, surtout dans les terrains argileux, jusqu'à 1.000 m. — Mai-août. — P.C.

Poa L.

1708. **Poa compressa** L. — Pâturages secs, vieux murs, rochers. — Partout. — Juin-août. — C.C.
1709. **P. pratensis** L. — Prés et pâturages. — Partout. — Juin-juillet. — C.C.

Var. P. angustifolia L. — Pâturages secs.

Var. P. anceps Gaud. — Prairies.

1710. **P. Chaixii** Vill. (P. silvatica Chaix). — Prairies et pâturages de la région montagneuse siliceuse et volcanique, de 1.200 à 1.700 m. — Mézilhac, Lachamp-Raphaël, Gerbier-de-Jonc, Mézenc, Chartreuse-de-Bonnefoy, le Béage, Lanarce, rocher d'Avran. Plateau du Tanargue, etc. — Juin-août. — A.C.
1711. **P. trivialis** L. — Prairies, pâturages humides, jusqu'à 1.000 m. — Dans tout le département. — Juin-juillet. — C.C.
1712. **P. palustris** L. — Bords de la Loire et de ses affluents, de 1.000 à 1.400 m. — Mazan, Saint-Cirgues-en-Montagne, Cros-de Géorand, Usclades, Chartreuse-de-Bon-

nefoy, lac d'Issarlès, etc. Hauts bassins de l'Ardèche et de l'Erieux, etc. — Juin-septembre. — A.C.

1713. P. nemoralis L. — Bois, bruyères, dans toute la région siliceuse et volcanique, jusqu'à 1.700 m. — Juin-juillet. — C.C.

Var. *depauperata*. — Terrains secs, rochers, vieux murs de toute la région montagneuse. — A.C.

1714. P. violacea Bell. (*Festuca poaeformis* Host., *F. rhaetica* Sut. *F. pilosa* Haller). — Pâturages, prairies siliceuses ou volcaniques, de 1.200 à 1.700 m. — Usclades, Sagnes-et-Goudoulet, Lachamp-Raphaël, Sainte-Eulalie, Gerbier-de-Jonc jusqu'au Mézenc. Le Tanargue. — Juillet-août. — A.C.

1715. P. bulbosa L. — Terrains sablonneux, bords des chemins. — Partout jusqu'à 800 m. — Mai-juin. — C.C.

Var. *vivipara* (*P. crispa* Thuill.). — Plus commun que le type, de 80 à 300 m. — Dans toute la région méridionale.

1716. P. annua L. — Lieux cultivés et bords des chemins. — Partout. — Avril-octobre. — C.C.

Eragrostis P. Beauv.

1717. Eragrostis major Host. — Sables des cours d'eau, bords des chemins de la région siliceuse, jusqu'à 400 m. — Partout. — Juillet-septembre. — A.C.

1718. E. minor Host. — Lieux sablonneux, bords des chemins, jusqu'à 300 m. — Vallée de l'Ardèche : Aubenas, Vals-les-Bains, Mercuer. Côte du Rhône. Vallée de l'Erieux, etc. — Juin-octobre. — A.R.

1719. E. pilosa P. B. — Chemins, lieux sablonneux de la région siliceuse, jusqu'à 400 m. — Vallée de l'Ardèche : Aubenas, Vals-les-Bains, Uccl, Saint-Julien-du-Serre, château de Boulogne, etc. — Juillet-août. — P.R.

Molinia Schrank.

1720. Molinia serotina Mert. et K. (*Diplachne serotina* Link.). — Rochers et éboulis calcaires jusqu'à 300 m.— Saint-Privat à Louyre, Aubenas aux Gras, Vals-les-Bains, sur basaltes. Pont-d'Arc, le Pouzin, Lavoulte. — Août-octobre. — R.

1721. **M. cærulea** Mœnch. — Prairies et clairières tourbeuses des bois. — Partout, jusqu'à 1.200 m. — Juillet-septembre. — C.C.

Melica L.

1722. **Melica ciliata** L. — Rochers, vieux murs des coteaux siliceux. — Côte du Rhône. Vallées de l'Ardèche, de l'Ouvèze, de l'Erieux, du Doux, etc. — Mai-juillet. — C.

Var. *M. nebrodensis* Parl. — Terrains secs sur grès du trias. — Mercuer, Ailhon, Chazeaux. Région septentrionale : château de Tournon, Arras, Sècheras, etc.

Var. *M. Magnolii* G. G. — Commun dans toute la région calcaire méridionale, jusqu'à 400 m., sur les pentes du Coiron. — Côte du Rhône et vallée de l'Ouvèze.

1723. **M. minuta** L. *(M. pyramidalis* Lamk.). — Rochers et éboulis des coteaux calcaires de la région méridionale. — Rochers de Jastre, ravin de Louyre. — Avril-juin. — R.

1724. **M. nutans** L. — Bois et lieux ombragés des plaines et des montagnes, jusqu'à 700 m., dans toute la région calcaire. — Mai-juin. — C.C.

1725. **M. uniflora** Retz. — Broussailles, bords des bois, éboulis calcaires des basses pentes du Coiron. — Ravin de Louyre, etc. — Mai-juin. — A.C.

Briza L.

1726. **Briza maxima** L. — Lieux sablonneux jusqu'à 400 m. — Vallée de l'Ardèche : de Largentière à Valgorge, Vals-les-Bains, Saint-Andéol-de-Bourlenc, Saint-Julien-du-Serre, Ucel. — Mai-juin. — P.C.

1727. **B. media** L. — Pâturages, bois, bords des chemins. — Dans toute la région siliceuse jusqu'à 1.400 m. — Juin-juillet. — C.C.

1728. **B. minor** L. — Champs sablonneux de la région méridionale, d'où il remonte à Saint-Maurice-de-Baix (Saint-Lag.). — Mai-juin. — R.

Scleropoa Gris.

1729. Scleropoa rigida Griseb. *(Poa rigida* L.). — Champs, vignes des terrains caillouteux, surtout calcaires, jusqu'à 400 m. — Dans tout le département. Sur micaschiste dans la région septentrionale. — Mai-juillet. — C.C.

Dactylis L.

1730. Dactylis glomerata L. — Prairies, pâturages. — Partout. — Juin-juillet. — C.C.

Var. *vivipara*. — Bords du Rhône : Arras. — R.R.
Var. *D. hispanica* Roth. — Coteaux arides calcaires de la région méridionale, jusqu'à 300 m. — Vallée de l'Ardèche. Bassin de la Cèze et Côte du Rhône jusqu'à Viviers. — R.

Cynosurus L.

1731. Cynosorus cristatus L. — Prairies, pâturages. — Partout. — Juin-juillet. — C.C.

1732. C. echinatus L. — Bords des chemins, bruyères, champs incultes. — Toute la vallée de l'Ardèche jusqu'à Mayres. — Tout le département jusqu'à 600 m. — Juillet-août. — A.C.

Vulpia Gmel.

1733. Vulpia longiseta Hackel *(V. agrestis* Duval-J.). — Champs sablonneux de la partie méridionale du département, jusqu'à 150 m. — Bassins de la Cèze, de l'Ardèche et Côte du Rhône. — Mai-juin. — R.

1734. V. ciliata Link. *(V. myuros* Reich.). — Bords des chemins, lieux incultes des coteaux siliceux arides, jusqu'à 300 m. — Vallée de l'Ardèche jusqu'à Aubenas, Ailhon, Fons, Mercuer. — Mai-juillet. — A.C.

1735. V. Pseudo-myuros Rchb. — Moissons, bruyères, bords des chemins, jusqu'à 400 m., sur tous les coteaux siliceux. — Mai-juillet. — C.C.

1736. V. sciuroides Gmel. — Champs des bas coteaux de la région méridionale siliceuse, jusqu'à 200 m. — Bassin de l'Ardèche : Aubenas, Saint-Didier-sous-Aubenas, Prades. Côte du Rhône. — Mai-juillet. — P.C.

Festuca L.

1737. Festuca gigantea Vill. *(Bromus giganteus* L.*)*. — Bois et lieux ombragés de la région siliceuse et volcanique, de 1.000 à 1.600 m. — Forêt de Mazan, Saint-Cirgues-en-Montagne, Cros-de-Géorand, le Béage, Chartreuse-de-Bonnefoy, Sainte-Eulalie, Mézenc. Hauts bassins de l'Ardèche, de l'Erieux. Chaîne des Boutières, etc. — Juin-juillet. — A.C.

1738. F. pratensis Huds. *(F. elatior* L. p. p.*)*. — Bois et lieux ombragés de toute la région calcaire et saulaies bordant le Rhône. — Juin-juillet. — C.

1739. F. arundinacea Schreb. — Prés humides, bords des eaux. — Des bords du Rhône aux bords de la Loire. — Partout. — Juin-août. — C.

1740. F. spadicea L. — Pâturages, rochers des montagnes siliceuses et volcaniques, de 1.000 à 1.700 m. — Roche-de-Gourdon, Lanarce, le Béage, Mézilhac, Gerbier-de-Jonc, Mézenc. — Juillet-août. — A.R.

1741. F. silvatica Vill. — Bois de toute la haute région montagneuse, de 1.000 à 1.700 m. — Juillet-août. — A.C.

1742. F. rubra L. *(F. fallax* Thuill.*)*. — Pâturages secs des terrains sablonneux. — De 200 m. à Aubenas, 300 m. à Saint-Julien-du-Serre, jusqu'au Mézenc, à 1.700 m. — Partout. — Mai-juillet. — C.C.

Var. *violacea* Coste. — Tourbières de la région montagneuse : Lanarce (Coste). — Juillet. — R.

1743. F. heterophylla Lamk. — Bois, lieux ombragés des plaines jusqu'à 400 m. — Partout. — Juin-juillet.— A.C.

Var. *F. nigrescens* Lamk.— Tous les hauts sommets du Vivarais. — Mézenc, Gerbier-de-Jonc, Montfol, Suc-de-Bauzon, Lauzière, les Pradoux, etc.

1744. F. capillata Lamk. — Landes, bois et rochers, surtout de la région montagneuse jusqu'au Mézenc. — Mai-juillet. — C.

1745. F. ovina L. — Lieux secs et arides. — Partout. — Mai-août. — C.

Var. F. supina Schur. — Sommets du Mézenc et du Gerbier (Coste).

1746. F. marginata Hackel. — Rochers d'Avran, à 1.450 m. (H. Coste). — Juin-août. — R.R.

1747. F. duriuscula L. — Coteaux arides et pierreux. — Dans tout le département, jusqu'à 1.400 m. — Mai-juillet. — C.C.

Var. crassifolia Hackel. — Sommets du Gerbier-de-Jonc et du Mézenc, le Béage (Coste).

Var. hirsuta Host. — Vallée de l'Ardèche : Aubenas, Vals, etc.

Var. glauca Lam. — Environs d'Aubenas, jusqu'à la Roche-de-Gourdon. Vallée de l'Ouvèze jusqu'à Privas. — A.C.

Bromus L.

1748. Bromus erectus Huds. — Prairies des coteaux secs et des montagnes, jusqu'à 900 m. — Partout. — Mai-juin. — C.

1749. B. asper Murr. — Bois et lieux ombragés jusqu'à 400 m. — Partout. — Juillet-août. — A.C.

1750. B. tectorum L. — Bords des chemins, lieux incultes jusqu'à 800 m. — Mai-juin. — C.C.

1751. B. sterilis L. — Lieux incultes des plaines et des montagnes, jusqu'à 1.200 m. — Juin-juillet. — C.C.

1752. B. maximus Desf. — Champs, lieux incultes de la région méridionale, jusqu'à 300 m. — Mai-juin. — P.C.

Var. major (B. Gussonei Parlat). — Partie méridionale, jusqu'à Vogüé, Saint-Sernin, Saint-Julien-du-Serre. Côte du Rhône.

Var. minor. — Dans la partie méridionale du département (Saint-Lag.). — A.C.

1753. B. madritensis L. — Champs incultes de la partie méridionale du département, jusqu'à 300 m. — Côte du Rhône. — Mai-juin. — A.C.

1754. **B. rubens** L. — Champs incultes dans la même région que le précédent. — Mai-juin. — A.C.

1755. **B. secalinus** L. — Moissons, vignes, prairies artificielles, surtout des terrains siliceux, jusqu'à 400 m. — Partout. — Mai-juin. — P.C.

Var. *macrostachya* et *microstachya*. — Mêlées au type.

1756. **B. arvensis** L. — Prés, champs, bords des chemins jusqu'à 350 m. — Partout. — Juin-juillet. — C.C.

1757. **B. patulus** Mert et K. — Vignes des coteaux calcaires et pierreux, dans toute la région méridionale, jusqu'aux pentes du Coiron, vers 300 m., à Vesseaux, Saint-Privat, Vogüé, etc. Côte du Rhône et vallée de l'Ouvèze. — Mai-juillet. — A.C.

1758. **B. commutatus** Schrad. — Moissons, champs incultes, prairies. — Saint-Julien-du-Serre, Ucel, Vals-les-Bains. Toute la Côte du Rhône et la région méridionale. — Mai-juin. — A.C.

1759. **B. racemosus** L. — Champs incultes et moissons, surtout dans la partie septentrionale, où il est commun jusqu'à 300 m. — Mai-juin. — A.C.

1760. **B. mollis** L. — Prairies sèches, champs, bords des chemins. — Partout, jusqu'à 400 m. — Mai-juin. — C.C.

1761. **B. macrostachys** Desf. — Lieux incultes de toute la région calcaire, d'où il remonte à 400 m. vers Vesseaux et les basses pentes du Coiron. — Mai. — R.

1762. **B. squarrosus** L. — Lieux incultes, bords des chemins de la région calcaire méridionale jusqu'aux basses pentes du Coiron, vers 400 m. — Vesseaux, Saint-Privat, Saint-Julien-du-Serre. Toute la Côte du Rhône et vallée de l'Ouvèze. — Mai-juin. — A.C.

Hordeum L.

1763. **Hordeum hexastichum** L., **H. distichum** L., **H. vulgare** L. — Cultivés dans la plus grande partie du département. — Mai-juillet.

1764. H. murinum L. — Champs, pied des murs, décombres — Partout, jusqu'à 400 m. — Mai-août. — C.C.

1765. H. secalinum Schreb. — Prairies humides calcaires du Coiron, vers 500 m. — Saint-Laurent-sous-Coiron. — Juin-juillet. — R.

Secale L.

1766. Secale cereale L. — Cultivé en grand dans toute la région siliceuse et volcanique, de 100 à 1.600 m. — Avril-juillet.

Ægilops L.

1767. Ægilops ovata L. — Bords des chemins, lieux incultes et pierreux de toute la région méridionale. — Jusqu'à 900 m. dans le Coiron et Côte du Rhône. — Mai-juillet. — C.

1768. Æ. triaristata Willd. — Région calcaire méridionale, jusqu'à 300 m. — Vers Vesseaux, Saint-Privat, Saint-Sernin et basse vallée de l'Ardèche. Côte du Rhône jusqu'à Viviers. — Mai-juillet. — R.

1769. Æ. triuncialis L. — Mêmes stations que *Æ. ovata*, mais plus rare. — Toute la Côte du Rhône. Vallée de l'Ouvèze. — Mai-juillet. — A.R.

Triticum L.

1770. Triticum sativum Lamk. — Cultivé en grand.
1771. T. turgidum L. (blé barbu). — Cultivé.
1772. T. Spelta L. (épeautre). — Cultivé.

Agropyrum P. Beauv.

1773. Agropyrum caninum Rœm. et S. — Bois et lieux ombragés des plaines et des montagnes. — Juin-juillet. — C.

1774. A. repens P. B. — Champs, lieux cultivés jusqu'à 500 m. — Juin-juillet. — C.C.

Var. aristata. — Sables des bords du Rhône.

1775. A. campestre God. et Gr. — Bords des rivières, champs incultes. — Juin-août. — C.

1776. A. glaucum Rœm .et S. — Bords des routes, rochers de toute la Côte du Rhône, d'où il remonte le long des vallées des affluents, jusqu'à 200 m. — Juin-juillet. — A.C.

BRACHYPODIUM P. Beauv.

1777. Brachypodium distachyon Rœm. et S. — Chemins, lieux arides de la région de l'olivier, jusqu'au Coiron, vers 400 m. — Saint-Privat, Ucel, Mercuer, Vogüé, Lussas, etc. — Mai-juillet. — P.C.

1778. B. silvaticum Rœm. et S. — Bois, haies de la région siliceuse, jusqu'à 800 m. — Juin-septembre. — C.C.

1779. B. pinnatum P. B. — Bords des chemins, coteaux pierreux. — Dans toute la région calcaire jusqu'à 400 m. — Juillet-août. — C.

Var. *divaricatum* Lamk. — Lieux secs rocailleux de la même région.

1780. B. phœnicoides Rœm. et S. (*B. pinnatum var. australe* G. G.). — Partie méridionale du département. — Juillet-août. — R.

1781. B. ramosum Rœm. et S. — Lieux rocailleux de toute la région calcaire, jusqu'à 300 m. — Côte du Rhône : de Viviers à Rochemaure. Toute le bassin de l'Ardèche, jusqu'à Aubenas. — Mai-juin. — C.

LOLIUM L.

1782. Lolium temulentum L. (*L. longiglume* Saint-Lag.). — Moissons jusqu'à 700 m. — Partout. — Juin-juillet. — A.C.

1783. L. rigidum Gaud. (*L. strictum* Presl.). — Champs, bords des chemins, jusqu'à 400 m. — Partout. — Mai-juin. — C.

1784. L. perenne L. — Prés, bords des chemins. — Juin-octobre. — C.C.

1785. L. italicum A. Braun. — Prairies, sables humides. — Toute la Côte du Rhône. — Cultivé sous le nom de ray-grass d'Italie. — Juillet-septembre. — C.C.

1786. L. multiflorum Lamk. — Prairies, champs incultes,

bords des chemins. — Vallées de l'Ardèche et de ses affluents. Côte du Rhône. — Mai-juin. — A.C.

Nardurus Reichb.

1787. **Nardurus unilateralis** Boiss. (*N. tenellus* Boiss.). — Lieux pierreux de la région calcaire méridionale. — Pont-d'Arc, de Rochemaure à Cruas et Baix, le Teil, Saint-Thomé, Alba. — Mai-juillet. — A.R.

1788. **N. Lachenalii** Godr. — Coteaux secs et siliceux jusqu'à 600 m. — Partout. — Mai-juillet. — C.C.
Var. *ramosus* Nob. — Terrains siliceux arides. — Saint-Julien-du-Serre, Ucel. — R.

Psilurus Trin.

1789. **Psilurus nardoides** Trin. (*Nardus aristatus* L.). — Terres sablonneuses, jusqu'à 300 m. — Toute la région méridionale, jusqu'à Vogüé, Mercuer, Prades, Jaujac, Ucel, Vesseaux, Saint-Julien-du-Serre. Toute la Côte du Rhône, etc. — Mai-juin. — A.R.

Nardus L.

1790. **Nardus stricta** L. — Pâturages des terrains siliceux et volcaniques, de 300 à 1.600 m. — Partout. — Mai-août. — C.C.

Troisième Embranchement.

CRYPTOGAMES VASCULAIRES

Famille CXVII. — FOUGÈRES

Ophioglossum L.

1791. **Ophioglossum vulgatum** L. — Pâturages humides siliceux et volcaniques, vers 300 m. — Base du Coiron méridional : de Saint-Jean-le-Centenier à Berzème.

Vallée de l'Ardèche : Saint-Julien-du-Serre, Ucel. Bassin du Doux, Lamastre. — Mai-juillet. — R.

Botrychium Swartz.

1792. Botrychium matricariæfolium A. Br.— Pâturages, bords des bois. — Cratère de Lavestide-du-Pal, vers 1.300 m. au pied du Suc-de-Bauzon, sur le versant du Rhône. — Mai-juillet. — R.R.

1793. B. Lunaria Sw. — Pâturages de la région siliceuse et volcanique, de 1.300 à 1.600 m. — Lachamp-Raphaël, Gerbier-de-Jonc, Suc-de-Bauzon, le Béage, Montfol, Cherchemus, Suc-de-la-Lauzière, etc. — Mai-août. — A.R.

Ceterach Willd

1794. Ceterach officinarum Willd. — Murs et rochers.— Dans tout le département, jusqu'à 400 m. — Toute l'année. — C.C.

Notochlæna R. Br.

1795. Notochlæna Marantæ R. Br. — Rochers basaltiques et siliceux, de 100 à 500 m. — Tournon, Saint-Barthélemy-le-Plein, au bord du Doux. Les Vans aux Lobelles, La Figère au bord du Chassezac, Gravenne-de-Thueyts, Mayres. — Mai-septembre. — P.R.

Grammitis Sw.

1796. Grammitis leptophylla Sw. — Rochers, murs humides siliceux ou volcaniques, de 300 à 500 m. — Jaujac, entre la Coupe et le village. Saint-Julien-du-Serre au vallon du Boulogne. — Mars-mai. — R.R.

Polypodium L.

1797. Polypodium vulgare L. — Bois, rochers, vieux murs, surtout calcaires, dans tout le département, jusqu'à 900 m. — Toute l'année. — C.C.
Var. serratum D. C. — Rochers ruiniformes de la **région** calcaire. — Jastre, Rochecolombe.

1798. P. Phegopteris L. — Bois et rochers humides de la région siliceuse et volcanique, de 900 à 1.500 m. — Antraigues, Roche-de-Gourdon, de Mayres au rocher d'Avran, Cros-de-Géorand, forêt de Mazan, Gerbier-de-Jonc, Sépoux. — Juin-août. — A.R.

1799. P. Dryopteris L. — Mêmes régions que le précédent. — Roche-de-Gourdon, Montfol et Lauzière, Cros-de-Géorand, forêt de Mazan, Gerbier-de-Jonc, Mézenc, rocher d'Avran. Massif du Tanargue, etc. — Juillet-août. — P.R.

1800. P. Robertianum Hoffm. (*P. calcareum* Sm.). — Rochers volcaniques, vers 1.000 m. — Cros-de-Géorand à Lapalisse. — Juillet-août. — R.

Aspidium R. Br.

1801. Aspidium Lonchitis Sw. — Bois et éboulis des montagnes siliceuses et volcaniques, de 1.200 à 1.400 m. — Vallée de la Loire : Suc-de-Bauzon, Suc-de-la-Graille, Sainte-Eulalie (Besson). — Mai-octobre. — R.

1802. A. aculeatum Sw. (*A. angulare* Willd). — Bois de la région septentrionale du département, sur micaschiste et granit, de 300 à 600 m. — Arras, Eclassan, Preaux, Cheminas, Lemps, etc. — Mai-octobre. — A.C.

Polystichum Roth.

1803. Polystichum Thelipteris Roth. — Prairies marécageuses. — Saint-Julien-du-Serre à Jumel. — Juillet-septembre. — R.

1804. P. Filix-mas Roth. — Bois et lieux ombragés, rochers humides. — Dans tout le département. — Juillet-août. — C.C.

Var. P. abbreviatum D. C. — Rochers basaltiques au cirque du Pont-de-Labeaume. — R.

1805. P. spinulosum D. C. — Bois humides volcaniques et siliceux, de 1.200 à 1.500 m. — Dans tout le département. — Juin-septembre. — C.

Var. P. dilatatum D. C. — Bois des montagnes volcaniques, de 1.200 à 1.500 m. — Forêt de Mazan, Suc-de-Bauzon, Cros-de-Géorand, le Béage. — Juin-septembre. — A.C.

Cystopteris Bernh.

1806. Cystopteris fragilis Bernh. — Rochers humides siliceux et volcaniques, de 200 à 1.300 m. — Dans tout le département. De Labégude au Ray-Pic et au Béage. — Juin-août. — C.C.

Athyrium Roth.

1807. Athyrium Filix-femina Roth. — Bois et ravins humides — Dans tout le département. — Juin-septembre. — C.C.

Asplenium L.

1808. Asplenium Adiantum-nigrum L. — Vieux murs et rochers, jusqu'à 800 m. — Dans tout le département. — Avril-octobre. — C.

Var. *serpentini* Koch. — Toute la région méridionale jusqu'à Pont-de-Labeaume, le Coiron. Vallée de l'Ouvèze et Côte du Rhône. — C.

Var. *A. macrophyllum*. — Rochers ombragés à Saint-Julien-du-Serre. — R.

1809. A. Ruta-muraria L. — Vieux murs et rochers, surtout calcaires. — Dans tout le département, jusqu'à 600 m. — Toute l'année. — C.C.

1810. A. fontanum Bernh. (*A. Halleri* var. *pedicularifolium* Koch.). — Rochers calcaires ruiniformes du Coiron et de la vallée inférieure de l'Ardèche : Saint-Etienne-de-Boulogne, Vallon, Pont-d'Arc. — Mai-octobre. — R.

1811. A. foresiacum Le Grand (*A. Halleri* Auct. p. p.). — Rochers siliceux, jusqu'à 700 m., surtout sur le banc de grès du trias traversant le département, de Privas aux Vans. — Massif du Tanargue. Région septentrionale. — Juin-août. — A.C.

Var. *majus* Sudre. — Anfractuosités des rochers ombragés. — Arras, Eclassan.

1812. **A. lanceolatum** Huds. — Rochers et vieux murs siliceux humides, vers 300 m. — Vals-les-Bains. — Avril-octobre. — R.
1813. **A. Trichomanes** L. — Murs, rochers humides, grottes. Dans tout le département, jusqu'à 900 m. — Juin-septembre. — C.C.
    Var. *lobato-crenatum* D. C. — Rochers et grottes humides. — Saint-Julien-du-Serre, de Prades à Fabras, Arras. — R.
1814. **A. germanicum** Weiss. *(A. Breynii* Retz.). — Rochers de la plus grande partie de la région gneissique et granitique du département, de 400 à 900 m. — Saint-Julien-du-Serre, Genestelle, Saint-Joseph-des-Bancs, Saint-Etienne-de-Boulogne, Antraigues, Aizac, Labastide - de - Juvinas, Saint - Pierre - de - Colombier ; de Thueyts à Mayres. Massif du Tanargue : Valgorge, Dompnac, etc. — Juin-septembre. — P.R.
1815. **A. septentrionale** Sw. — Rochers siliceux. — Tout le département, jusqu'à 1.300 m. — Juin-septembre. — A.C.

Scolopendrium Sm.

1816. **Scolopendrium officinale** Sm. *(S. vulgare* Symons). — Bois, rochers et murs humides. Rochers calcaires de la route de Ruoms. — Mai-octobre. — R.

Blechnum L.

1817. **Blechnum Spicant** Roth. — Bois et rochers siliceux humdies, de 200 à 1.400 m. — Mrecuer, Vals-les-Bains, Saint--Julien - du - Serre, Saint-Andéol-de-Bourlenc, Montpezat, Mazan, Cros-de-Géorand, le Béage, Thines, etc. — Juillet-septembre. — A.C.

Pteris L.

1818. **Pteris aquilina** L. — Bois, bruyères, landes de toute la région siliceuse et volcanique. — Juillet-septembre. — C.C.

Allosorus Bernh.

1819. Allosorus crispus Bernh. — Eboulis des rochers volcaniques, de 900 à 1.700 m. — Coiron à Mirabel. Vallée de la Loire : Montfol, Taupernas, Gerbier-de-Jonc, bois d'Andéol, Chartreuse-de-Bonnefoy, Mézenc, etc. — Juillet-septembre. — A.C.

Adiantum L.

1820. Adiantum Capillus-Veneris L. — Rochers et grottes humides, surtout calcaires, jusqu'à 500 m. — Saint-Julien-du-Serre, Saint-Privat à Louyre, Vogüé, Rochecolombe, Vesseaux, Ucel sur grès du trias, Thueyts, les Vans, Vallon, Ruoms, Joyeuse, etc. Toute la région calcaire méridionale. Côte du Rhône calcaire. Vallée de l'Ouvèze, etc. — Juin-septembre. — A.C.

Famille CXVIII. — LYCOPODIACÉES

Lycopodium L.

1821. Lycopodium Selago L. — Rochers et broussailles humides des montagnes volcaniques, de 1.500 à 1.750 m. — Gerbier-de-Jonc, Sépoux, Montfol, Mézenc. — Juin-septembre. — R.

1822. L. inundatum L. — Lieux tourbeux des montagnes siliceuses. — De Mézilhac à Lachamp-Raphaël, Chartreuse-de-Bonnefoy. — Juillet-septembre. — R.

1823. L. alpinum L. — Rochers et broussailles des hautes montagnes volcaniques. — Mézenc. — Juillet-septembre. — R.R.

1824. L. clavatum L. — Bois et bruyères des montagnes volcaniques. — Mézenc (Girod), Sépoux (Besson). — Juillet-septembre. — R.

Famille CXIX. — EQUISÉTACÉES

Equisetum L.

1825. **Equisetum maximum** Lamk. *(E. eburneum* Roth.). — Lieux humides. — Vallée de l'Ardèche : Saint-Julien-du-Serre au Saunier. Côte du Rhône : alluvions du fleuve. — Mars-avril. — P.C.

1826. **E. arvense** L. — Lieux sablonneux humides. — Dans tout le département, jusqu'à 700 m. — Mars-avril. — C.

1827. **E. silvaticum** L. — Bois et prés humides des montagnes siliceuses et volcaniques, de 1.200 à 1.500 m. — Suc-de-Bauzon, forêt de Mazan, Cros-de-Géorand, Chartreuse-de-Bonnefoy, Sainte-Eulalie à la Garde, Saint-Etienne-de-Lugdarès. — Avril-août. — R.

1828. **E. palustre** L. — Marais et fossés. — Bords du Rhône et de ses affluents jusqu'à 600 m. — Mai-juillet. — A.C.

1829. **E. limosum** L. *(E. fluviatile* L.). — Marais, fossés, étangs. — Bords du Rhône et de ses affluents, de 100 à 1.000 m. — Du Béage au lac d'Issarlès. — Mai-août. — A.C.

1830. **E. hiemale** L. *(E. asperrimum* Gilib.). — Sables et graviers siliceux humides, jusqu'à 800 m. — Dans tout le département. — Mars-avril.

1831. **E. campanulatum** Poir. *(E. ramosum* D. C.). — Fossés humides, bords du Rhône, dans la région septentrionale en amont de Tournon : Arras, Sarras, etc. — Mai-août. — A.C.

TABLE ALPHABÉTIQUE
DES NOMS DE FAMILLES ET DE GENRES

A

Abies	257
Acer	79
Aceras	268
ACÉRACÉES	79
Achillea	165
Aconitum	41
Actæa	42
Adenocarpus	86
Adenostyles	152
Adiantum	306
Adonis	38
Adoxa	144
Ægilops	299
Ægopodium	140
Æsculus	80
Æthionema	54
Æthusa	138
Agrimonia	115
Agropyrum	299
Agrostis	287
Ailanthus	84
Aira	288
Ajuga	235
Alchemilla	116
Alisma	259
ALISMACÉES	258
Alkanna	210
Allium	261
Allosorus	306
Alnus	256
Alopecurus	284
Alsine	70
Althæa	75
Alyssum	54
AMARANTACÉES	239
Amarantus	239
AMARYLLIDÉES	266
AMBROSIACÉES	196
Amelanchier	120
Ammi	141
AMPÉLIDÉES	80
AMYGDALÉES	104
Amygdalus	105
Anagallis	204
Anarrhinum	217
Anchusa	210
Andropogon	285
Androsace	203
Androsœmum	79
Andryala	196
Anemone	39
Angelica	135
Anthemis	160
Anthoxanthum	283
Anthriscus	142
Anthyllis	87
Antirrhinum	217
Aphyllanthes	263
Apium	140
APOCYNÉES	206
Aquilegia	44
Arabis	49

TABLE ALPHABÉTIQUE

Araliacées	143
Arbutus	200
Arenaria	70
Aristolochia	246
Aristolochiées.	245
Armeniaca.	105
Armeria	238
Arnica.	155
Arnoseris.	175
Aroidées.	274
Arrhenatherum.	290
Artemisia.	157
Artocarpées.	251
Arum	274
Arundo.	286
Asarum.	245
Asclépiadées.	206
Asclepias	206
Asparaginées.	263
Asparagus.	264
Asperula	145
Asphodelus	263
Aspidium.	303
Asplenium.	304
Aster	154
Asterolinum.	303
Astragalus.	96
Astrantia	133
Athyrium.	304
Atriplex	240
Avena.	289

B

Ballota.	233
Balsaminées.	81
Barbarea	48
Bellis	154
Beta.	240
Betonica	233
Betula.	256
Bétulinées.	256
Bidens.	161
Biscutella.	56
Blechnum.	305
Bonjeania.	95

Borraginées.	209
Borrago.	209
Botrychium	302
Brachypodium	300
Brassica	46
Briza	294
Bromus	297
Brunella	235
Bryonia	124
Buffonia	68
Bunias.	57
Bunium	141
Buphtalmum.	162
Bupleurum	139
Butomus	259
Buxus.	247

C

Cactées	130
Cactus.	130
Calamagrostis	286
Calamintha	229
Calendula.	158
Callitriche.	123
Callitrichinées.	123
Calluna	201
Caltha.	40
Campanula	198
Campanulacées.	197
Cannabinées.	250
Cannabis	250
Caprifoliacées.	144
Capsella	54
Cardamine.	50
Carduus	168
Carex	280
Carlina.	173
Carpinus	254
Caryophyllées	64
Castanea	252
Catabrosa.	292
Catananche	174
Caucalis	133
Célastrinées.	82
Celtidées.	250

Celtis	250	Coronilla	103
Centaurea	169	Corydalis	44
Centranthus	150	Corylus	253
Centunculus	204	Corynephorus	289
Cephalanthera	272	Cota	160
Cephalaria	151	Cotoneaster	118
Cerasus	106	CRASSULACÉES	126
Cerastium	72	Cratægus	118
Ceratonia	105	Crepis	182
CÉRATOPHYLLÉES	123	Crocus	265
Ceratophyllum	123	Crucianella	146
Cercis	105	CRUCIFÈRES	45
Cerinthe	209	Crupina	172
Ceterach	302	Cucubalus	64
Chærophyllum	142	CUCURBITACÉES	124
Cheiranthus	45	Cupressus	257
Chelidonium	44	Cupularia	163
Chenopodium	241	CUPULIFÈRES	252
Chlora	207	Cuscuta	209
Chondrilla	179	Cyclamen	203
Chrysanthemum	160	Cydonia	118
Chrysosplenium	132	Cynodon	285
Cicer	100	Cynoglossum	213
Cichorium	174	Cynosurus	295
Circæa	122	CYPÉRACÉES	277
CIRCÉACÉES	122	Cyperus	277
Cirsium	167	Cystopteris	304
CISTINÉES	57	Cytisus	86
Cistus	57		
Clematis	40	**D**	
Clypeola	52	Dactylis	295
COLCHICACÉES	259	Danthonia	291
Colchicum	259	Daphne	244
COMPOSÉES	152	DAPHNOIDÉES	244
CONIFÈRES	256	Datura	214
Conium	143	Daucus	134
Conopodium	140	Delphinium	41
Convallaria	264	Dentaria	51
CONVOLVULACÉES	208	Deschampsia	289
Convolvulus	208	Dianthus	64
Corallorhiza	271	Digitalis	220
Coriaria	82	Digitaria	285
CORIARIÉES	82	DIOSCORÉES	265
Coris	204	Diplotaxis	46
Cornus	143	DIPSACÉES	151

TABLE ALPHABÉTIQUE

Dipsacus	151
Doronicum	154
Dorycnium	95
Draba	52
Drosera	64
DROSÉRACÉES	63

E

Ecbalium	124
Echinaria	284
Echinochloa	285
Echinops	166
Echinospermum	213
Echium	211
ELÉAGNÉES	245
EMPÉTRÉES	246
Empetrum	246
Epilobium	120
Epipactis	273
Epipogon	272
EQUISÉTACÉES	307
Equisetum	307
Eragrostis	253
Erica	201
ERICINÉES	200
Erigeron	154
Eriophorum	278
Erodium	77
Erophila	52
Erucastrum	47
Ervum	99
Eryngium	143
Erysimum	47
Erythræa	206
Eupatorium	152
Euphorbia	247
EUPHORBIACÉES	247
Euphrasia	221
Evonymus	82

F

Fagus	252
Festuca	296
Ficaria	38
Ficus	251

Filago	164
Fœniculum	138
FOUGÈRES	301
Fragaria	109
Fraxinus	204
Fumana	59
Fumaria	45
FUMARIACÉES	44

G

Gagea	260
Galega	97
Galeopsis	232
Galium	146
Gastridium	287
Gaudinia	291
Genista	85
Gentiana	207
GENTIANÉES	206
GÉRANIACÉES	76
Geranium	76
Geum	107
Gladiolus	266
Glaucium	44
Glechoma	231
Globularia	238
GLOBULARIÉES	238
Glyceria	292
Gnaphalium	164
GRAMINÉES	283
Grammitis	302
GRANATÉES	120
Gratiola	219
GROSSULARIÉES	130
Gypsophila	64

H

HALORAGÉES	123
Hedera	143
Helianthemum	58
Helianthus	158
Helichrysum	164
Heliotropium	213
Helleborus	40
Helminthia	177

Helosciadium.	140	Kœleria.	291
Hemerocallis.	263		
Heracleum.	137	**L**	
Herniaria.	125	Labiées.	224
Hesperis	47	Lactuca.	180
Hibiscus	75	Lagurus	287
Hieracium.	184	Lamium	231
Hippocastanées.	80	Lampsana.	175
Hippocrepis	104	Lappa	174
Hippophae.	245	Larix	257
Hippuridées.	123	Laserpitium	135
Hippuris	123	Lathyrus	101
Holcus	291	Laurinées.	244
Holosteum.	70	Laurus.	244
Hordeum	298	Lavandula.	234
Humulus	250	Leersia.	283
Hutchinsia.	55	Lemna.	274
Hyosciamus	214	Lemnacées.	274
Hypéricinées.	78	Lens.	100
Hypericum	78	Lentibulariées.	202
Hypochœris	175	Leontodon.	176
		Leonurus.	232
I		Lepidium.	56
Iberis	55	Leucanthemum.	158
Ilex.	82	Leuzea.	173
Ilicinées	82	Levisticum	136
Impatiens.	81	Ligustrum.	205
Inula	162	Lilac	204
Iridées.	265	Liliacées.	259
Iris.	266	Lilium.	260
		Limnanthemum.	208
		Linaria.	217
Jasione.	197	Linacées	73
Jasonia.	163	Linosyris	153
Jasminées.	205	Linum.	73
Jasminium	205	Listera.	272
Joncées.	275	Lithospermum	210
Juglandées	252	Lolium.	300
Juglans.	252	Lonicera	144
Juncus.	275	Loranthacées	246
Juniperus.	256	Lotus	95
K		Luzula.	276
		Lychnis.	68
Kentrophyllum.	172	Lycium.	213
Knautia.	151	Lycopodiacées	306

TABLE ALPHABÉTIQUE

Lycopodium	306
Lycopus	225
Lysimachia	203
LYTHRARIÉES.	123
Lythrum	123

M

Maïanthemum	264
Malachium	72
Malva	74
MALVACÉES.	74
Marrubium	234
Matricaria.	160
Meconopsis	43
Medicago	88
Melampyrum.	233
Melia	81
MÉLIACÉES.	81
Melica.	294
Melilotus	90
Melissa.	230
Melittis.	234
Mentha.	224
Menyanthes	208
Mercurialis	249
Mespilus	118
Meum.	137
Mibora.	283
Micropus	166
Milium.	288
Mœhringia	69
Molinia.	293
Monotropa.	202
MONOTROPÉES	202
Montia	125
MORÉES	251
Morus	251
Mulgedium	182
Muscari	261
Myosotis	212
Myricaria.	124
Myriophyllum	123
Myrrhis	142

N

Narcissus	266
Nardurus.	301
Nardus.	301
Nasturtium	49
Neottia.	272
Nerium	206
Neslia	57
Nicotiana.	215
Nigella.	41
Nigritella.	271
Nothochlæna.	302
Nuphar.	42
NYMPHÉACÉES.	42
Nymphæa	42

O

Odontites.	222
OEnanthe	138
OEnothera.	122
Olea.	205
OLÉACÉES	204
OMBELLIFÈRES	133
ONAGRARIÉES.	120
Onobrychis	104
Ononis.	87
Onopordon	166
Onosma	210
Ophioglossum	301
Ophrys.	267
ORCHIDÉES.	267
Orchis.	268
Origanum.	226
Orlaya.	134
Ornithogalum	260
Ornithopus	104
Orobanche	223
OROBANCHÉES.	223
Osyris	244
OXALIDÉES.	81
Oxalis.	81

P

Paeonia	42
PAPILIONACÉES	84

Panicum	285	Plumbago	238
Papaver	42	Poa	292
Papavéracées	42	Podospermum	178
Paradisia	263	Polycarpon	125
Parietaria	249	Polycnemum	240
Paris	263	Polygala	63
Parnassia	63	Polygalées	63
Paronychia	125	Polygonatum	264
Paronychiées	125	Polygonées	242
Passerina	244	Polygonum	243
Pastinaca	136	Polypodium	302
Pedicularis	222	Polypogon	287
Peplis	124	Polystichum	303
Persica	105	Populus	255
Petasites	153	Portulacées	125
Petroselinum	140	Portulaca	125
Peucedanum	136	Potamées	273
Phagnalon	153	Potamogeton	273
Phalaris	283	Potentilla	107
Phalangium	263	Poterium	116
Phaseolus	100	Prenanthes	181
Phelipæa	223	Primula	202
Phleum	283	Primulacées	202
Phlomis	234	Prunus	105
Phyllirea	205	Psilurus	301
Physalis	214	Psoralea	97
Phyteuma	197	Pteris	305
Phytolacea	239	Pterotheca	182
Phytolacées	239	Ptychotis	140
Picnomon	166	Pulicaria	163
Picridium	182	Pulmonaria	211
Picris	177	Punica	120
Pimpinella	140		
Pinguicula	202	**Q**	
Pinus	257	Quercus	253
Pirola	201		
Pirolacées	201	**R**	
Pirus	119	Ranunculus	35
Pistacia	83	Raphanus	45
Pisum	100	Rapistrum	57
Plantaginées	237	Renonculacées	35
Plantago	237	Reseda	62
Platanées	255	Résédacées	62
Platanus	255	Rhagadiolus	175
Plombaginées	238	Rhamnacées	83

TABLE ALPHABÉTIQUE

Rhamnus.	83
Rhinantus.	222
Rhus.	84
Ribes.	130
Robinia.	97
Roripa.	53
Rosa.	112
ROSACÉES.	106
Rosmarinus.	230
Rubia.	146
RUBIACÉES.	145
Rubus.	110
Rumex.	242
Ruscus.	265
Ruta.	82
RUTACÉES.	82

S

Sagina.	69
Sagittaria.	258
SALICINÉES.	254
Salix.	254
SALSOLACÉES.	239
Salvia.	230
Sambucus.	144
Samolus.	204
Sanguisorba.	116
Sanicula.	133
SANTALACÉES.	244
Saponaria.	66
Sarothamnus.	85
Satureia.	228
Saxifraga.	131
SAXIFRAGÉES.	131
Scabiosa.	152
Scandix.	142
Schœnus.	278
Scilla.	261
Scirpus.	278
Scleranthus.	126
Scleropoa.	295
Scolopendrium.	305
Scolymus.	196
Scorzonera.	178
Scrofularia.	216

SCROFULARIÉES.	216
Scutellaria.	234
Secale.	299
Sedum.	126
Sempervivum.	129
Senecio.	155
Serapias.	267
Serratula.	173
Seseli.	138
Setaria.	285
Sherardia.	145
Sideritis.	234
Silaus.	138
Silene.	66
Silybum.	166
Sinapis.	46
Sisymbrium.	48
Sium.	141
Smilax.	265
SOLANÉES.	213
Solanum.	214
Soldanella.	203
Solidago.	153
Sonchus.	181
Sorbus.	119
Sorghum.	286
Sparganium.	275
Spartium.	84
Specularia.	198
Spergula.	69
Spergularia.	70
Spinacia.	240
Spiræa.	106
Spiranthes.	271
Stachys.	232
Stæhelina.	173
Stellaria.	71
Stipa.	288
Streptopus.	264
Swertia.	208
Symphytum.	209

T

TAMARISCINÉES.	124
Tamarix.	124

Tamus.	265	Ulmus	250
Tanacetum	158	Umbilicus.	130
Taraxacum	180	Urospermum.	177
Taxus	256	Urtica	250
Teesdalia	55	URTICÉES	249
TÉRÉBINTHACÉES.	83		
Tetragonolobus.	95	**V**	
Teucrium.	236	VACCINIÉES.	200
Thapsia.	135	Vaccinium.	200
Thalictrum	39	Vaillantia.	149
Thesium	245	Valeriana.	149
Thlaspi.	53	VALÉRIANÉES.	149
Thrincia	176	Valerianella	149
Thymus	226	Ventenata.	289
Tilia.	79	Veratrum.	259
TILIACÉES.	79	Verbascum.	215
Tolpis	175	VERBASCACÉES.	215
Tordylium.	137	Verbena	237
Torilis.	134	VERBÉNACÉES.	237
Tragopogon	179	Veronica	219
Tragus.	284	Viburnum.	144
Tribulus	81	Vicia	97
Trifolium.	90	Vinca	206
Trigonella.	89	Vincetoxicum.	206
Trinia	139	Viola	59
Trisetum	290	VIOLARIÉES.	59
Triticum	299	Viscum.	246
Trollius.	40	Vitis.	80
Tulipa.	259	Vulpia.	295
Turgenia	133		
Tussilago	153	**X**	
Typha	274	Xanthium.	196
TYPHACÉES.	274	Xeranthemum	174
U		**Z**	
Ulex.	84	Zea	283
ULMACÉES.	250	ZYGOPHYLLÉES.	81

BIBLIOTHÈQUE DE POCHE DU NATURALISTE

Plantes des champs, des prairies et des bois, par R. Siélain. —
Série I. Texte et 151 planches coloriées et noires, 6ᵉ édition. — Série II.
Texte et 151 planches coloriées et noires, 3ᵉ édition. — Série III.
Texte et 128 planches, et table des 3 séries, 2ᵉ édition.
Une 4ᵉ et dernière série est en préparation.

Flore coloriée des Alpes et des Pyrénées, par Ch. Flahault. —
Série I. Texte et 144 planches coloriées, 325 espèces figurées. —
Série II. Texte et 140 planches coloriées, 263 espèces figurées.

Fleurs des jardins les plus faciles à cultiver, par P. Hariot. —
Texte et 128 planches coloriées.

Arbustes et arbrisseaux les plus faciles à cultiver, par P. Hariot.
— Texte et 122 planches coloriées et 6 noires.

Plantes utiles des pays chauds, par P. de Janlille. — Texte et
100 planches coloriées et noires.

Flore du littoral méditerranéen, par O. Penzig. — Texte et
96 planches coloriées et 4 noires.

Champignons comestibles et vénéneux, par P. Dumée. — Texte et
64 planches coloriées.

Oiseaux de France, Belgique et Suisse, par L. d'Hamonville. —
Série I. Texte et 76 planches coloriées et noires. — Série II. Texte et
89 planches coloriées et noires.

Insectes de France, utiles ou nuisibles, par E. Dongé. — Texte et
322 figures coloriées sur 72 planches, 2ᵉ édition.

Papillons de France, Belgique et Suisse, par P. Girod. — Texte et
280 figures coloriées sur 72 planches, 2ᵉ édition.

Coquilles des côtes de France, par Ph. Dautzenberg. — Texte et
235 figures coloriées et noires sur 72 planches.

Poissons d'eau douce de France, etc., par C. Raveret-Wattel. —
Texte et 110 figures coloriées et noires sur 72 planches.

Poissons de mer des côtes de France, par C. Raveret-Wattel. —
Texte et 72 planches coloriées, 20 figures noires.

Mammifères de France, Suisse et Belgique, par Martin. — Texte
et 48 planches coloriées, 45 figures noires.

Le prix de chaque volume

Relié toile pleine 7 francs franco dans l'Union postale.

Un Catalogue détaillé est envoyé sur demande.

Librairie Paul Klincksieck, Rue Corneille, 3, Paris.
Léon LHOMME, Successeur.

Librairie des Sciences Naturelles, Paul KLINCKSIECK

OUVRAGES DE VULGARISATION SUR LES CHAMPIGNONS
Edités par Léon LHOMME, 3, rue Corneille, à PARIS

Tableau (colorié) des principaux Champignons (comestibles et vénéneux), par Paul Dumée, pharmacien.

Ce tableau, imprimé en 8 couleurs, est d'une scrupuleuse exactitude et préviendra bien des accidents dus autant à l'ignorance qu'à l'imprudence. Il est surtout destiné à être fixé au mur. Les personnes désireuses de le mettre en poche peuvent se le procurer plié, renfermé dans un cartonnage souple.

Prix du Tableau, mesurant 50 × 67^{cm} à plat. . . . . . **1 fr. » net**
— — expédié par la poste autour d'un rouleau. **1 fr. 20** —
— — plié dans un cartonnage souple . . . . **1 fr. 35** —
— — le même, expédié par la poste. . . . . **1 fr. 45** —

L'Amateur de Champignons. — Journal consacré à la connaissance populaire des champignons, paraissant 8 fois par an. Chaque numéro renferme 16 ou 32 pages de texte et 2 planches en couleur, soit au moins par an 200 pages et 16 planches coloriées.

Prix de l'abonnement à l'année actuelle :
Pour la France et ses colonies . . . . **5 francs.**
— l'étranger . . . . **6 francs.**

Les volumes I à III complets, prix : **5 francs** chacun, payables d'avance par un mandat-poste.

Un numéro spécimen est envoyé franco sur demande.

Nouvel Atlas de poche des Champignons comestibles et vénéneux les plus répandus, suivi de notions générales sur les champignons, leur classification, valeur alimentaire, préparation culinaire, etc. 2e édition, 64 planches coloriées, représentant 66 espèces, texte par Paul Dumée, peintures par A. Bessin.

Un volume, relié toile pleine. — Prix, *franco* . **7 francs.**

Le succès considérable de ce petit ouvrage dont la 1re édition a été publiée en 1905, et paru depuis en allemand et en danois, est dû à ses magnifiques planches, en couleur, si vivantes, montrant les champignons dans leur milieu le plus habituel, ce qui n'avait pas encore été fait.

La Carte postale instructive. — Série I. 10 champignons bons ou mauvais.

Prix de la pochette renfermant les 10 cartes . . **1 franc.**
— de 50 pochettes prises à la fois . . . . . **40 francs.**
— de 100 — — . . . . **75 francs.**

Ces cartes, des reproductions de l'Atlas Dumée, sont un excellent moyen de vulgarisation, et recommandées à tous ceux qui veulent contribuer à répandre des connaissances pratiques sur les champignons au moyen d'excellentes figures.

Atlas des champignons de France, Suisse et Belgique, par Léon Rolland, ancien Président de la Société Mycologique de France. — 120 planches coloriées représentant 282 espèces comestibles ou vénéneuses.

Un volume de texte in-8° broché et les 120 planches *renfermées dans un carton artistique façon bois.* — Prix . . . . **30 francs.**
Le même, relié demi-chagrin, texte et planches montés sur onglets. — Prix . . . . **40 francs.**

Le nombre et la quantité de champignons consommés chaque année augmentent sans cesse ; le nombre de publications : volumes, planches ou tableaux, a augmenté non moins ; mais on n'y trouve toujours qu'un petit choix d'espèces dangereuses ou comestibles. L'Atlas Rolland, avec ses 282 espèces choisies parmi les plus fréquentes, les plus frappantes ou les plus intéressantes au point de vue alimentaire, répond au besoin de tous ceux qui veulent en connaître davantage, sans se lancer dans des achats de grandes iconographies très coûteuses et, malgré cela, souvent bien imparfaites.

Une planche spécimen peut être adressée sur demande.

www.ingramcontent.com/pod-product-compliance
Lightning Source LLC
Chambersburg PA
CBHW071337150426
43191CB00007B/762